FLENSBURGER HEFTE

Mein Leben
Schicksal und Aufgabe

Lizenzangaben für die Bilder in diesem Buch:

Zu den Steiner-Zitatangaben in den FLENSBURGER HEFTEN: Die GA-Nummern beziehen sich auf die jeweilige Bibliographie-Nummer der Rudolf Steiner Gesamtausgabe im Rudolf Steiner Verlag, Dornach/Schweiz. Danach sind in der Regel das Erscheinungsjahr der benutzten Ausgabe, das Vortragsdatum bzw. Kapitel und die Seitenzahl angegeben, von der Autor-, Titel- und Ortsnennung wird abgesehen. Nach Bibliographie-Nummern geordnet ist die Rudolf Steiner Gesamtausgabe im Katalog des Rudolf Steiner Verlags aufgeführt. Der Katalog ist durch den Buchhandel erhältlich.

Aus dem Inhalt

Liebe Leserinnen und Leser!

Kaum etwas ist so abwechslungsreich wie das Leben des Menschen. Jeder Mensch lebt sein eigenes Leben, hat sein individuelles Schicksal. In jungen Jahren erdenkt man sich meist einen Lebensentwurf, aber dann beschreitet man vielleicht Abwege, bis man nicht mehr weiter weiß. Aber scheint eine Lebenssituation auch noch so aussichtslos, reicht einem mitunter ein anderer Mensch die helfende Hand. Oft durchlebt man glückliche Zeiten, dann aber ziehen dunkle Wolken herauf. Dem einen Menschen wird fast alles in den Schoß gelegt, und er braucht sich kaum zu mühen, aber vielleicht vergeudet er sein Schicksalsgeschenk; ein anderer Mensch muß sich von frühester Kindheit an durch einen Wall von Widerständen kämpfen, um überhaupt existieren zu können, wird aber dadurch zu einem starken und anderen Menschen.

Die menschliche Biographie ist ein bunter Lebensteppich, den man sich vor allem selbst knüpft, dessen Gestaltung aber immer wieder wie von außen beeinflußt, behindert oder sogar weitgehend zerstört wird, so daß ein ganz anderes Kunstwerk gebildet wird, als man sich ursprünglich vorgenommen hat.

Wenn man das Leben eines Menschen vom Ende her betrachtet, erkennt man oft den roten Faden des Schicksals, den man mitten im Leben nicht zu sehen vermag. Oft sind es die helfenden Hände anderer Menschen oder die auf den ersten Blick gewaltsam von außen einschneidenden Ereignisse, die eine Wende im eigenen Schicksal ermöglichen oder erzwingen, so daß man zu dem Menschen werden konnte, der man eigentlich sein wollte.

Sie werden in diesem FLENSBURGER HEFT alte und junge Menschen kennenlernen, die aber noch alle aktiv in ihrem Leben stehen, die meist ein sehr schweres Schicksal hatten, die durch sich selbst oder andere in scheinbar aussichtslose Situationen kamen, die aber nie aufgegeben und immer gekämpft und die alles gegeben haben, wozu ein Mensch fähig ist, die das Schicksal selbst gewendet und dadurch die Kraft geschöpft haben, anderen Menschen zu helfen, ihnen Mut zu machen und neue Impulse zu geben.

Es grüßt Sie herzlich
Ihre FLENSBURGER HEFTE – Redaktion

Auschwitz war ein einziges Zittern
Interview mit Esther Bejarano

von Wolfgang Weirauch

Auschwitz symbolisiert für jeden zivilisierten Menschen den Tiefpunkt jedweder Menschenverachtung und Grausamkeit. Aber Auschwitz ist keineswegs nur ein Symbol, sondern bittere Realität. Auschwitz-Birkenau war das größte Menschenvernichtungslager der Menschheit. 1,1 Millionen Menschen wurden dort in etwa vier Jahren bis zur Befreiung durch die Rote Armee von den Nazis ermordet, die meisten von ihnen durch Gas, dem sogenannten Zyklon B, mit Cyanwasserstoff als Wirkstoff.

Der durchführende Verantwortliche – auf Befehl u.a. von Himmler – war über den größten Zeitraum hinweg der Auschwitzkommandant Rudolf Höß. Bereits im Herbst 1941 wurden im Block 11 von Auschwitz 600 russische Kriegsgefangene mit Zyklon B ermordet, woraufhin Rudolf Höß entschied, diese Tötungsmethode fortan zu verwenden. Im Frühjahr 1942 begannen dann die Massenvergasungen.

Diejenigen, die nicht, wie meist geschehen, gleich nach ihrer Ankunft in Auschwitz-Birkenau vergast wurden, wurden erniedrigt, gefoltert, erschossen, von Hunden zerfleischt, durch Arbeit vernichtet, in medizinischen Experimenten zu Tode gequält, oder sie starben vor Erschöpfung oder durch Hunger. Nur wenige überlebten.

Schuld an diesen Verbrechen sind die Täterinnen und Täter, bedingt aber auch alle diejenigen, die diese Verbrechen möglich gemacht oder geleugnet haben. Verantwortung aber trägt jeder Deutsche.

Ich persönlich hätte nie erwartet, eine zumindest indirekte Berührung mit Auschwitz zu haben. Aber dem ist nicht so. Mit meinen Eltern und meiner älteren Schwester – die keineswegs Nazitäter waren – war ich in meiner Kindheit einige Male bei einem Bekannten von ihnen in Flensburg zu Besuch – bei dem damals recht angesehenen Maler Fritz Hensel. Noch heute spüre ich die damals erlebte, etwas unangenehm-ehrfürchtige Scheu vor diesem meist mürrischen und schweigsamen Fritz Hensel.

Erst Jahrzehnte später kam heraus, daß Fritz Hensels Schwester Hedwig die Frau von Rudolf Höß war, einem der größten Massenmörder der Zeitgeschichte. Hensel hat beide mehrere Male länger in Auschwitz besucht und hat dort auch gezeichnet. Und er war es auch, der nach Hitlers Selbstmord dafür sorgte, daß Höß sich etwa ein Jahr auf einem Bauernhof bei Flensburg – keine drei Kilometer von unserer Haustür entfernt – verstecken konnte, bis ihn der Nazijäger Hanns Alexander aufspürte. Höß bekam in Polen seinen Prozeß und wurde 1947 in Auschwitz gehenkt. Immerhin war Höß einer der wenigen Nazi-Täter, die ihre Verbrechen zugegeben und aufgeschrieben haben.

Aktuell erschienen ist das sehr empfehlenswerte Buch *Hanns und Rudolf* von Thomas Harding (München 2014), in dem die Biographien von Hanns Alexander und Rudolf Höß sehr spannend im Rahmen der Zeitereignisse dargestellt werden. Nur ein einziges Zitat aus diesem Buch sei hier gebracht, um das perverse Denken der Nazi-Täter zu zeigen:

„Der häufigste Gast war Hedwigs Bruder Fritz Hensel, der manchmal mehrere Wochen blieb. Rudolf spazierte mit ihm durch das Lager und zeigte ihm stolz die neuesten Errungenschaften. Fritz durfte auch alleine herumgehen, er durfte stehenbleiben und von den Gebäuden und Häftlingen Bilder malen. Bei einem dieser Besuche saß Fritz bei einem Glas Wein mit Rudolf in der Villa zusammen und fragte ihn, warum er ‚Untermenschen‘ sagte, wenn er von den Häftlingen sprach. Rudolfs Antwort: ‚Schau sie dir an und du wirst es selber sehen. Sie sind nicht wie du und ich. Sie sind anders. Sie handeln nicht wie menschliche Wesen. Sie haben eine Nummer auf dem Arm. Sie sind hier, um zu sterben.‘" (Harding: *Hanns und Rudolf*; S.127 f.)

Am 27. Januar 2015, dem 70. Jahrestag der Befreiung von Auschwitz, wurden uns allen noch einmal die Schrecknisse der Verbrechen der Vergangenheit vor Augen geführt, und noch einmal wurde deutlich, welche Verantwortung wir alle für die Vergangenheit und die Zukunft haben. Damit diese Vergangenheit nicht verdrängt werden kann, haben wir in diesem FLENSBURGER HEFT ein Gespräch mit Esther Bejarano vorangestellt, eine der wenigen heute noch Lebenden, die die KZ-Greuel überstanden haben.

Esther Bejarano ist heute 90 Jahre alt, war zwei Jahre in Auschwitz und Ravensbrück und hat das unfaßbare Leid der Menschenvernichtung in den KZs erlebt, ebenso die Judenverfolgung vor der KZ-Zeit wie auch die Diskriminierungen im Nachkriegsdeutschland. Von diesem Grauen berichtet sie in dem nachfolgenden Gespräch, aber auch von den rätselhaften Schicksalswendungen, die ihr das Überleben ermöglichten.

90 Jahre alt, aber innerlich jünger, lebendiger und engagierter als viele Jüngere, arbeitet sie unermüdlich gegen das Vergessen der Naziverbrechen. Ständig ist sie in Bewegung, hält Vorträge u.a. in Schulen und singt ihre Lieder zusammen mit einer Rap-Band. Das folgende Gespräch mit Esther Bejarano vermittelt einen kleinen Eindruck aus ihrem bewegten Leben und zeigt in nüchternen und knappen Worten das eigentlich nicht mit Worten zu beschreibende Verbrechen, zu dem Menschen fähig sind.

Esther Bejarano: *geb. 1924 in Saarlouis, als Jüngste von fünf Kindern. Tochter eines Oberkantors, der ihr Interesse für die Musik weckte. 1936 Umzug nach Ulm, wo sie in Herrlingen das jüdische Landschulheim besuchte. 1939 Trennung von den Eltern; Aufenthalt in verschiedenen Lagern, ab 1941 Zwangseinweisung in ein Lager in Neuendorf bei Berlin und Zwangsarbeit in Fürstenwalde. 1941 Deportation ihrer Eltern nach Litauen und Ermordung durch die Nazis.*

April 1943 Deportation nach Auschwitz, wo sie im Mädchenorchester verschiedene Instrumente spielte. Im November 1943 Verlegung nach Ravensbrück; Zwangsarbeit bei Siemens. Zwangsteilnahme am Hungermarsch in den letzten Kriegstagen; Flucht Anfang Mai.

Mehrere Wochen Aufenthalt an verschiedenen Orten, u.a. bei Ludwigslust und in Bergen-Belsen. Auswanderung nach Palästina.

Dort Arbeit in einer Zigarettenfabrik, Gesangsstunden, Teilnahme in einem Arbeiterchor, in dem sie ihren Mann Nissim Bejarano kennenlernte. Mit ihm bekam sie zwei Kinder, Edna und Joram.

1960 Auswanderung nach Deutschland, nach Hamburg, wo sie sich allmählich mit ihrem Mann eine neue Existenz aufbaute. 1970 Gründung der Musikgruppe Siebenschön, in den 1990ern zusammen mit ihren Kindern die Gruppe Coincidence. Seit 2009 Mitglied der Rap-Band Microphone Mafia.

1999, ein Jahr vor ihrer Goldenen Hochzeit, starb ihr Mann.

Neben ihrer musikalischen Tätigkeit leistet Esther Bejarano unaufhörlich als Zeitzeugin Aufklärungsarbeit u.a. in Schulen.

Wolfgang Weirauch: Wer waren Ihre Eltern?

Esther Bejarano: Sehr liebe Menschen. Meine Mutter war eine herzensgute Frau, bildschön, und sie hat fünf Kinder zur Welt gebracht. Meistens war sie zu Hause, unterrichtete aber später auch an einer jüdischen Schule Handarbeit. Öffentlich hat sie sich nie betätigt, aber sie stand immer an der Seite meines Vaters.

Mein Vater war Kantor, später Oberkantor und zugleich auch Lehrer. Das hing damit zusammen, daß wir in verschiedenen Städten wohnten bzw. wohnen mußten; in Saarlouis, später in Saarbrücken und Ulm. Er war sehr musikalisch und hat uns Kindern auch die Liebe zur Musik mitgegeben. Und ich kann sagen, daß es mit meinen Eltern wirklich ein sehr schönes Leben war. Insofern erlebte ich eine weitgehend unbeschwerte Kindheit.

W.W.: Noch vor Ihrer Geburt gab es ein schreckliches Ereignis mit der Haushaltshilfe Ihrer Eltern und Ihrem Bruder Georg. Was ist damals passiert?

E. Bejarano: Bereits 1916 wurde der Älteste von uns geboren, Gerhard, 1918 wurde meine älteste Schwester Tosca geboren, 1920 Ruth und zwei Jahre später mein Bruder Georg, aber er mußte die Familie schon nach acht Monaten wieder verlassen. Meine Eltern hatten eine Haushaltshilfe, die ihnen Geld gestohlen hatte und deswegen von ihnen gekündigt wurde. Aber sie bat, noch eine Nacht bei meinen Eltern wohnen bleiben zu dürfen, was ihr meine Mutter aus Gutmütigkeit erlaubte. Aber an diesem Abend gingen meine Eltern aus, und als sie wiederkamen, war mein kleiner Bruder Georg tot. Wie später herauskam, hatte die Haushaltshilfe ihm Essigessenz eingeflößt, so daß er an inneren Verbrennungen starb. Mein ältester Bruder Gerhard berichtete später, daß auch er Essigessenz trinken mußte, dies aber verweigert hatte. Nachdem die Polizei die Haushaltshilfe verhaftet hatte, kam heraus, daß sie bereits ihr eigenes Kind umgebracht hatte. Das war natürlich ein sehr großer Schmerz für die Familie.

W.W.: Am 15.12.24 wurden Sie in Saarlouis geboren. Was sind Ihre ersten Kindheitserinnerungen?

E. Bejarano: Ich habe sehr schöne Kindheitserinnerungen, vor allem mit meinen Geschwistern und mit meinen Eltern. Wir spielten im Garten, musizierten, und ich lernte viele interessante Menschen kennen, die meine Eltern besuchten.

Mit einem Schlag total isoliert

W.W.: Können Sie sich noch an den 7.4.1933 erinnern, als alle Juden bereits aus den staatlichen Institutionen entlassen wurden?

E. Bejarano: Das traf uns noch nicht, da wir in Saarbrücken lebten und das Saarland noch nicht zum Deutschen Reich gehörte. Aber 1935 hörte unsere Kindheit ziemlich schlagartig auf, denn ab dem 1. März 1935 gehörte das damalige sogenannte Saargebiet wieder uneingeschränkt zum Deutschen Reich. Die jüdischen Kinder flogen aus allen christlichen Schulen raus, durften dort nicht mehr lernen, so daß wir in eine jüdische Schule umgeschult wurden. Meine älteren Geschwister konnten nicht mehr aufs Gymnasium bzw. aufs Lyzeum gehen. Wir waren mit einem Schlag total isoliert.

W.W.: Und auch das neue und von Ihnen sehr geliebte Kindermädchen Kätchen durfte ab 1935 nicht mehr bei Ihnen wohnen.

E. Bejarano: Genau. Wir alle liebten Kätchen sehr, und sie arbeitete gerne in unserer Familie. Fortan mußte sie sich eine eigene Wohnung nehmen, arbeitete aber noch weiter bei uns. Da die Gemeinde in Saarbrücken immer mehr schrumpfte, weil viele Juden auswanderten, wurde mein Vater nach Ulm versetzt, wo er an einer jüdischen Schule Kantor wurde; gleichzeitig war er Rektor dieser Schule. Unsere ganze Familie zog deswegen nach Ulm, nur mein Vater blieb noch einige Wochen in Saarbrücken. Genau in dieser Zeit erkrankte Kätchen schwer, verweigerte jegliche Nahrung und war dem Tode nahe. Aber mein Vater besuchte sie täglich im Krankenhaus, und es gelang ihm über einige Wochen hin, sie zu füttern, so daß sie tatsächlich überlebte. Etwa ein Jahr später konnte ich einige Zeit bei ihr in der Wohnung unterkommen, was damals schon sehr gefährlich war.

Der Nazi-Terror beginnt

Die orthodoxe Synagoge Ohel Jakob in München nach dem Brandanschlag am 9. November 1938

W.W.: Wie wirkte sich der Nazi-Terror auf Ihre Familie aus?

E. Bejarano: Es wurde von Tag zu Tag schlimmer. Mein älterer Bruder Gerhard wurde 1937 nach Amerika geschickt, Tosca nach Palästina. In der Reichskristallnacht am 9. November 1938 wurden auch in Ulm die jüdischen Geschäfte von der SA zerstört, und viele Juden wurden durch die Stadt gehetzt, geschlagen und verhaftet, so auch meine Schwester Ruth. Sie wurde so brutal geschlagen, daß sie kaum noch laufen konnte. Mein Vater kam kurzfristig in ein Gefängnis in Augsburg. Nachdem Ruth nach einigen Wochen wieder einigermaßen gesund war, schickten meine Eltern sie nach Holland in den Haushalt einer Familie. Eigentlich wollte sie nach Palästina auswandern. Erst nach dem Krieg erfuhr ich, daß sie kurz vor dem Übertreten der Schweizer Grenze von den Nazis erschossen worden war.

Ich war also die einzige, die zu Hause blieb. Ich war noch zu jung für die Auswanderung, und meine Eltern wollten einfach nicht, daß auch ich noch weggeschickt würde. Wegen des Verlustes der Kinder wurde meine Mutter ohnehin schwer nervenkrank. Sie konnte es kaum verkraften, daß sie nicht mehr ihre Kinder um sich hatte, und sie sagte immer wieder, daß sie ihre Kinder nie wiedersehen würde – womit sie recht hatte.

Freiwillig in den Tod

W.W.: In Ulm wurden Sie etwa ein Jahr auf der Volksschule von Ihrem Vater unterrichtet. Darüber hinaus hat er sich vergeblich um eine Stelle als Kantor in Zürich beworben, wo er aber nicht akzeptiert wurde, da er nur Halbjude war. Später wurde Ihr Vater nach Breslau versetzt. Was geschah dann mit Ihren Eltern?

E. Bejarano: Vorerst zogen wir noch drei Monate nach Berlin, wo es noch einige Verwandte von uns gab und meine Mutter in einer Nervenklinik behandelt werden mußte. Ich selbst wurde in ein Lager geschickt, in dem die Auswanderung nach Palästina vorbereitet wurde, woraus aber nichts mehr wurde. Meine Eltern lebten dann in Breslau, wo die jüdische Gemeinde noch größer war. Ich selbst kam in verschiedene andere Lager in der Nähe von Berlin. Die letzten Auswanderungen aus Deutschland waren 1940 möglich, dann wurden alle Vorbereitungslager geschlossen und die Jugendlichen in dem Zwangsarbeitslager Neuendorf bei Fürstenwalde untergebracht. Es war ein von der SS bewachtes Lager. Dort verbrachte ich die ganze Zeit bis zu meinem Abtransport nach Auschwitz.

Im November 1941 bekam ich einen Brief von der Polizei, die mich aufforderte, nach Breslau zu fahren, um die Wohnung meiner Eltern aufzulösen. Als ich die Wohnung meiner Eltern in Breslau betrat, bemerkte ich sofort, daß sie nichts mitgenommen hatten, denn alle

Schränke waren noch voll mit Kleidern, auch die Koffer standen noch in der Wohnung. Von der Polizei erfuhr ich, daß meine Eltern angeblich in ein Arbeitslager nach Lettland gebracht worden seien. Nach dem Krieg habe ich Menschen aus Breslau kennengelernt, die von den Zwangsdeportationen wußten und mir vom Schicksal meiner Eltern erzählten. Erst nach dem Krieg erfuhr ich von einigen KZ-Überlebenden aus Breslau, daß meine Eltern keineswegs in ein Arbeitslager gebracht worden waren, sondern zusammen mit 1000 anderen Breslauer Juden nach Litauen abtransportiert wurden, wo sie erschossen wurden. Das war in Kowno. Man hat sie einfach in einen Graben geworfen. Die Überlebenden wußten auch, daß man meinem Vater angeboten hatte, in Breslau zu bleiben, da er ein sogenannter Mischling war. Er hatte eine christliche Mutter, war also laut jüdischem Gesetz ein Halbjude. Dieses Angebot hat er aber strikt verweigert, denn er wollte sich nicht von seiner Frau trennen. Und so ist er freiwillig mit ihr in den Tod gegangen.

Aber als ich in ihrer Wohnung in Breslau war, wußte ich natürlich, daß meine Eltern deportiert worden waren, was für mich ein ungeheurer Schmerz war. Aber immerhin hatte ich im Lager einige Freundinnen, die ähnliche Erlebnisse durchmachen mußten. Wir hofften damals immer noch, nach Palästina auswandern zu können. Aber daraus wurde nichts mehr.

W.W.: Schildern Sie bitte noch ein wenig vom Zwangsarbeitslager in Neuendorf.

E. Bejarano: Dort war ich zwangsinterniert. Morgens mußte ich mit dem Zug nach Fürstenwalde und abends zurück ins Lager fahren. Ich arbeitete unentgeltlich in einem Blumengeschäft und hatte einen sehr netten Chef. Er und seine Frau waren keine Nazis und konnten kaum begreifen, was sich mittlerweile politisch tat. Ich erledigte für ihn viele Aufträge, konnte auch viele Schreiben für ihn aufsetzen und band seine Blumen und Kränze.

W.W.: Bekam Ihr Chef keine Schwierigkeiten mit der Gestapo?

E. Bejarano: Doch. Einmal durchsuchte die Gestapo die Räumlichkeiten des Blumengeschäfts. Dort arbeitete auch die Nichte meines Chefs, und ihr Vater war in der Kommunistischen Partei und auch in diesem Blumengeschäft anwesend, als die Gestapo kam. Er wurde von der Gestapo gesucht und konnte noch in letzter Sekunde von seiner Tochter und mir durch eine Klappe in den Kohlenkeller gebracht werden, so daß die Gestapo ihn nicht fand. Auch mein Chef wurde massiv bedroht, und mir wurde verboten, im Laden zu bedienen. Ihm wurde sogar damit gedroht, ihn ins KZ zu schicken, wenn er diesen

Befehl nicht befolgen würde. Von da an arbeitete ich nur noch in den Hinterzimmern.

W.W.: Wußten Sie damals schon, was Auschwitz ist?

E. Bejarano: Ja, mir war das KZ Auschwitz bekannt.

W.W.: Wie haben Sie von Auschwitz erfahren?

E. Bejarano: 1942 gab es einen schlimmen Vorfall. Eine Freundin von mir war auch im Lager Neuendorf interniert. Sie arbeitete genau wie ich in Fürstenwalde in einer Gärtnerei. Im Lager selbst gab es ebenfalls eine Gärtnerei, und der dortige Gärtner hatte uns beide gebeten, ihm aus unseren Gärtnereien in Fürstenwalde Blumendraht mitzubringen. Aber der Chef meiner Freundin kontrollierte sie und fand den Blumendraht in ihrer Tasche; ich wurde glücklicherweise nicht erwischt. Sie wurde angezeigt und nach Auschwitz abtransportiert. Wegen eines Pakets Blumendraht! Das war eindeutig eine abgekartete Sache. Zu damaliger Zeit wußten wir, daß Auschwitz ein schlimmes Konzentrationslager war, aber wir wußten nicht, daß Auschwitz ein Vernichtungslager war.

Transport nach Auschwitz

W.W.: Im April 43 wurde das Lager geschlossen, und für Sie begann der Abtransport nach Auschwitz. Wie wurde das in den ersten Tagen organisiert?

E. Bejarano: Wir mußten uns in Berlin in der Großen Hamburger Straße einfinden. Dort befanden sich ein jüdisches Gymnasium und ein jüdisches Altersheim, zwei nebeneinanderstehende Gebäude, die zu dem betreffenden Zeitpunkt zu einem großen Sammellager für alle in Berlin und in der Umgebung von Berlin lebenden Juden umfunktioniert wurden. Auf Lkws wurden wir dort hingebracht. Als ich dort eintraf, waren mehr bereits mehr als 1000 Jüdinnen und Juden in diesem Sammellager.

W.W.: Und wie wurden Sie nach Auschwitz deportiert?

E. Bejarano: In Viehwaggons. Alleine die Fahrt nach Auschwitz war bereits unbeschreiblich! Sie dauerte etwa zwei bis drei Tage, weil die Züge sehr oft stehenblieben. Es war Krieg, die Züge konnten nicht kontinuierlich fahren, und wenn sie stundenlang warten mußten, durften wir nicht raus.

W.W.: Wie viele Menschen waren sie in Ihrem Waggon, und wie haben Sie die Fahrt überhaupt überstanden?

E. Bejarano: Ich schätze, daß wir etwa 60 bis 70 Menschen pro Viehwaggon waren. Es gab natürlich keine Stühle, Bänke oder ähnliches. Alle mußten auf dem Boden sitzen oder liegen oder stehen. Einige ältere Menschen hielten es nicht mehr aus und starben währenddessen. Diejenigen, die starben, haben wir dann an die Seite gelegt. Und wir alle hatten die Frage in uns, wie unsere Zukunft werden würde.

W.W.: Ausgerechnet am 20. April kamen Sie in Auschwitz an. Wie haben Sie den ersten Moment beim Aussteigen erlebt?

E. Bejarano: Wir kamen an der sogenannten jüdischen Rampe an. Als wir ausstiegen, empfingen uns zwei Männer in Zivil, die uns eigentlich recht freundlich begrüßten und uns aufforderten, auszusteigen. Sie wiesen uns dann auf etwas entfernt stehende Lastautos hin und sagten uns, daß diejenigen, die krank, gehbehindert oder zu alt seien, auf diese Lkws steigen sollten. Ebenfalls sollten alle Frauen über 45 Jahre sowie die schwangeren Frauen und die kleinen Kinder auf diese Autos steigen. Lapidar wies man uns darauf hin, daß diese Menschen alle ins Lager gefahren würden, da der Weg ziemlich lang sei. Alle anderen mußten zu Fuß gehen. Im ersten Moment haben wir uns überhaupt nichts dabei gedacht und fanden dieses Transportangebot nicht einmal schlecht und sogar relativ freundlich.

In diesem Moment wußten wir noch nicht, daß sie alle direkt ins Gas gefahren wurden!

Menschen zu Nummern machen

Wir anderen marschierten direkt nach Birkenau, kamen durch ein Tor und waren nun mitten im Vernichtungslager.

Hier herrschte ein gänzlich anderer Ton als vorne an der Rampe: Als allererstes wurden wir von den SS-Männern und SS-Frauen furchtbar beschimpft. Sie schrien uns an: *„So, ihr Saujuden, jetzt werden wir euch mal zeigen, was arbeiten heißt!"* Und dann trieben sie uns wie Vieh in die sogenannte Sauna. Das war ein riesengroßer Raum, in dem wir uns ausziehen mußten. Da

Einfahrtsgebäude des KZ Birkenau,
1945, Ansicht von innen

die SS-Männer aber dabeistanden, wollten wir uns nicht ausziehen, schämten uns und begannen zu weinen. Andere Gefangene, die schon länger im KZ waren, wiesen uns mit Nachdruck darauf hin, daß wir alles machen müßten, was man uns befehle, denn alles andere wäre unser Todesurteil.

Schlagartig durchfuhr uns große Angst, und wir zogen uns aus. In nacktem Zustand wurden uns die Haare geschoren, und zwar alle Körperhaare. Dann wurden wir kalt geduscht, und anschließend kamen wir in einen Heißluftraum mit einer ungeheuren Hitze. Dort war es so heiß, daß wir fast erstickten. In diesen Raum kamen wir nur, damit wir getrocknet wurden, denn es gab keine Handtücher.

W.W.: Was war denn der Sinn dieser Aktion? Hatten die Nazis Angst vor Läusen?

E. Bejarano: Ich habe keine Ahnung. Auf jeden Fall war es irre; so wie alles dort irre war.

W.W.: Wie bekamen Sie Ihre Nummer?

E. Bejarano: Gleich nach dem Heißluftraum; am ersten Tag. Wir mußten uns in einer Reihe aufstellen. Vor uns saßen andere Häftlinge an Tischen und forderten uns auf, unseren linken Arm vorzustrecken, um dann jedem von uns eine Nummer einzutätowieren. Ich habe mir die Nummer später zwar wegmachen lassen, aber man kann sie noch leicht erkennen. Gleich anschließend bekamen wir Sträflingskleidung und wurden in Arbeitskolonnen eingeteilt.

W.W.: Wie wurden Sie untergebracht?

E. Bejarano: Alle Frauen der Arbeitskolonne, in die ich auch eingeteilt wurde, kamen in einen Block. Das war ein ehemaliger Pferdestall mit vielen Kojen. Betten gab es selbstverständlich nicht. In jeder Koje mußten etwa acht bis zehn Frauen auf Holzbrettern liegen, ohne Decken und ohne Stroh. Es war April und dort in Polen noch ungeheuer kalt, so daß wir uns gegenseitig immer ein wenig wärmen

Baracken in Auschwitz

© PD Bukephalos

mußten, obwohl wir uns untereinander überhaupt nicht kannten. Es war einfach furchtbar.

Vernichtung durch Arbeit

W.W.: Welche Arbeit mußten Sie mit Ihrer Arbeitskolonne verrichten?

E. Bejarano: Die Arbeit begann bereits am nächsten Tag. Eigentlich hatte ich sogar etwas Glück, denn ich kam zusammen mit einigen Freundinnen nach Auschwitz, war somit nicht ganz alleine. Wir konnten uns immer wieder gegenseitig helfen. Wir gingen nach dem Morgenappell auf ein Feld, auf dem schwere Steine lagen, die wir von der einen Seite des Feldes zur anderen Seite des Feldes schleppen mußten. Am nächsten Tag mußten wir dieselben Steine wieder zurücktragen. Es war also eine völlig sinnlose Arbeit, nur um uns zu schikanieren und uns unsere Kraft zu rauben. Die Devise war: Vernichtung durch Arbeit.

So kam es auch, denn viele Frauen machten schlapp und konnten nicht mehr. Sie konnten die Steine nicht mehr schleppen, da sie so schrecklich schwer waren. Aber wenn man die Steine nicht mehr schleppen konnte oder hinfiel, wurde man von den uns bewachenden SS-Frauen geschlagen, und zwar gnadenlos.

W.W.: Sie waren ausschließlich mit Frauen auf dem Feld, nicht mit Männern gemischt?

E. Bejarano: Nein, wir waren nur Frauen und hatten auch Frauen als Aufseherinnen. Die Männer waren im Männerlager, die Frauen im Frauenlager.

W.W.: Wie lange ging die Arbeit pro Tag?

E. Bejarano: Von 7 Uhr in der Frühe bis 19 Uhr. Natürlich bekamen wir dafür auch kein Geld, denn es war Zwangsarbeit. Am Abend kehrten wir dann völlig fertig in den Block zurück.

Musik auf dem Weg in den Tod

W.W.: Aber Sie hatten das Glück, von dieser Schwerstarbeit befreit zu werden?

E. Bejarano: Ja. Und zwar gab es eine ebenfalls gefangene Musiklehrerin und Violinistin namens Tschaikowska. Sie hatte sich bei den Blockältesten – die auch Gefangene waren, aber etwas bessere Zimmer hatten und auch mehr zu essen bekamen – erkundigt, ob es unter uns Frauen Musikerinnen gebe, da sie im Auftrag der SS ein Mädchenorchester zusammenstellen sollte. Ich selbst hatte zuvor schon den Blockältesten hin und wieder Lieder vorgesungen, Mozart,

Schubert und Lieder anderer Komponisten, die ich zu Hause gelernt hatte. Diese Blockältesten schlugen mich vor, ferner zwei Freundinnen von mir. Ich war allerdings Pianistin. Aber als wir zur Tschaikowska kamen, eröffnete sie uns, daß es in Auschwitz kein Klavier gäbe und daß für das Mädchenorchester eigentlich nur noch jemand für das Akkordeon gebraucht werde. Ich hatte allerdings noch nie im Leben ein Akkordeon in der Hand gehabt. Aber ich wollte unbedingt aus dieser Arbeitskolonne raus und nahm mir innerlich mit großer Kraft vor, das Vorspielen zu bestehen.

W.W.: Und wie haben Sie vor Frau Tschaikowska vorgespielt, wenn Sie noch nie Akkordeon gespielt hatten?

E. Bejarano: Ihre Frage, ob ich Akkordeon spielen könne, bejahte ich, räumte aber ein, daß es schon eine Weile her war, daß ich gespielt hätte. Immerhin erlaubte sie mir, mich in eine Ecke zu setzen und ein wenig zu üben. Außerdem teilte sie mir mit, was ich zu spielen hätte. Und zwar sollte ich den deutschen Schlager *Du hast Glück bei den Frau'n, Bel Ami* spielen, der damals brandaktuell war. Fieberhaft versuchte ich nun in kürzester Zeit, dieses Lied zu üben, hatte aber keine Ahnung, wie man ein Akkordeon bedient. Ich hatte aber insofern Glück, daß einer der Knöpfe ein wenig eingebuchtet war, und ich mir dachte, daß dies C-Dur sei. Von dieser Taste habe ich alles andere abgeleitet. Hätte ich nicht ein so gutes Gehör, hätte ich das nicht geschafft. Ich nahm alle meine Kraft zusammen, nahm mir eisern vor, diese Prüfung unbedingt zu bestehen – und ich bestand sie.

W.W.: Was empfanden Sie in diesem Moment, denn Sie spielten ja fast um Ihr Leben?

E. Bejarano: Ich habe gezittert. Eigentlich ging ich davon aus, daß man mich nicht aufnehmen würde. Auch konnte ich mir nicht vorstellen, daß Frau Tschaikowska nicht begriff, daß ich noch nie im Leben Akkordeon gespielt hatte. Sie muß es gemerkt haben, war aber daran interessiert, möglichst viele Musikerinnen in das Mädchenorchester aufzunehmen. Aber was sie auf jeden Fall gemerkt haben muß, war, daß ich musikalisch bin. Wie auch immer, sie sagte zu mir: *„Nicht so besonders, aber ich lasse dich durchgehen."*

W.W.: Wie viele Frauen waren in diesem Mädchenorchester, und welche Instrumente waren vertreten?

E. Bejarano: In diesem Orchester waren ungefähr 40 Frauen, und alle spielten sehr unterschiedliche Instrumente. Viele Musiker und Musikerinnen hatten ihre Instrumente mit nach Auschwitz gebracht; sogar ein Schlagzeug war dabei. Es gab sehr viele Flöten, Violinen und Gitarren, aber nur ein einziges Akkordeon. Und das sollte ich spielen. Ich konnte zwar auch Blockflöte spielen, aber eigenartigerweise hatte ich in diesem Moment überhaupt nicht im Bewußtsein, das der Tschaikowska mitzuteilen.

W.W.: Und bei welchen Gelegenheiten mußten Sie mit dem Mädchenorchester spielen?

E. Bejarano: Wir mußten immer morgens und abends am Tor stehen und spielen, wenn die Arbeitskolonnen ausmarschierten und abends zurückkamen. Zwischendurch probten wir. Manchmal kam sogenannter hoher Besuch ins Lager, und die SS wollte natürlich, daß wir denen etwas vorspielten. Von der SS hatten wir den Befehl, immer dann zu spielen, wenn ein neuer Menschentransport in Birkenau ankam. Wir standen dann neben den Gleisen und musizierten, und wir wußten, daß die Menschen sofort ins Gas kommen würden. Das war eine ungeheure innere Belastung für uns, denn es war uns völlig klar, daß diejenigen, die mit den Zügen ankamen, genauso wie wir am ersten Tag dachten, daß es so schlimm doch nicht werden würde.

W.W.: Wie haben Sie das innerlich verarbeitet?

E. Bejarano: Überhaupt nicht. Das geht gar nicht. Mir wird jetzt noch schlecht, wenn ich daran denke. Es war und ist einfach nur entsetzlich. Neben den einfahrenden Zügen zu stehen und zu spielen und denjenigen, die in Kürze ermordet werden sollten, etwas vorzutäuschen, war eine fast unerträgliche psychische Belastung. Schließlich wußten wir, daß die Ankommenden nicht ahnten, was sie erwartete. Aber wir wußten genau, daß sie direkt ins Gas fuhren. Als wir spielten, winkten sie uns sogar zu, und sie dachten vermutlich alle, wo Musik ist, da kann es nicht ganz so schlimm sein. Das war die sadistische Taktik der Nazis.

Jede Nacht hörten wir die Schreie derjenigen, die ins Gas gehen mußten

W.W.: Wann haben Sie mitbekommen, daß Auschwitz ein Vernichtungslager ist?

E. Bejarano: Gleich zu Beginn. Denn wir suchten nach den Menschen, die bei unserer Ankunft auf die Lastwagen stiegen. Zuerst konnten wir gar nicht begreifen, daß sie plötzlich weg waren, aber dann haben uns andere Frauen, die schon länger im KZ waren, aufgeklärt. Sie teilten uns mit, daß wir sie nie wiedersehen würden und daß alle Menschen auf diesen Transporten ins Gas geschickt würden.

Der Block, in dem wir Musikerinnen schlafen mußten, war die sogenannte Funktionsbaracke – eine Baracke ganz dicht neben dem

Krematorium. Jede Nacht hörten wir, wenn neue Transporte ankamen. Jede Nacht hörten wir die Schreie derjenigen, die ins Gas gehen mußten.

Ich wollte dieses KZ überleben

Elektrozaun in Auschwitz

W.W.: Stimmt es, daß sich einige Frauen umbrachten, indem sie in die Elektrozäune liefen?

E. Bejarano: Ja, leider. Auch einige Freundinnen von mir. Morgens, wenn wir aus der Baracke traten, sahen wir diese Frauen in den Zäunen hängen. Sie klebten an den elektrisch geladenen Zäunen. Einige der Freundinnen haben wir dann weggezogen.

W.W.: Funktionierte das, ohne daß Sie einen Schlag bekamen?

E. Bejarano: Ja, wir haben es mittels verschiedener Kleidungsstücke geschafft, die Frauen von den Elektrozäunen abzuziehen. Auf jeden Fall haben wir sie weggezogen. Ich habe nie begriffen, warum die Frauen in die Elektrozäune liefen, obwohl auch dazu sehr viel Mut gehört. Aber ich hätte es nie gemacht. Ich habe mir immer vorgenommen, dieses KZ zu überleben, und ich habe mir auch vorgenommen, daß ich mich rächen wollte.

W.W.: Hatten Sie die Hoffnung, eines Tages aus diesem KZ herauszukommen?

E. Bejarano: Ja, diese Hoffnung hatte ich immer, und ich habe mir beständig gesagt, daß so etwas Schreckliches nicht mehr allzu lange dauern könne. Und deswegen nahm ich mir vor, stark zu sein. Einige Freundinnen haben mir auch später erzählt, wie überzeugt ich davon war, aus diesem KZ herauszukommen, und daß ich sie mit meinem Willen angesteckt habe. Natürlich mußte man schon eine große Kraft aufwenden, sehr viel Mut auch, um in diesem Grauen zu überstehen. Aber ich war auch sehr rebellisch.

Die Sadistin Maria Mandl

Rudolf Höß, etwa 1943

© gemeinfrei Schutzstaffel

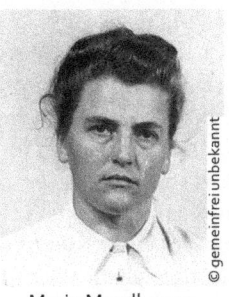

Maria Mandl, 1945

© gemeinfrei unbekannt

W.W.: Haben Sie den Kommandanten von Auschwitz, Rudolf Höß, irgendwann einmal erlebt?

E. Bejarano: Nein.

W.W.: Mit wem von den SS-Leuten hatten Sie es am meisten zu tun?

E. Bejarano: Vor allem mit Maria Mandl, die seit 1942 Oberaufseherin in Auschwitz war und auch das Mädchenorchester in Birkenau eingerichtet hatte. Höß war vor allem im Hauptlager. Die für uns höchste Aufseherin war diese Mandl.

W.W.: Was war sie für ein Mensch?

E. Bejarano: Sie war eine äußerst brutale Frau. Oft kam sie zu uns und hörte sich an, wie wir spielten. Wir alle hatten eine ungeheure Angst vor ihr, auch die Tschaikowska. Sie hatte mich informiert, daß diese Mandl mich sofort aus dem Orchester herausnehmen würde, sofern sie bemerken würde, daß ich kein richtiges Instrument spielen könne. Aber Frau Tschaikowska wollte unbedingt, daß ich im Orchester bleibe.

W.W.: Es wundert mich immer wieder, daß auch Frauen so sadistisch sein können.

E. Bejarano: Frauen können genauso sadistisch sein wie Männer, und manche von ihnen waren sogar schlimmer als die Männer. Es war einfach ganz furchtbar! Man kann sich nicht vorstellen, wie brutal diese Frauen oft waren.

W.W.: Wurden Sie auch ausgepeitscht?

E. Bejarano: Ich selbst nicht. Aber andere Frauen wurden ausgepeitscht, oft mit 25 Schlägen auf dem Bock, obwohl sie meist schon nach dem 10. Schlag bewußtlos wurden. Manche wurden auch einfach aufgehängt.

Otto Moll

Otto Moll, etwa 1943

© gemeinfrei Schutzstaffel

W.W.: Ein besonders grausamer Mensch war auch Otto Moll, der Leiter der Krematorien in Birkenau. Wie haben Sie ihn erlebt?

E. Bejarano: Er spazierte immer mit seinen Bluthunden auf der Lagerstraße, und wenn er eine Frau sah, die ihm nicht gefiel, dann hetzte er die Hunde auf sie. Die Hunde haben dann die Frau zerfleischt. Das mußte ich mehrere Male mitansehen. Es war grauenhaft, und ich hatte eine schreckliche Angst vor Moll. Trotzdem hat er mir das Leben gerettet.

W.W.: Mit ihm verbindet Sie ein persönliches Schicksal. Können Sie diese eigenartigen Zusammenhänge einmal schildern?

E. Bejarano: Das ist so erstaunlich und pervers zugleich, daß man es eigentlich gar nicht glauben kann. Ich wurde krank, bekam Typhus und lag im jüdischen Krankenrevier. Es gab dort ein jüdisches und ein christliches Krankenrevier, und ich kam natürlich in das jüdische Krankenrevier. Im jüdischen Krankenrevier gab es überhaupt keine Hilfe, keine Medikamente, gar nichts. Man lag dort nur, um letztendlich zu sterben. Oder man wurde schon zuvor ins Gas geschickt.

Otto Moll kam aber schon zuvor ständig zu unserem Orchester und hörte sich an, wie wir spielten. Er wußte ganz genau, daß ich die einzige war, die Akkordeon spielen konnte, denn das hatte ich mittlerweile tatsächlich gelernt.

Aber nun war die Akkordeonistin krank. Er wollte unbedingt, daß ich wieder gesunde; vermutlich nicht, weil er mich so schön fand, sondern weil er die Akkordeonistin wiederhaben wollte. Als ich dann im jüdischen Krankenrevier lag, kam er herein und sah, daß es mir sehr schlecht ging. Und da ich mindestens 40° Fieber hatte, gab er den Befehl, mich ins christliche Krankenrevier zu verlegen. Dort führte eine tschechische Ärztin das Regiment; auch eine Gefangene. Sie sollte mir Medikamente geben, was sie aber verweigerte.

W.W.: Warum?

E. Bejarano: Juden durften damals keine Pakete erhalten; für uns war eigentlich alles verboten. Die christlichen Gefangenen konnten allerdings Pakete empfangen und hatten deswegen ziemlich viel anzubieten und haben damit die Ärztin bestochen. Diese tschechische Ärztin hat nur diejenigen behandelt, die ihr etwas dafür geben konnten. Aber ich hatte nichts. Und deswegen bekam ich auch keine Medikamente.

In diesem Krankenrevier gab es verschiedene Abteilungen, und je schlechter es einem ging, desto weiter wurde man Richtung Gaskammer verlegt. Und ich befand mich bereits in der letzten Kammer vor dem Gas. Aber dann kam Moll wieder, sah mich und fragte nach meinem Krankenzustand. Daraufhin hat er der tschechischen Ärztin befohlen, mich zu heilen; falls sie das nicht schaffe, würde er sie erschießen. Es sei ihr Todesurteil, wenn ich nicht gesund werde.

W.W.: Haben Sie das mitangehört?

E. Bejarano: Nein, ich war ja im Delirium. Aber dort war eine polnische Krankenschwester, die meine Pflege übernahm, und als ich später wieder bei Sinnen war, hat sie mir alles erzählt. Sie sagte ganz klar, daß ich mich bei Moll bedanken könne, da er mir das Leben gerettet habe.

W.W.: Haben Sie irgendeine Idee, ob da noch etwas anderes dahintersteckte, oder wollte er Sie wirklich nur als Akkordeonspielerin?

E. Bejarano: Ich habe keine Ahnung, vermutlich wollte er mich nur als Akkordeonspielerin zurückhaben. Trotzdem ging die Geschichte weiter. Als ich wieder gesund war, kam ich zurück ins Orchester. Mittlerweile war aber eine Musikprofessorin aus Griechenland im Lager eingetroffen, die phantastisch Akkordeon spielen konnte, so daß ich den Platz als Akkordeonistin verlor. Glücklicherweise konnte ich jetzt zur Blockflöte wechseln.

Aber dann bekam ich Keuchhusten, konnte nicht mehr flöten, weil ich andauernd husten mußte, und kam wieder auf die Krankenstation. Und wiederum kam Moll auf die Krankenstation, sah, wie krank ich war, und sprach mich wieder frei. Er sagte mir sogar, daß ich nicht einmal Appell zu stehen bräuchte.

W.W.: Aber dann ging es doch um Sie, nicht um das Akkordeon!

E. Bejarano: Ja, in dieser Zeit ging es tatsächlich um mich. Er wollte weiterhin, daß ich gesund werde, und ging zur Mandl und fragte sie, ob man mich nicht in ein anderes Lager verlegen könne, damit durch Luftveränderung mein Keuchhusten verschwinde. Das sollte ein anderes Lager in Polen sein, wo ich mich wieder erholen könnte. Aber Mandl entgegnete ihm: *„Wir sind hier doch nicht in einem Sanatorium!"* Und so mußte ich bleiben. Das hat er mir persönlich erzählt. Er hat mir direkt ins Gesicht gesagt, daß er versucht habe, mich in ein anderes Lager zu verlegen, aber daß die Mandl nicht mitspiele.

W.W.: Vielleicht war er in Sie verliebt!

E. Bejarano: Keine Ahnung! Er konnte aber nichts machen, denn die Mandl hatte mehr zu sagen, da sie die Oberaufseherin war. Trotzdem muß ich wiederholen, daß er mir tatsächlich wiederholt das Leben gerettet hat.

Als ich wieder aus der Krankenstation entlassen wurde, forderte mich Frau Tschaikowska auf, Gitarre zu lernen, und wies mir eine Frau zu, die mir die wichtigsten Akkorde beibrachte. Bis zu meiner Entlassung aus Auschwitz spielte ich dann Gitarre.

Tägliche Erniedrigungen

W.W.: Auch wenn Sie nicht einen ganzen Winter in Auschwitz waren, so lebten Sie dort doch bis zum November 1943. Wie haben Sie die Kälte überstanden?

E. Bejarano: Der Winter war schlimm, und ich habe andauernd gefroren. In den sogenannten Effektenkammern konnte man sich viele verschiedene Sachen kaufen, u.a. Kleidung. Geld aber hatten wir Juden nicht. Aber mit Lebensmitteln konnte man sich einiges erstehen. Deswegen habe ich eine ganze Woche gehungert, weil die Frauen, die in der Effektenkammer arbeiteten, von mir verlangten, daß ich einen ganzen Laib Brot für einen Pullover abgeben müßte. Dieser Laib Brot entsprach einer Wochenration, und deswegen habe ich eine Woche gehungert, damit mich dieser Pullover wärmen konnte. Das habe ich tatsächlich geschafft. Ich fror schrecklich im Lager, aber nachdem ich diesen Pullover hatte, ging es etwas besser.

W.W.: Hatten Sie überhaupt Schuhe?

E. Bejarano: Ich kann mich nicht genau erinnern, aber ich glaube, daß wir solche holländischen Holzpantinen hatten. Richtige Schuhe hatten wir nicht.

W.W.: Haben Sie auch die Leichenverbrennungen miterlebt?

E. Bejarano: Nein. Aber wir haben die ganze Zeit den Verbrennungsgeruch eingeatmet. Es lag ein furchtbarer Geruch über ganz Auschwitz. Wenn Menschen verbrannt werden, ergibt das einen ganz besonderen Geruch; es ist einfach furchtbar!

W.W.: Wie ging man in Auschwitz überhaupt auf Toilette?

E. Bejarano: Auch das war ganz entsetzlich. Die Toiletten waren etwas weiter weg. In den Baracken gab es keine Toiletten, sondern nur ein Haus, welches wir das Scheißhaus nannten. Dort mußte man hingehen, wenn man auf Klo mußte. Man kann es eigentlich gar nicht beschreiben. In diesem Haus war ein riesiges, ganz langes Becken, und über diesem Becken war ein langes Holzbrett gespannt. Wer auf Klo mußte, mußte sich auf dieses Holzbrett setzen. Vor allem war es sehr gefährlich, weil man immer in der Gefahr schwebte, in dieses Becken zu fallen. Obendrein war es absolut entwürdigend, denn die SS-Männer standen dabei und guckten zu. Es war so furchtbar erniedrigend und schrecklich, daß ich das gar nicht beschreiben kann! Ich kann einfach nicht verstehen, wie man auf solche Gedanken kommen kann, so etwas einzurichten, und dann noch dabei zuschaut. Ich kann einfach nicht verstehen, wie man auf die Idee kommen kann, Menschen so fertigzumachen und zu erniedrigen.

Menschenverachtende Ideologie

W.W.: Was ist Ihre Ansicht, warum die Nazis das gemacht haben?

E. Bejarano: Das war ihre menschenverachtende Ideologie. Das ist die menschenverachtende Ideologie, die die Nazis noch bis heute haben. Es hat sich bei vielen Menschen ja nichts geändert. So etwas Unmenschliches kann man einfach nicht mehr beschreiben. Mir fehlen dafür die Worte.

W.W.: Wie denken Sie heute über diese Täter? Hassen Sie sie?

E. Bejarano: Natürlich hasse ich sie. Aber vor allem finde ich es ein absolutes Unding, daß heute wieder Nazis auf der Straße marschieren können, daß sie in diesem Land noch Fuß fassen können und daß viel zuwenig gegen sie unternommen wird. Ausländerfeindlichkeit und Antisemitismus nehmen zu, auch in anderen europäischen Ländern. Bei vielen Menschen ist diese menschenverachtende Gesinnung einfach nahtlos geblieben. Und nach 1945 hat man viel zuwenig getan, um aufzuklären. Man hat vielen Nazis noch geholfen, damit sie ins Ausland flüchten konnten. Und wenn ich sehe, daß in der letzten Zeit immer wieder Nazis angeklagt werden, die mittlerweile etwa 90 Jahre alt sind – so ist das doch eine Farce! Das hätte man nach 1945 sofort machen müssen, denn mittlerweile hatten sie ein langes und wunderbares Leben.

Selektion beim Todesengel

W.W.: Wie kam es, daß Sie nach Ravensbrück verlegt wurden?

E. Bejarano: Eines Tages beim Appell ließ man verlautbaren, daß sich alle diejenigen, die arisches Blut in sich hätten, bei der Blockältesten melden sollen, und es hieß, daß diejenigen wahrscheinlich in ein anderes KZ kommen würden. Auch wurde gesagt, daß dies kein Vernichtungslager sein würde.

Ich hatte eine christliche Großmutter. Die Nazis hatten verschiedene Gesetze, auch für Mischlinge, und eines dieser Gesetze war, daß

Mischlinge in keinem Vernichtungslager sein dürften. Darum hatte sich aber bisher niemand gekümmert, denn auch in Auschwitz waren ziemlich viele sogenannte Mischlinge; in anderen Vernichtungslagern ebenso. Aber eines Tages kümmerte sich das Internationale Rote Kreuz darum, Mischlinge aus den Vernichtungslagern zu holen. Daß Juden dort ermordet wurden, hat sie aber nicht gestört. Aber die Mischlinge sollten raus.

W.W.: Wie konnten Sie denn in diesem Moment beweisen, daß Sie eine christliche Großmutter hatten?

E. Bejarano: Das wurde genau geprüft. Ich gab an, daß ich zu einem Viertel arisch sei, weil ich eine christliche Großmutter hatte. Sie haben mich alles mögliche gefragt, u.a. nach dem Wohnort meiner Großmutter. Alles wurde genauestens nachgeprüft, aber mit Erfolg für mich.

Insgesamt hatten sich etwa 70 Frauen gemeldet, und alle diese 70 Frauen sind akzeptiert worden. Es ist möglich, daß sich noch weitere gemeldet haben, die nicht akzeptiert worden sind, aber das entzieht sich meiner Kenntnis.

W.W.: Aber Sie mußten doch noch durch die Selektionsentscheidung von Mengele hindurch. Wie lief das ab?

Josef Mengele, 1956

E. Bejarano: Ja, dazu mußten wir uns nackt ausziehen und bei Mengele vorbeimarschieren. Er beurteilte, ob man transportfähig sei oder nicht. Zu diesem Zeitpunkt war ich wiederum krank, denn ich hatte eine sogenannte Avitaminose, eine Krankheit, die durch Vitaminmangel entsteht, und mein ganzer Körper war mit Furunkeln übersät. Ich litt ungeheuer unter dieser Krankheit. Als ich mich dann vor Mengele nackt ausziehen mußte, ging ich innerlich davon aus, daß dies nun mein Todesurteil sein würde, denn ich war überzeugt, daß Mengele mich nicht für den Transport durchlassen würde. Aber er hat mich durchgelassen!

W.W.: Sie hatten einen unmittelbaren Eindruck von Mengele. Was war das für ein Mensch?

E. Bejarano: Ein sehr gutaussehender Mann, ganz dunkelhaarig. Vom Äußeren her ein sympathischer Mann, allerdings nur auf den ersten Blick, sofern man nicht wußte, was er wirklich tat. Aber wir wußten, daß er der Todesengel von Auschwitz war. Er machte nicht nur medizinische Experimente mit den Häftlingen, sondern nahm sehr oft die Selektionen vor und überwachte auch die Vergasungen. Bei den

Selektionen drehte er den Daumen mal nach links, mal nach rechts, und dadurch schickte er ganz viele Menschen ins Gas, die anderen ins Arbeitslager. Wir zitterten bei jedem Appell vor Mengele. Meistens kam er nicht allein, sondern hatte einige SS-Obersturmführer oder ähnliche Nazis um sich. Er stand dann vor jedem Häftling, und immer, wenn er seine Hand nach rechts bewegte, bedeutete das, daß dieser Mensch ins Gas mußte. Wenn er seine Hand nach links bewegte, wußte man, daß man noch eine Galgenfrist hatte. Wir haben so ungeheuer gezittert vor diesem Mann!

W.W.: Wie oft waren diese Appelle mit und ohne Selektion?

E. Bejarano: Jeden Morgen und jeden Abend gab es einen Appell, aber nicht immer mit Selektionen. Wie oft die Selektionen mit Mengele durchgeführt wurden, kann ich nicht mehr genau sagen, aber oft genug.

Auschwitz war ohnehin ein einziges Zittern. Wir hatten immer Angst! Ständig waren wir bedroht.

W.W.: Was würden Sie sagen, warum Mengele Sie bei Ihrem letzten Appell durchließ und trotzdem auf den Transport nach Ravensbrück schickte, obwohl Sie so krank waren?

E. Bejarano: Ich habe keine Ahnung.

W.W.: Hat er dabei gesprochen?

E. Bejarano: Nein. Er stand nur da und ließ uns durchgehen. Ich kam glatt durch.

Mein Mut zum Leben hat mich aufrechterhalten

W.W.: Können Sie sich an den Moment entsinnen, als Sie durchkamen?

E. Bejarano: Ich hatte mit meinem Leben abgeschlossen und innerlich zu mir gesagt: Das war's! Als ich durchkam, umarmte ich meine Freundinnen. Es ist unbeschreiblich, was das für eine Situation war!

Wir alle mußten Unerträgliches aushalten. Aus heutiger Sicht kann ich überhaupt nicht begreifen, wie ich das überlebt und ausgehalten habe. Ich kann immer nur wieder sagen, daß ich in dieser ganzen Misere ungeheuer viel Glück gehabt habe.

W.W.: Gab es irgend etwas, das Ihnen während dieser Zeit innerlich Kraft gegeben hat?

E. Bejarano: Mein Mut zum Leben hat mich aufrechterhalten. Ich habe mir immer gesagt: Ich muß das überleben! Ich muß es überleben, um mich zu rächen. Natürlich habe ich mich nie gerächt; aber daß ich seit längerer Zeit nicht mehr schweige und allen Menschen davon erzähle, ist nun meine Rache. Zumindest lege ich das so aus. Ich gehe in Schulen, ich halte Vorträge, ich mache Musik, singe in einer Rap-Band.

Sabotage in Ravensbrück

KZ Ravensbrück - Lagertor (Außenansicht) mit
Wachgebäude

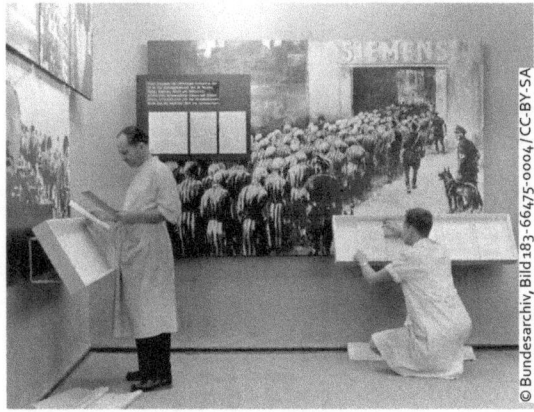

Eine ehemalige Zelle im Arrestgebäude, das zu einem
würdigen Museum umgebaut wird

W.W.: Was mußten Sie in Ravensbrück arbeiten?

E. Bejarano: Zuerst mußte ich Kohlenloren schieben; eine sehr schwere Arbeit. Relativ bald hörte ich aber, daß man sich auch bei Siemens melden konnte. Dazu mußte ich einen Test machen, der sehr einfach war; ich mußte irgend etwas biegen. Eigentlich wollten sie nur wissen, ob ich Fingerfertigkeit besaß.

Siemens hatte um das KZ Ravensbrück herum 20 Werkhallen errichtet, und ich mußte in der Halle 4 arbeiten. Das war eine Halle, in der Montagearbeiten erledigt wurden, und zwar montierten wir Schalter für U-Boote.

W.W.: Erzählen Sie bitte von Ihrer Sabotage.

E. Bejarano: Die Sabotage wurde mir eigentlich sehr leichtgemacht. Wir hatten dort eine Vorarbeiterin namens Hintze, eine gute Frau. Sie hatte großes Vertrauen zu mir. Aber sie wollte nicht allein für alle Gefangenen verantwortlich sein und forderte mich auf, Vorarbeiterin für einige Russinnen zu werden, die dort mit uns arbeiteten. Ich wußte, daß sie alle wunderbar Deutsch sprechen konnten, aber sie verweigerten diese Sprache und sagten immer nur *„nje panimaju"*, also:

ich verstehe nicht. Frau Hintze forderte mich auf, Russisch zu lernen, da sie nicht wußte, was sie mit diesen Russinnen anfangen sollte, denn es war vollkommen klar, daß diese Russinnen woanders hingeschickt werden würden, wenn sie die Arbeit verweigerten. Und die Arbeit bei Siemens war noch relativ erträglich. Es war eine Arbeit in einer Halle, nicht im Freien, wo es regnete, wo es kalt war oder Sonne brannte.

Ich schlief in einem Block zusammen mit diesen Frauen und machte ihnen klar, daß sie arbeiten mußten und nicht immer nur *„nje panima-ju"* sagen konnten. Im Grunde mauerten sie nur. Aber ich konnte sie überzeugen, daß ich ihnen fortan sagen durfte, was sie zu tun hätten, auch wenn ich gar nicht ihre Vorarbeiterin werden wollte. Und im Gegenzug bat ich sie, mir einige Brocken Russisch beizubringen.

Die Schalter für die U-Boote wurden nach einem von uns gefertig-ten Muster hergestellt und aufgrund dieses Musters zusammengebaut. Das machte ich zusammen mit den russischen Frauen; im Grunde eine ganz einfache Arbeit. Aber man durfte dabei keinen Fehler machen. Dabei ging es um verschiedene Federn, die genau nach der Reihe eingesetzt werden mußten. Aber sobald eine Feder falsch eingesetzt wurde, funktionierten die Schalter nicht.

Da Frau Hintze großes Vertrauen zu mir hatte, überprüfte sie nur sehr selten meine Muster, setzte aber nach der Fertigung immer ihr H auf die Muster. Und hier begann meine Sabotage: Ich setzte die Mu-ster falsch zusammen, und diese von mir falsch zusammengesetzten Muster gingen dann zur Montage, wo dann Tausende von falschen Schaltern zusammengebaut wurden. Aber diese Schalter kamen alle wieder zurück, weil sie nicht funktionierten. Wir haben uns heimlich sehr darüber gefreut, weil wir den Krieg ein wenig aufgehalten hatten. Ich habe das aber nur gemacht, weil ich schon einmal einen solchen Fall beobachtet hatte und wußte, daß der Vorarbeiterin, die diesen Schaden verursacht hatte, nichts geschehen war. Ich wollte niemandem mit meiner Sabotage schaden, nur dem Naziregime.

W.W.: Wie haben Sie sich bei dieser gelungenen Sabotage gefühlt?

E. Bejarano: Wunderbar! Das war der Höhepunkt meiner gesam-ten KZ-Zeit. Abends im Block haben wir gemeinsam getanzt und gesungen.

W.W.: Waren Sie in Ravensbrück Gewalt ausgesetzt?

E. Bejarano: Auch dort war ich einmal krank, und zwar hatte ich eine Nierenentzündung und kam ins Krankenrevier. Nachdem ich wieder einigermaßen gesund war, mußte ich wieder Appell stehen. Nach dem Appell mußten alle Frauen immer ganz schnell vom Ap-pellplatz in die Baracke laufen, was mir nicht gelang, da ich noch sehr geschwächt war. Alle meine Mitgefangenen waren schon weg, und ich folgte ihnen sehr langsam. Plötzlich nahte die Oberaufseherin von Ravensbrück, Bintz, und versetzte mir einen schrecklichen Schlag auf den Kopf. Sie hatte mir das dicke Appellbuch auf den Kopf geschlagen. Ich sackte zusammen, wurde ohnmächtig und wachte erst wieder im Schlafblock auf. Einige Frauen hatten mich aufgelesen und in diesen Block geschafft. Ich mußte natürlich weiterarbeiten, obwohl ich lange Zeit heftigste Kopfschmerzen hatte.

W.W.: Hatten Sie in den letzten Kriegsmonaten Informationen über die politische Lage außerhalb?

E. Bejarano: Ja, wir wußten alles. Unter uns waren auch viele kommunistische Frauen. Sie hatten in einem Block an der Decke ein Radio angebracht, durch das sie immer über die politische Lage informiert waren. Wir wußten genau, wo die russischen Truppen waren, und hofften, daß sie bald kommen würden. Auch waren wir relativ genau informiert, daß der Krieg demnächst zu Ende sein würde. Und diese Frauen gaben uns die Informationen weiter. Deswegen wußten wir auch, daß wir demnächst evakuiert werden würden.

Auf dem Todesmarsch

W.W.: Wie verlief der Todesmarsch, den Sie auch noch erleben mußten?

E. Bejarano: Der Todesmarsch war eine einzige Katastrophe. Alle, die noch gesund waren, die noch irgendwie laufen konnten, mußten mitgehen. Wir sind ungefähr fünf Tage gelaufen, gelaufen und gelaufen. Es ging Richtung Norden durch Mecklenburg-Vorpommern.

W.W.: Wie viele haben diesen Todesmarsch nicht überlebt?

E. Bejarano: Genau kann ich das nicht sagen, aber wer nicht mehr weiterkonnte und hinfiel, wurde einfach von den Nazis erschossen. An beiden Seiten von uns gingen die SS-Leute mit ihren Gewehren, und wer nicht schnell genug wieder aufstehen konnte, wurde gnadenlos erschossen. Die toten Menschen lagen dann auf der Straße, und wir mußten über sie hinübersteigen. Es war unbeschreiblich grausam. Das ging etwa fünf Tage.

W.W.: Konnten Sie irgendwann schlafen?

E. Bejarano: Schlafen konnten wir überhaupt nicht, aber wenn wir hin und wieder durch ein Dorf oder eine Stadt kamen, haben wir uns kurzfristig auf die kalten Pflastersteine gesetzt oder hingelegt und kurz ausgeruht. Wir gingen jeweils in Siebenerreihen und passierten auf unserem Todesmarsch noch ein anderes KZ, in Malchow. Die Gefangenen von Malchow mußten sich bei uns einreihen, und unter ihnen traf ich meine beste Freundin Mirjam wieder. Ursprünglich war sie mit mir zusammen nach Auschwitz gekommen. Außerdem gab es noch fünf weitere Mädchen, die mit uns beiden nach Auschwitz gekommen waren, und wir sieben haben uns dann in eine Reihe begeben und sind so mit den anderen nach Norden gegangen.

In Freiheit

W.W.: Und wie kamen Sie frei?

E. Bejarano: Irgendwann bekamen wir zufällig mit, daß ein SS-Mann zu einem anderen sagte, daß nicht mehr geschossen werden dürfe, denn der Krieg war weitgehend zu Ende, die alliierten Truppen waren nahe. Wie ein Damoklesschwert hing es allerdings jede Sekunde über uns, daß wir überhaupt nicht wußten, wohin uns die Nazis bringen wollten; wir konnten allerhöchstens vermuten, daß sie uns zur Ostsee bringen wollten, um uns dort zu ertränken. Aber als wir hörten, daß nicht mehr geschossen werden dürfe, bereiteten wir unsere Flucht vor. Wir verabredeten, im nächsten Wald zu fliehen. Jede von uns sieben versteckte sich nach und nach hinter einem Baum. Und das klappte!

W.W.: War das nachts?

E. Bejarano: Nein, am Tag. Trotzdem haben es die Nazis nicht gemerkt. Natürlich mußten wir sehr vorsichtig sein, wir verschwanden auch nicht alle gleichzeitig, sondern in kleineren Abständen, obwohl wir verabredet hatten, daß unsere Flucht in diesem einen Wald geschehen müsse, denn im freien Gelände wäre es nicht möglich gewesen. Durch die kommunistischen Frauen im KZ Ravensbrück hatten wir den Tip bekommen, unter unsere Sträflingskleider Zivilkleidung anzuziehen. Und das war jetzt unser Vorteil, denn nachdem wir kurzfristig durch den Wald geirrt waren und uns wiedertrafen, zogen wir die Sträflingskleidung aus und waren zumindest auf den ersten Blick nicht mehr als KZ-Häftlinge zu erkennen. Wären wir in Sträflingskleidung durch die Gegend gezogen, hätte man uns mit Sicherheit wieder eingefangen.

W.W.: Wie fühlten Sie sich, als Sie nun zum ersten Mal in Freiheit waren?

E. Bejarano: So ganz sicher waren wir unserer Freiheit noch nicht, aber wir waren natürlich unendlich erleichtert, daß wir von der Gruppe fliehen konnten, die auf dem Todesmarsch weiterging. Wir irrten eine Weile vorsichtig durch den Wald, mischten uns unter deutsche Flüchtlinge und erhielten von einem Bauern Kartoffeln. Schon am nächsten Tag trafen wir auf amerikanische Soldaten, denen wir vom

KZ erzählten und die uns in der Stadt Lübz in ein Restaurant einluden. In den nächsten Tagen schlugen wir uns weiter durch, trafen auf russische Soldaten, viele deutsche Flüchtlinge, bis wir nach einigen Tagen, noch im russischen Sektor, die Worte hörten: *„Stop, don't move".* Wieder trafen wir auf die beiden amerikanische Soldaten, die uns auf verschlungenen Pfaden durch den Wald führten und uns zur Vorsicht mahnten, da noch immer SS-Leute in der Nähe waren. Aber die Amerikaner brachten uns bis in den amerikanischen Sektor zu einem Bahnwärterhäuschen, in dem wir uns einige Tage niederließen. Sieben Frauen in einem Bahnwärterhäuschen.

Dort fühlten wir uns relativ wohl, schlossen aber das Haus ab, und die beiden Amerikaner versorgten uns mit allem, von Zigaretten über Brötchen bis zu Matratzen und Decken. Sie mußten alles durch das Fenster werfen, da wir die Tür nicht mehr öffneten. Diese beiden Amerikaner waren wirklich rührend und versorgten uns mit allem Nötigen aus einem in der Nähe liegenden amerikanischen Camp.

Aber schon einige Tage später wurde dieses Camp aufgelöst, die Soldaten wurden nach Ludwigslust versetzt, fuhren auch dorthin; aber die beiden amerikanischen Soldaten kamen noch einmal zurück mit einem Leiterwagen und nahmen uns ebenfalls mit nach Ludwigslust. Dort mußten wir zum Bürgermeister gehen. Die beiden Amerikaner stellten uns als American nurses vor und teilten ihm mit, daß wir keinesfalls im Männerlager schlafen könnten, insofern einen Schlafplatz bräuchten. Auf diese Weise erhielten wir aufgrund der Anweisung des Bürgermeisters zwei Zimmer auf einem Bauernhof. Der dort lebende Bauer war großartig.

W.W.: War das der Bauer, der mit Ihnen seine Bücherkiste aus dem Garten ausgrub?

E. Bejarano: Ja. Vermutlich war er Kommunist, genau weiß ich es aber nicht. Aber als er uns aufforderte, mit ihm in den Garten zu gehen, grub er seine vor den Nazis versteckte Bücherkiste aus, und es kamen Bücher von Marx und Engels und andere Literatur zum Vorschein – also alles Bücher, die die Nazis gerne verbrannt hätten. Bei diesem Bauern haben wir ungefähr sechs Wochen gewohnt.

Nach den Amerikanern kamen dann die Engländer als Besatzungsmacht in diese Region, und sie freundeten sich auch mit uns an und waren froh, mal wieder Frauen sehen zu können. Unser Ziel war allerdings Palästina. Die Engländer halfen uns zuerst, nach Bergen-Belsen zu kommen, in das ehemalige KZ, aus dem man ein Displaced persons camp gemacht hatte. Dieses Displaced persons camp war eines derjenigen Camps, in denen KZ-Überlebende lebten, die keinen Ort mehr hatten, an den sie zurückkehren konnten. Von den Engländern hatten wir erfahren, daß dies einer der wenigen Orte sei, von dem wir am ehesten ins Ausland ausreisen konnten. Wir würden dort die entsprechenden Informationen bekommen.

Yehudi Menuhin in Bergen-Belsen

Yehudi Menuhin, 1943

© gemeinfrei unbekannt

W.W.: Wie kamen Sie nach Bergen-Belsen? Wurden Sie gefahren?

E. Bejarano: Nein. Wir haben immer alles zu Fuß gemacht. Das muß man sich einfach einmal vorstellen – zu Fuß von Ludwigslust nach Bergen-Belsen. Das waren nicht ganz 200 km. Wir wußten auf diesem Marsch natürlich auch nicht, wo wir übernachten könnten, und haben uns in unserer Not des Nachts in Hauseingänge gelegt. Oft wurden wir auch verscheucht, weil die Hausbesitzer nicht wollten, daß wir dort übernachteten.

Aber irgendwann waren wir in Bergen-Belsen. Das einzig Schöne, was ich dort erlebt habe, war Yehudi Menuhin. Er kam gerade an, als auch wir eintrafen, und gab dort ein Konzert. Er war der erste Musiker, der aus dem Ausland kam und dort auftrat, und er kam zuerst nach Bergen-Belsen. Dieses Konzert gab er nur für die ehemaligen Häftlinge, die nach einer Bleibe suchten, aber noch in Bergen-Belsen lebten. Das war ein phantastisches Erlebnis.

Ziel Palästina

W.W.: Wie kamen Sie später nach Palästina?

E. Bejarano: Wir erhielten in Bergen-Belsen die Auskunft, daß wir in die Nähe von Fulda ziehen müßten, und zwar nach Gehringshof, wo sich ein Lager befand, welches früher ein Vorbereitungslager zwecks Auswanderung nach Palästina war; also vor dem Krieg. Dieses Lager in Gehringshof wurde von verschiedenen Juden zu einem Treffpunkt gemacht, der sich Kibbuz Buchenwald nannte, und so fuhren wir nach und nach auf verschiedenen Lastwagen über Frankfurt bis nach Gehringshof; oftmals mußten wir auch zu Fuß weitergehen. Meine Freundinnen kamen mit, weitere Bekannte trafen wir in Bergen-Belsen und auch unterwegs, und sie alle kamen mit uns nach Gehringshof in den Kibbuz Buchenwald. Dort blieben wir etwa zwei oder drei Wochen, bis wir das Glück hatten, mit dem Zug von Frankfurt bis nach Marseille fahren zu können. Von Marseille ging es dann mit dem Schiff in unsere neue Heimat. Zumindest dachten wir das so. Am 15. September 1945 kamen wir in Haifa an.

Haifa: Hafen mit Immigranten 1948

W.W.: Und wie war Ihre Ankunft dort?

E. Bejarano: Furchtbar. Wir hatten erwartet, mit Freuden aufgenommen zu werden, aber es war ganz das Gegenteil. Noch im Kibbuz Buchenwald in Gehringshof hatte ich an meine in Israel lebende Schwester Tosca geschrieben, ebenso an meinen Bruder in den USA. Beide schrieben mir zurück, und die Briefe kamen auch tatsächlich an. Meine Schwester wußte also, daß ich demnächst in Palästina aufkreuzen würde. Aber was sie nicht wußte, war, daß wir bei Ankunft in Haifa wieder in ein Lager kamen. Sie stand nicht am Hafen, wir konnten auch nicht durch die Empfangshalle in Haifa gehen, sondern kamen sofort in ein Aufnahmelager.

Damals gab es noch nicht den Staat Israel, Palästina stand noch unter britischem Mandat. Wir waren also schon wieder in einem Lager, von Zäunen und Stacheldraht eingeschlossen, und wir durften nicht hinaus. Eigentlich war es wie ein KZ. Wir verstanden die Welt nicht mehr. Es war also kein schöner Empfang in Palästina.

W.W.: Wie lange mußten Sie in diesem Lager leben?

E. Bejarano: Zum Glück nicht sehr lange, nur einige Tage, denn wenn man Verwandte in Palästina nachweisen konnte, durfte man das Lager verlassen. Ich schrieb sofort meiner Schwester Tosca, die mich

Haifa: Rathaus mit einem nahegelegenen Kreisverkehr 1947

auch nach einigen Tagen abholte, und ich konnte zusammen mit meiner Freundin Mirjam bei ihr wohnen.

W.W.: Konnten Sie dann bei Ihrer Schwester alle Ihre schrecklichen Erinnerungen an die Nazis loswerden?

E. Bejarano: Ja, sofort. Es sprudelte nur so aus mir heraus, und ich erzählte meiner Schwester und ihrem Mann alles. Aber als ich das alles erzählt hatte, wollte ich es nie wieder erzählen.

W.W.: Sie haben dann Gesang studiert und in einem Chor gesungen und sind mit diesem Ron-Chor auch auf Tournee nach Europa gegangen. War das ein kommunistischer Chor?

E. Bejarano: Ein gemischter Chor, eigentlich ein sozialistischer Chor, auch wenn einige Kommunisten unter ihnen waren. Das war ein wunderbarer Chor; der Dirigent dieses Chors ist später in die DDR ausgewandert. Wir gingen auch auf Tournee nach Prag und PariS.1949 machten wir eine zweite Tournee, jetzt vom Staat Israel aus, nach Budapest. In diesem Chor habe ich meinen späteren Mann Nissim kennengelernt.

Konzerte in den Schützengräben

W.W.: 1948 gingen Sie auch zur Armee – wurden Sie eingezogen, oder war es freiwillig?

E. Bejarano: Das war freiwillig. Für Frauen gab es damals noch keine Militärpflicht. Ende 1947 begann der israelische Unabhängigkeitskrieg. Darin sah ich damals etwas Berechtigtes, vor allem auch gegen das britische Mandat. Mittlerweile war ich als Koloratursopranistin ausgebildet, lernte in der Armee viele Künstler kennen, und wir gaben in den Schützengräben an der Front Konzerte; obwohl wir sie oft unterbrechen mußten, da militärische Handlungen begannen. Aber durch die zahlreichen Konzerte erlangte ich Routine.

Ich heiratete dann Nissim Bejarano im Jahr 1950, und bereits 1951 kam unsere Tochter Edna zur Welt, Ende 1952 Joram. Ich bekam ein Engagement als Musiklehrerin, mein Mann wurde Fernfahrer, bis er 1956 zum Kriegsdienst eingezogen wurde.

Zurück ins Land der Täter

W.W.: Warum gingen Sie zurück nach Deutschland?

E. Bejarano: Mein Mann wollte nicht mehr in den Krieg ziehen, was ich sehr gut verstand. Auch ich war gegen jeden Kriegsdienst, denn alle Kriege in Israel waren Angriffskriege, keine Verteidigungskriege. Nissim hätte in den folgenden Jahren gegen die Palästinenser kämpfen müssen, was er nicht wollte. Ich selbst fand die israelische Politik vollkommen unmöglich, besonders den Umgang mit den Palästinensern. Ich konnte es nicht mehr mit meinem Gewissen vereinbaren, wie man die Palästinenser diskriminierte. Hinzu kam, daß ich das Klima in Israel nicht vertrug; eigentlich war ich fortwährend krank. Alle Ärzte rieten mir, zurück nach Europa zu reisen. Aber ich konnte nur nach Deutschland auswandern, denn ich war deutschsprachig und hatte nie die deutsche Staatsangehörigkeit verloren.

Seitens des deutschen Staates hatte man mich auch wieder eingeladen, und so entschloß ich mich schweren Herzens, nach einem Urlaub in Italien 1960, nach Deutschland einzureisen, hatte aber die Bedingung gestellt, nicht ins Saarland oder nach Ulm zu gehen. Denn dort hätte ich wegen meiner Kindheitserinnerungen nicht leben können. Diese schmerzhaften Erinnerungen an meine Eltern und Geschwister wollte ich nicht wieder hochholen. Deswegen reisten wir in eine Stadt, in der ich noch nie war, und dafür bot sich Hamburg an.

W.W.: Wie war es für Sie, über die deutsche Grenze zu fahren? War das überhaupt auszuhalten?

E. Bejarano: Das war sehr schlimm. Als ich die deutschen Uniformen sah, mußte ich sofort an die Gestapo denken, und mir wurde zunehmend klar, was ich meiner Familie damit angetan hatte. Es dauerte sehr lange, bis ich mich daran gewöhnen konnte. Deutschland war für mich das Land der Täter.

W.W.: Setzten Sie denn nicht einige Hoffnungen in die späten 60er Jahre, z.B. in die 68er-Bewegung?

E. Bejarano: Das schon, aber wir kamen ja bereits 1960 nach Deutschland, und es dauerte viele Jahre, bis sich politisch etwas änderte. Zuerst haben wir auch mit niemandem gesprochen, zumindest mit keinem Deutschen. In Hamburg lebten wir in der jüdischen Gemeinde, und unser Bekanntenkreis bestand ausschließlich aus Juden. Wir lebten in einem jüdischen Haus, alle meine Nachbarn waren Juden, und ich wollte auch mit keinem nichtjüdischen Deutschen sprechen. Vor allem hatte ich fortwährend Angst, wieder mit irgendwelchen Nazis konfrontiert zu werden.

Aber nach und nach lernte ich auch deutsche Widerstandskämpfer kennen, und durch sie lernte ich erstmalig wieder, mit nichtjüdischen Deutschen zu sprechen, und ich hatte auch Vertrauen zu ihnen. Sie sind bis heute meine Freunde geblieben.

W.W.: Ist Ihnen bis heute irgendwann einmal ein Täter aus Auschwitz wiederbegegnet?

E. Bejarano: Nein. Ein eigentümliches Erlebnis hatte ich aber mit meinem Hausarzt, als ich noch in Altona wohnte. Dieser Arzt war Arzt in Auschwitz, was ich aber nicht wußte. Ich bemerkte zwar, daß er viele Details über die Verbrechen in Auschwitz kannte, denn ich habe mich auch oft mit ihm darüber unterhalten, aber er hat mir nie gestanden, daß er in Auschwitz Arzt war. Mein Schicksal kannte er aber, und auch er hat mir sehr geholfen. Er wies mich intensiv darauf hin, daß ich eine Rente für Schaden an Leib und Seele beantragen sollte, und bot sich an, mir dabei zu helfen. Durch ihn habe ich also die Rente bekommen, von der ich jetzt bis heute leben kann.

W.W.: Haben Sie weitere Wiedergutmachungszahlungen erhalten?

E. Bejarano: Ja, z.B. für den Tod meiner Eltern, auch für die Schulunterbrechung. Aber das waren keine großen Zahlungen. Aber die Rente, die ich jetzt bekomme, hilft mir sehr. Ohne sie wäre ich ein Sozialfall.

W.W.: Wie haben Sie denn herausbekommen, daß dieser Arzt Arzt in Auschwitz war?

E. Bejarano: Erst später, als er nicht mehr mein Arzt war, habe ich das von der VVN, der Vereinigung der Verfolgten des Naziregimes, erfahren.

W.W.: Das ist ja ein ähnliches Schicksalserlebnis wie das mit Moll im KZ, der Ihnen auch geholfen hatte.

E. Bejarano: Genau. Warum das so war, weiß ich nicht, aber er hat mich genauso wie Moll gerettet bzw. sehr geholfen. Er wurde auch beim Ärzteprozeß angeklagt, erhielt aber einen Freispruch, weil viele ehemalige Häftlinge für ihn aussagten.

W.W.: Wie haben Sie sich beruflich mit Ihrem Mann in Deutschland durchgeschlagen?

E. Bejarano: Mein Mann Nissim arbeitete ganz zu Anfang als Kraftfahrer für Edeka, obwohl er, wie auch meine Kinder, kein Wort Deutsch sprechen konnte. Meine Kinder mußten auf eine Sonderschule in Sankt Georg gehen, um erst einmal die deutsche Sprache zu erlernen; aber da das eine Schule für geistig zurückgebliebene Kinder war, beantragte ich die Umschulung in die allgemeine Volksschule. 1961 eröffneten wir für etwa vier Jahre eine Wäscherei; was eine ziemliche Schufterei war. Nissim arbeitete anschließend noch als Geschäftsführer einer Hähnchenbraterei auf der Reeperbahn, aber sein eigentlicher Beruf wurde dann ab 1972 Feinmechaniker. In diesem Beruf konstruierte er Instrumente für Augenärzte. Ich selbst eröffnete eine Boutique.

W.W.: Hatten Sie nicht vorher eine Disco in Uetersen geleitet?

E. Bejarano: Ja, das war noch davor, bis 1968. An diese Zeit mag ich überhaupt nicht denken. Mein Mann wollte damals unbedingt mit einem Freund eine Diskothek aufmachen. Aber Uetersen war auch zu damaliger Zeit noch ein richtiges Nazinest. Als man in Uetersen hörte, daß die beiden Chefs der Diskothek Israelis waren, wurde die Diskothek boykottiert. Es wurden sogar Schlägertruppen in die Disco geschickt, um Schlägereien zu provozieren. Die Gäste blieben weg, der Umsatz ging nach unten, und ich verlor fast mein gesamtes Kapital, welches ich als Wiedergutmachung erhalten hatte. Letztendlich verkauften wir die Diskothek mit großem Verlust.

Ich brach mein Schweigen

W.W.: Aber Ihre Leidenschaft war doch die Musik.

E. Bejarano: Ja, aber leider konnte ich längere Zeit keine Musik machen, auch schwieg ich weiter über meine KZ-Vergangenheit. Ich hatte auch meinen Kindern und meinem Mann so gut wie nichts von meiner Vergangenheit erzählt. Aber Ende der 70er Jahre stand plötzlich ein NPD-Wahlkampftisch vor meiner Boutique. Und als ich mit diesen Menschen konfrontiert wurde, auch mit der Polizei, die die Nazis schützte, beschloß ich, mein Schweigen zu brechen. Meine Kinder waren bereits erwachsen, mein Sohn hatte eine Lehre als Versicherungskaufmann gemacht, wurde aber später Musiker; meine Tochter studierte Schauspiel und Gesang und hatte auch schon zwei LPs besungen. In den 70ern wurde sie die Sängerin der Rattles.

W.W.: Can't you see the witch by my side?

Esther Bejarano bei einer Kundgebung in Berlin-Köpenick gegen die rechtsextreme NPD

E. Bejarano: Genau. Sie sang mit großem Erfolg einige Jahre für die Rattles.

W.W.: Und aufgrund der Begegnung mit den Nazis beschlossen Sie also, nunmehr über Ihre Vergangenheit zu sprechen?

E. Bejarano: Ja, das war der Anlaß, und seitdem schweige ich nicht mehr! Ich trat der VVN bei und begann mich politisch zu engagieren. Ich lernte Günter Schwarberg, einen Redakteur vom *Stern*, kennen, der mir sehr half und mich auch aufforderte, wieder zu singen. Damals spielte ich in einer Band namens *Siebenschön* Akkordeon. Mit der Gruppe *Siebenschön* machten wir auch eine Tournee nach Kanada. Später gründete ich zusammen mit meiner Tochter Edna und meinem Sohn Joram die Gruppe *Coincidence*, und wir sangen Lieder aus dem Ghetto sowie antifaschistische Lieder; und auch mit dieser Gruppe machten wir eine Tournee nach Kanada. Das begann Anfang der 80er Jahre. Mit dieser Gruppe habe ich wieder angefangen zu singen.

Ich bin andauernd unterwegs

W.W.: Gleichzeitig haben Sie auch begonnen, in Schulen vorzutragen. Können Sie darüber einiges sagen?

E. Bejarano: Ich bin andauernd unterwegs. In Schulen trage ich schon seit ungefähr 20 Jahren vor. Anfangs fiel es mir ziemlich schwer, da mich einige Direktoren der Schulen nicht in die Schule ließen, weil sie von der Vergangenheit nichts mehr wissen wollten. Sie wollten nicht, daß ich in der Schule meine Geschichte erzähle. Mittlerweile hat sich das aber gravierend geändert, und ich werde andauernd in Schulen eingeladen. Die Schüler sind sehr aufgeschlossen, auch weil sie mittlerweile den richtigen Abstand zum Dritten Reich haben und unbedingt wissen wollen, was damals los war. Meistens haben sie von ihren Eltern oder Großeltern nichts erfahren.

Ich liebe diese Arbeit mit den Schülern und erlebe immer wieder die Freude, wenn ich komme. Eigentlich kann ich nur sehr zufrieden sagen, daß ich einen sehr großen Zuspruch habe.

W.W.: Sie waren sicherlich mittlerweile öfter in Auschwitz. Wie war das für Sie?

E. Bejarano: Schrecklich. Mittlerweile vermeide ich Besuche in Auschwitz. Als ich das erste Mal nach Auschwitz fuhr, brachte man uns auf dem Gelände unter. Aber das konnte ich nicht ertragen! Ich konnte die ganze Nacht nicht schlafen, und so ging es auch allen anderen, die mitgefahren waren. Inzwischen hat man dort die Begegnungsstätte eingerichtet. Ich war nunmehr einige Male in Auschwitz, auch mit jungen Menschen, die ich dort herumgeführt habe.

W.W.: Stehen die Blöcke, in denen Sie gelebt haben, heute noch?

E. Bejarano: Der Block, in dem ich zuerst unterkam, steht noch, aber die sogenannte Funktionsbaracke steht nicht mehr. Dort stehen nur noch die Schornsteine des Verbrennungsofens. Ich war jetzt allerdings lange nicht mehr dort, und es könnte sein, daß sie wiederaufgebaut worden ist.

Mit Microphone Mafia gegen die Nazis

W.W.: Wie gehen Sie mit der Schuld der Deutschen um?

E. Bejarano: Zu den Schülern sage ich immer, bevor ich anfange, meine Geschichte zu erzählen, daß die Schülerinnen und Schüler keine Schuld an dem haben, was damals geschehen ist. Aber ich füge hinzu, daß sie sich schuldig machen würden, wenn sie nichts über diese Zeit wissen wollen. Ich schärfe ihnen ein, daß sie unbedingt wissen müßten, was damals geschehen ist, damit so etwas nie wieder passiert. Das nehmen die Schüler an.

W.W.: Ein besonderes Phänomen ist ja auch noch, daß Sie mittlerweile in einer Rap-Band singen. Wie ist es dazu gekommen?

E. Bejarano: Auch das ist für mich eine sehr große Freude. Es gibt die beiden Rapper Kutlu Yurtseven und Rosario Pennino, die viele Veranstaltungen mit dem DGB gemacht haben und eine CD mit Musik gegen die Nazis machen wollten, als Gegengewicht gegen die an den Schulen verbreitete Nazimusik. Es ist für mich ein Unding, daß über-

Esther Bejarano und Microphone Mafia

© Microphone Mafia und Esther Bejarano

haupt Nazi-CDs an Schulen verbreitet werden können.

Die Rap-Band der beiden heißt Microphone Mafia. Die beiden Rapper riefen zuerst bei meinem Sohn Joram an, aber er hatte eigentlich kein Interesse an Rap-Musik, schickte ihnen aber dann sein Repertoire und ließ es offen, ob die beiden dazu Rap-Texte einspielen könnten. Sie schrieben dann Texte auf unsere Lieder, und es waren wirklich wunderbare Texte! Joram war begeistert, war auch einverstanden, forderte die beiden Rapper allerdings auf, daß sie zuerst „Mutti fragen müßten". Dann rief Kutlu Yurtseven bei mir an und stellte sich als Mitglied von Microphone Mafia vor.

Zuerst trat Funkstille ein, und ich entgegnete ihm, daß ich nichts mit der Mafia zu tun haben wollte, aber er begann zu lachen und sagte, daß er nicht zur Mafia gehöre, sondern zu einer Band mit diesem Namen. Ich entgegnete ihm, daß das ein völlig bescheuerter Name sei, und fragte sie, warum sie sich so genannt hätten. Wie auch immer, wir vereinbarten ein Treffen, er besuchte mich und erklärte mir alles; auch warum sie diese CD machen wollten. Und als ich von der Aktion gegen die Nazi-CDs hörte, war ich sofort dazu bereit.

Wir nahmen dann die CD auf, und anschließend stellten wir dieses Projekt der Öffentlichkeit in Konzerten vor.

W.W.: Wie kamen Ihre Konzerte beim Publikum an?

E. Bejarano: Unheimlich gut. Zuerst traten wir in Frankfurt beim DGB auf, denn diese Leute waren eigentlich die Initiatoren – und dann ging es Schlag auf Schlag. Mittlerweile haben wir über 200 Konzerte gegeben. Und das ist eine wunderbare Arbeit. Sie erfüllt mich, gibt mir Kraft, und es geht immer weiter. Wir treten auch mit der Band zusammen in Schulen auf. Dieses einmalige Projekt wird es nie wieder geben können. Daß eine 90jährige Frau zusammen mit Rappern auftritt, ist schon sehr einmalig.

Solange ich lebe, werde ich immer gegen den Faschismus kämpfen!

W.W.: Was ist das Fazit Ihres Lebens?

E. Bejarano: Mein Leben ist Musik, vor allem aber bin ich Antifaschistin. Solange ich lebe, werde ich immer gegen den Faschismus kämpfen! Eigentlich gibt es für mich gar nichts anderes. Vielleicht ist meine Arbeit mittlerweile etwas viel, aber sie befriedigt mich. Die Kraft, die ich daraus gewinne, ist für mich sehr groß. Wenn ich auf der Bühne stehe, wenn ich vor Schülern spreche und sie z.b. hinterher zu mir kommen und mir mitteilen, daß ich ihnen wieder Mut gegeben habe, dann bekomme ich dadurch Kraft, immer weiterzumachen. Das ist ein Geben und ein Nehmen. Das ist das Schöne dabei.

Vom Gelebtwerden ins Leben

Interview mit Walter Kohl

von Peter Krause

Walter Kohl *ist der ältere Bruder von Peter Kohl und Sohn des ehemaligen deutschen Bundeskanzlers Helmut Kohl und dessen erster Ehefrau Hannelore Kohl. Nach dem Abitur diente er zwei Jahre als Reserveoffiziersanwärter bei einer Jägereinheit der Bundeswehr. Von 1985 bis 1989 studierte er an der Harvard University (USA) Volkswirtschaft und Geschichte. Das Studium absolvierte er mit einem Bachelor of Arts (als Doppelabschluß). Ein Aufbaustudium zum Diplom-Volkswirt an der Universität Wien schloß sich an, das Walter Kohl im Sommer 1990 erfolgreich beendete.*

Anschließend arbeitete er als Financial Analyst bei der US-amerikanischen Investmentbank Morgan Stanley in deren New Yorker Firmenzentrale in den Bereichen Corporate Finance (Sektor Öl und Gas) sowie Kapitalmärkte (Börsengänge). 1993 schloß er eine MBA-Ausbildung am INSEAD in Frankreich ab.

Nach mehr als neun Jahren im Ausland, davon sechs in den USA, kehrte Walter Kohl 1994 nach Deutschland zurück. In den folgenden zehn Jahren arbeitete er in leitender Position als Controllingverantwortlicher bei der Kaufhof Holding AG und der Metro AG in Köln, später als Controllingleiter der Metro Immobilien AG sowie der Deutschen Vermögensberatung AG in Frankfurt. 1999 gründete er zusammen mit seinem Vater, Helmut Kohl, eine Beratungsfirma zur Unternehmensberatung. Aus seiner ersten Ehe hat er einen Sohn.

2005 machte er sich selbständig und gründete mit seiner zweiten Ehefrau, der Koreanerin Kyung-Sook Kohl (geb. Hwang), die Firma Kohl&Hwang,

Lieferant für Stanz- und Umformwerkzeuge aus Südkorea für die europäische Automobilindustrie. Ab 2007 war er für das chinesische Unternehmen Plastic Solution Ningbo Europe GmbH aktiv, das Kunststoffspritzguß-Werkzeuge für automobile Anwendungen liefert; dort bis Juni 2011 als Geschäftsführer. Im Januar 2011 legte er sein Buch „Leben oder gelebt werden: Schritte auf dem Weg zur Versöhnung" *vor, in dem er seinen persönlichen Werdegang und den Umgang mit den besonderen Herausforderungen seiner Herkunft beschreibt. Sein zweites Buch mit dem Titel „Leben, was du fühlst" erschien 2013. Es ist laut Kohl „als Praxisbuch konzipiert". Er wolle damit konkrete Anregungen geben, „den Weg der Versöhnung ganz praktisch zu* gehen und Schritt für Schritt aktiv und eigenverantwortlich Lebensthemen in die Hand zu nehmen und Frieden zu finden."

Zu den wunderbarsten Wesen in unserer Mitwelt gehören zweifellos die Schmetterlinge, die mit bislang 160.000 beschriebenen Arten die zweitgrößte Insektenart auf unserem Planeten sind. Die unmittelbare Vorgeschichte der Existenz dieser fliegenden Blüten ist vielfach als Metapher für die Bedingungen der Entwicklung des Lebens durch Leiden verwendet worden. Es ist besonders der Moment des Ausschlüpfens eines Schmetterlings aus seinem Kokon, der zu so tiefen Gedanken veranlaßt. Das Tier hat große Mühen, seine Hülle zu verlassen, aber dieses Mühen, das Sich-Zwängen durch eine enge Öffnung in das neue Leben, ist für die Entfaltung der Flügel von unverzichtbarer Bedeutung. Ohne dies durchzustehen, könnte der Schmetterling später nicht fliegen!

Kein Mensch kann sich selbst unabhängig von den Bedingungen seines Lebens entfalten. Auch er entschlüpft, so gesehen, immer wieder einem Kokon. Daß gewisse dem Leben dienliche Entwicklungen gelegentlich auch von schmerzhaften Prozessen begleitet sein können, gehört zu den Erfahrungen eines jeden Menschen dazu. Aber es gehört auch zu den Charakteristiken menschlichen Lebens, daß solche Erfahrungen in Freiheit entweder angenommen oder verdrängt werden können. Ohne Annahme und Verarbeitung der Schmerzen können sich bestimmte Wandlungsvorgänge nicht ereignen. Dem Menschen bliebe verschlossen, was seinem eigentlichen Potential entspricht.

Walter Kohl stammt aus einer Familie, die dem Zeitgeschehen in besonderer Weise ausgesetzt ist. Sein Vater Helmut Kohl lenkte während sechzehn Jahren, von 1982 bis 1998, als Bundeskanzler die politischen Geschicke der Bundesrepublik Deutschland. Seine Mutter Hannelore hatte alle damit verbundenen Belastungen als „First Lady" mitzutragen. Nicht nur während der Amtszeit seines Vaters als Bundeskanzler, sondern auch – und in gewisser Hinsicht erst recht – danach betrafen und erschütterten manche Ereignisse auch das Leben von Walter Kohl und das seines Bruders Peter.

Wie können solche Erfahrungen zu Gelegenheiten der Geburt zu anderem, neuem, frei gestaltetem Leben werden? Walter Kohl ist dieser Frage nicht ausgewichen. Er hat sich auch heftigen Schmerzen gestellt. Heute verbindet er seine Tätigkeiten als Unternehmer und als Berater miteinander. Seine Bücher zum Thema sind zu Bestsellern geworden. Er ist als Redner und Coach gefragt. Und das alles nicht als „Sohn vom Kohl", sondern als ein Mensch, der in besonderer Weise in der Sache des Lebens kompetent ist, der aus eigener Erfahrung weiß, wovon er spricht, wenn sich Menschen ratsuchend an ihn wenden. Das nachfolgende Interview vermittelt einen kleinen Eindruck davon.

Peter Krause: Jetzt ist es früher Nachmittag. Wie war die erste Hälfte Ihres heutigen Arbeitstages? An welchen, vielleicht besonderen Aufgaben haben Sie gearbeitet?

Viktor Frankl

Walter Kohl: Heute war ein ganz normaler Vormittag. Ich habe mich mit der Vorbereitung verschiedener Veranstaltungen beschäftigt, besonders die bevorstehende 70-Jahr-Feier zur Befreiung von Viktor Frankl aus dem Konzentrationslager in Dachau liegt mir sehr am Herzen. Es ist mir eine große Freude und Ehre, daß ich dort einen längeren Beitrag zu Viktor Frankl geben darf.

Im übrigen habe ich mit unserer Automotive-Firma gearbeitet. Dort ging es darum, eine Reihe von Projektangeboten für deutsche Hersteller zu erledigen. Also Termine abstimmen, Projektmanagement usw. Die ganz normalen Dinge haben meinen Vormittag ausgefüllt.

P.K.: Und jetzt sehen Sie auf Ihren Begleiter Felix.

W. Kohl: Der steht hier rechts neben mir im Regal. Morgen bin ich unterwegs zu der Veranstaltung in Dachau, da nehme ich ihn natürlich auch mit. Felix ist ein Freund und Begleiter, ein wichtiges Symbol für mich.

Leben in allen Zeitintervallen – und der Glaube

P.K.: In der Plastik werden die drei Zeiten dargestellt, mit denen das Leben verbunden ist. Ein Antlitz von Felix ist der Zukunft zugewandt, eines der Gegenwart und eines der Vergangenheit. Wie spüren Sie diese dreifache Verbindung in Ihrem Alltag?

W. Kohl: Ich denke, jeder Mensch lebt in allen drei Zeitzonen, Vergangenheit, Gegenwart und Zukunft zugleich. Wenn wir zwei uns jetzt unterhalten, hören Sie meine Worte durch den Filter Ihrer Vergangenheit, Ihrer Erfahrungen, Glaubenssätze, Urteile und vielleicht auch Vorurteile. Gleichzeitig hören Sie aber auch durch den Filter Ihrer Zukunft. Das sind Ihre Erwartungen, Wünsche und Sehnsüchte – je nach Situation. Und schließlich spielt die Gegenwart, in der wir handeln, in der wir etwas tun, eine zentrale Rolle, denn jede Reaktion ist gegenwartsbezogen, ist gegenwärtig.

Ich persönlich habe meine Zweifel daran, daß man sich ganz auf die Gegenwart reduzieren kann. Der berühmte Anspruch *„Lebe ausschließlich im Hier und Jetzt"* fällt mir persönlich sehr schwer. Dementsprechend fühle ich mich in folgendem Kontext wohler: Frieden mit der Vergangenheit plus Sinn und Ziele für die Zukunft wird zu Kraft und Lebensfreude für die Gegenwart.

P.K.: Das ist alles sehr verständlich und eingängig. Als gläubiger Mensch, der Sie sind, gehen Sie doch sicherlich auch davon aus, daß wir Menschen nicht alles einfach machen können, sondern daß es auch eine Ebene gibt, aus der heraus manches in unser Leben hineingegeben wird.

W. Kohl: Glauben ist Wissen ohne Beweis. Wenn man z.B. einen Menschen heiratet, dann glaubt man an diese Person und daran, daß man das Leben gemeinsam verbringen kann. Aber wir alle wissen nicht, was in den nächsten Minuten, Tagen, Monaten oder Jahren geschehen wird.

P.K.: Wir begegnen unserem Leben bestenfalls mit tiefem Vertrauen, das vermutlich die wichtigste und stärkste Kraft ist.

W. Kohl: Aber da muß man ja erst einmal hinkommen. Wer glaubt, schlägt zugleich die Brücke zu Vertrauen und Selbstvertrauen. Für mich bedeutet Glauben einerseits, daß es um eine spirituelle und ganzheitliche Ausrichtung geht, andererseits darf Glauben nicht Entschuldigung dafür sein, daß man alles einfach auf eine fremde Macht schiebt. Wir sind gefordert, die Dinge in die eigenen Hände zu nehmen und unser Leben aktiv zu gestalten. Es geht um ein Gleichgewicht, um eine Balance zwischen der Plattform, auf der wir uns spirituell bewegen, und dem alltäglichen, praktischen Leben. Glaube reflektiert sich im Tun und in den Entscheidungen gleichermaßen.

„Das Was bedenke, mehr bedenke wie"

P.K.: Zwischen dem spirituellen Hintergrund und dem individuellen Vordergrund begegnen wir vielen Menschen, die uns formen und irgendwie prägen. In dieser Hinsicht sind Sie einen interessanten Lebensweg gegangen. Sie sind Sohn von zwei sehr starken und prägenden Eltern, die Ihnen in Ihre Biographie einiges mitgegeben haben. Manches in Ihrem Leben war vielleicht in der entsprechenden biographischen Phase sogar nahezu übermächtig.

W. Kohl: Aus meiner Sicht ist es wichtig, daß wir wissen, wer wir sind. Viele Menschen reduzierten mich auf die Rolle des „Sohn vom Kohl". Heute ist das anders, denn ich kann sagen: Ich bin auch der Sohn vom Kohl, aber ich bin noch viel mehr: Vater, Ehemann, Unternehmer, Autor, Coach, Referent, ein Mensch, der seinen eigenen Weg geht. Früher in der Schule war es für mich oft schwer, mich gegen diese geballte Wucht von Vorurteilen und Reaktionen durchzusetzen. Das ist genau der Grund, warum ich sage, daß es wichtig ist, Frieden mit der eigenen Biographie, mit der eigenen Vergangenheit zu schließen. Wir können das Gewesene nicht mehr ändern. Das Was können wir nicht ändern, aber das Wie, also unseren Umgang damit sehr wohl!

Die Dinge, die mir widerfahren sind, im Guten oder auch im Schlechten, sind unverrückbar. Entscheidend ist, wie man mit den eigenen Erlebnissen umgeht, welche eigene Einstellung man hat.

P.K.: Sie haben sehr starke Menschen kennengelernt. Mit Hanns Martin Schleyer, der später durch Terroristen ermordet wurde, sprachen Sie einst über die Angst und über das Bedrohtsein. Sie selbst lebten ja damals in einem gewissen Gefährdungsstatus.

Hanns Martin Schleyer

Raoul Wallenberg

Nikolaus von der Flühe

W. Kohl: Was Sie ansprechen, fand im Sommer 1977, wenige Wochen vor seiner Entführung und Ermordung, statt. Damals war ich 13 Jahre alt. Ich kam damals schon aufgrund meines Alters mit der fast bürgerkriegsähnlichen Situation im Umfeld unserer Familie nicht klar. Solche Situationen der Überforderung bedürfen irgendwann einer Befriedung. Ein anderes Thema ist das der Vorbilder. Für mich sind Menschen Vorbilder, die in einer ganz bestimmten Art und Weise für ihre Überzeugungen stehen und dabei humanistisch geblieben sind. Meine großen Vorbilder sind z.B. Raoul Wallenberg und Nikolaus von der Flühe. Ich glaube, das sind Menschen, von denen ich mir sehr viel abschauen kann, weil sie in sich klar sind und mit ihrer individuellen Angst umgehen konnten. Ich denke, den Umgang mit der Angst, die bis zu einem gewissen Grad eine Notwendigkeit ist, kann man trainieren.

P.K.: Mit Ihnen hat man in Kindheits- bzw. Jugendzeiten trainiert, wie Sie sich im Falle einer Entführung zu verhalten haben. Dazu sagten Sie einmal: *„Du wirst trainiert auf deinen Tod. Das ist maximale Fremdbestimmung."*

W. Kohl: Das war ein Entführungstraining, kein Angsttraining.

P.K.: Aber der Umgang mit der Angst in einer so schrecklichen möglichen Situation spielt eine Rolle.

Dr. Helmut Kohl mit Ehefrau Hannelore Kohl und den Söhnen Walter Kohl und Peter Kohl beim Stadtbummel

W. Kohl: Es ging konkret darum, was ich in einem möglichen Bekennervideo der RAF sagen würde, damit man die Rasterfahndung betreiben kann.

Angst ist ein großes Thema, auch weil es für viele Menschen

schambesetzt ist. Und in der Angst steckt beides, enorm viel Energie und enorm viel Blockade.

P.K.: Wie ist es mit dem Training des Mutes? Das Zugreifen im Leben kann ja auch geübt werden.

W. Kohl: Ja, das ist die andere Seite der Angst-Medaille. Das eine kann nicht ohne das andere sein. Zugreifen können wir, wenn wir Ängste, Sorgen, Zweifel usw. überwinden, wenn wir vom Gelebtwerden ins Leben gekommen sind. Die Freiheit, Leben zu gestalten, ist immer Teil der Freiheit, mit den Ängsten umzugehen.

P.K.: Sie haben nach der Schulzeit Ihr Studium absolviert, sind in Ihre beruflichen Verantwortungen gegangen und arbeiten bis heute an den von Ihnen selbstgewählten Aufgaben und Themen. Dazu gehört auch, daß Sie Studienabbrechern helfen, in berufliche Tätigkeiten zu finden, weil Sie davon überzeugt sind, daß auch im Scheitern sehr viel gelernt werden kann. Was ist für einen jungen Menschen im Studentenalter wichtig, um sich selbst und den eigenen Möglichkeiten adäquat begegnen zu können?

W. Kohl: Ganz wichtig ist die Ehrlichkeit gegenüber den eigenen Gefühlen. Man muß sie zulassen können. Das zweite ist der kluge Mut zum Risiko. Wenn man jung ist, muß man ausprobieren. Da hat man auch die Lizenz zum Scheitern. Fehler sind erlaubt, aber bitte aus den Fehlern lernen. Es geht darum, daß man anerkennt, daß das Leben ein Weg ist. Der dritte Punkt ist die Ausdauer. Das Leben ist ein Langstreckenrennen voller Irrungen und Wirrungen. Ausdauer und Leidensfähigkeit sind häufig unterschätzte Qualitäten.

Ohnmacht am Tiefpunkt des Lebens

P.K.: Nun gibt es aber auch Momente, in denen man als Mensch an Grenzen stößt, an denen man glaubt, daß nichts mehr weitergeht. Bei Ihnen war ein solcher Moment in den Jahren 2000 und 2001 erreicht. Die Parteispendenaffäre schlug Wellen. Und Sie haben Ihre Mutter verloren. Damals waren Sie an einem absoluten Tiefpunkt.

W. Kohl: Ich befand mich am Rand des Suizids.

P.K.: Was hat Ihnen in dieser Situation wieder aufgeholfen? Wie kamen Sie ins aktive Leben zurück?

W. Kohl: Das war das, was ich eben angesprochen hatte: Die Ehrlichkeit den eigenen Gefühlen gegenüber. Daß man erfährt, daß es so nicht weitergeht, ist ja ein Gefühl. Das muß man ehrlich anerkennen. In dem Moment, in dem ich damals empfand, daß es so nicht weitergehen kann, daß ich in der damaligen Art gescheitert war, lebte ich zugleich in einem hohen Maß an Ehrlichkeit. Aber es war die Frage, was das heißt. Heißt das Aufgeben oder Weitermachen? Jetzt kommen wir zum dritten Punkt, zur Ausdauer.

Ich hatte meinen eigenen Tod als Tauchunfall im Roten Meer bis ins letzte Detail geplant. Andererseits habe ich mir gesagt, daß alles ja nicht mehr schlimmer werden kann. Wenn eh schon alles schlecht ist, dann kann ich auch etwas ausprobieren, denn noch schlechter kann es nicht werden. Joanne K. Rowling, die Autorin von *Harry Potter*, sagte einmal in einem Vortrag in Harvard, daß man nicht mehr scheitern kann, wenn man total am Boden liegt. Wenn dann gefühlt alles ohnehin kaputt ist, dann – fast schon eine Ironie des Schicksals – entsteht eine unglaubliche Leere in einem und somit ein neuer Raum für neue Wege und Antworten. So seltsam es klingen mag: Diese Leere wird dann zu einer neuen, unerwarteten Form der Freiheit.

P.K.: In einem Interview verwendeten Sie einmal den Begriff „verkämpfen“. Was meinen Sie damit?

W. Kohl: Das bedeutet „Kämpfen um des Kämpfens willen“. Brecht schreibt in der *Mutter Courage* sehr treffend: *„Der Krieg ernährt den Krieg“.* Es gibt Situationen im Leben, in denen man um des Kampfes willen kämpft. Darin ist kein Ziel, kein Sinn, und vor allem keine Chance auf Frieden.

P.K.: Sie kennen das aus eigener Erfahrung?

W. Kohl: Ja, ich habe mich jahrelang verkämpft. Ich habe mich in Wunschträumen und Utopien verloren, weil ich dachte, gewisse Dinge oder Menschen müßten so sein, wie ich es erwarte. Heute versuche ich mich an den Realitäten zu orientieren und meine eigenen, stimmigen Wege zu gehen.

P.K.: Sie sind nicht nur der Sohn Ihres Vaters, sondern auch der Ihrer Mutter ...

W. Kohl: Darum sagte ich ja „auch“...

P.K.: ... die eine wunderbare und starke Frau war. Und diese starke Frau konnte irgendwann einfach nicht mehr. Wie gehen Sie damit um?

W. Kohl: Der Verlust eines geliebten Menschen durch einen Suizid, insbesondere im familiären Kontext, ist immer eine Katastrophe. Einer solchen Katastrophe kann man nur begegnen, indem man sie, erstens, annimmt und sie, zweitens, in einen sinnvollen Kontext einfügt.

Dem Leben neue Chancen geben

Meine Mutter hat meinem Bruder und mir sehr viel gegeben. Sie war eine gute Mutter, ich liebe sie auch heute noch sehr. Ihr Tod ist für mich

Grab von Hanelore Kohl
Friedhof in Ludwigshafen-Friesenheim 2014

ein Signal dafür, aktiv gegen Suizid zu sprechen und zu arbeiten. Ich erfahre es immer wieder, daß Menschen mir mitteilen, daß meine Worte oder meine Texte ihnen dabei geholfen haben, keinen Suizid zu begehen. Dann stehe ich am Grab meiner Mutter in Ludwigshafen und kann sagen: Mama, da haben wir beide etwas Gutes bewirkt. Dadurch haben die Erfahrungen rund um den Freitod meiner Mutter heute eine andere Bedeutung erhalten.

Eine meiner Kernaussagen ist: Du kannst am Was der Vergangenheit nichts mehr ändern, aber Du kannst durch ein neues Wie dem Leben komplett neue Chancen geben.

P.K.: Würden Sie auch dann keine Berechtigung für einen Suizid sehen, wenn ein Mensch am absoluten Ende seines irdischen Lebens mit unsäglichem Leiden konfrontiert ist? Diese Frage wird gegenwärtig in Deutschland ja intensiv bewegt, um zu neuen, passenden gesetzlichen Regelungen des medizinisch mittlerweile Machbaren zu gelangen.

W. Kohl: Bitte verstehen Sie mich richtig: Ich habe nicht gesagt, daß ich Suizid grundsätzlich ausschließe. Jeder Mensch und jede Situation müssen sorgfältig und einzeln betrachtet werden, so auch die konkrete Situation meiner Mutter. Meine Arbeit ist ein Appell, der meint: *„Überlege es Dir bitte noch mal ganz, ganz genau".* Es steht mir nicht zu, über Menschen zu urteilen, insbesondere dann nicht, wenn sie schwerkrank und dem Tode nahe sind. Ich bin nicht gegen oder für den Suizid, sondern ich bin für das Leben!

P.K.: Im Diskurs wird oft angeführt, daß wir als Menschen eine Verantwortung für das Leben haben, das uns faktisch geschenkt wurde, das wir nicht durch eigene Taten hervorbringen können. Ergo, so wird gesagt, dürfen wir es auch nicht durch eigene Hand beenden.

W. Kohl: Ja, das Leben wurde uns geschenkt, das ist wahr. Ich glaube auch, daß wir daraus den Auftrag ableiten sollen, aus diesem

Leben etwas für Frieden, Freundschaft und Liebe zu machen. Es gibt aber Menschen, die sich in Situationen befinden, die sich meiner Urteilskraft entziehen. Das ist bei schweren Erkrankungen der Fall. Oder: Viktor Frankl hat beschrieben, wie Menschen im KZ aus Verzweiflung in die Zäune gerannt sind, um sich erschießen zu lassen. Zu so etwas kann und will ich kein Urteil bilden, weder moralisch noch intellektuell. Das wäre für mich unchristlich. Wenn ich das Neue Testament richtig verstanden habe, ist Jesus in den allermeisten Fällen, wenn die Menschen krank waren, ein Heiler gewesen und kein Richter. Daran möchte ich mir ein Beispiel nehmen.

P.K.: Ja, es geht um Heilung und nicht um ein Urteil. Das kann zu einem neuen Generalschlüssel zum Umgang von uns Menschen miteinander werden. Es liegt darin die Chance zu einer ganz neuen Form der Sozialität, wenn wir uns selbst sagen, daß wir nicht urteilen, sondern heilen wollen.

W. Kohl: Ich sehe aber ein Sowohl-als-Auch, kein Entweder-Oder. Es gibt Dinge, die ich durchaus verurteile. Wenn ein Mensch einem anderen Menschen Gewalt antut, dann soll er verurteilt, bestraft werden. Wenn aber ein Mensch in einer schicksalhaften Situation ist, die ihn in jeder Hinsicht überfordert, dann bin ich nicht derjenige, der urteilt.

P.K.: Das schafft Raum dafür, daß auch ein verurteilter Straftäter unter der Voraussetzung der Einsicht und Reue heilende Impulse verdient hat.

W. Kohl: Absolut! Ich kenne selbst Menschen, die früher kriminell waren und die jetzt Heiler sind. Sie sind durch eine Katharsis, durch eine Wandlung gegangen. Diese Menschen haben genau das getan, was ich vorhin gesagt habe. Sie haben auf ihre Gefühle gehört, sie haben Ausdauer gezeigt, Mut gehabt und gehen neue Wege.

Über die Sehnsucht, die es zu schützen gilt

Interview mit Claudia Senftmüller

von Peter Krause

Tagtäglich begegnet jeder von uns vielen Menschen. Mitunter schauen wir einander an, reden über dies und das, und zuweilen fragen wir uns, wer unser Gegenüber eigentlich ist. Man erlebt einen Menschen, der Welt zugewandt, klar in der ganzen Erscheinung, und doch regt sich die Frage danach, was dieser Mensch in seiner Biographie wohl schon alles erlebt hat, was tragend und leitend für jenes Leben ist, dessen Gegenwart wir gerade vor uns sehen.

Claudia Senftmüller *(Name und Wohnort geändert)* ist so ein Mensch. Sie ist umtriebig, um keine innovative Idee verlegen. Sie interessiert sich für alles, was Menschen alltäglich beschäftigt und innerlich bewegt. Derzeit betreibt sie ein Lernzentrum, das den schulischen Alltag von Kindern und Jugendlichen ergänzt, in dem aber auch Kurse für Erwachsene angeboten werden. Sie ist glücklich verheiratet und eine liebevolle Mutter. Ihr Freundeskreis ist weit und groß. Trifft man sich, kann man einfach Spaß haben, aber auch vertraulich Tiefgründiges miteinander teilen. Claudia Senftmüllers Lebenssituation ist also absolut in Ordnung. Aber warum bedarf das einer besonderen Erwähnung?

Was in einer Begegnung mit einem Mitmenschen unser Interesse für Hintergründiges weckt, ist eine Ausstrahlung. Etwas, das nicht ohne weiteres in Worte zu bringen ist. Ich wüßte es auch nicht ohne weiteres zu sagen, woran ich dieses gewisse Etwas bezüglich Claudia Senftmüller festmachen würde, aber ich erlebe es. Wir haben uns kennengelernt, als ich am FLENSBURGER HEFT 119, *Ware Mensch*, arbeitete. Insofern wurde ich auf das Besondere ihrer Biographie recht bald aufmerksam. Wenn man sonst glauben würde, daß bitterste Kindheits- und Lebenserfahrungen einen Menschen zerstören müßten, kann Claudia als lebendiger Gegenbeweis gelten. Sie, die voll im Leben steht und ihren Weg mit bewundernswerter Entschiedenheit geht, hat Ohnmacht und Not nicht nur einmal am eigenen Leib erfahren. Dennoch kann sie von Erfahrungen und Ausblicken berichten, die zweifellos zum Alltag gehören, aber dennoch weit über ihn hinauszuweisen vermögen.

Das ganz „normale" Leben!?

Peter Krause: Ihr habt euren Umkreis an Freunden, Ideen und Idealen. So gesehen ist alles wunderbar und gut. Bist du derzeit hochzufrieden mit deinem Leben?

Claudia Senftmüller: Derzeit bin ich zufrieden, ja! Es gab aber auch andere Phasen in meinem Leben. In den Jahren vorher hatte ich zuweilen das Gefühl, in Blockaden zu stecken. Das hatte verschiedene, auch biographische Gründe.

P.K.: Wenn man dich heute so erlebt, würde man nicht ohne weiteres darauf kommen, daß du keine einfache Kindheit und Jugend gehabt hast. Du wurdest in eine Lebenssituation geboren, die es dir nicht leicht und schön gemacht hat, Mensch zu sein.

C. Senftmüller: Ich wurde als komplett unerwünschtes Kind geboren. Meine Mutter hatte mehrere Versuche gemacht, die Schwangerschaft zu beenden. Ich wurde als Kind vernachlässigt, bin in Pflegefamilien untergebracht worden, habe also immer wieder Bindungsabbrüche erlitten.

P.K.: Jeder Mensch hat eine Mutter, und jede Mutter liebt eigentlich ihre Kinder und wird alles versuchen, um Nestwärme und Vertrauen entstehen zu lassen. Wie kann man sich das bei dir vorstellen?

C. Senftmüller: Meine Mutter war, schon von ihrer ganzen Persönlichkeit her, komplett überfordert. Sie ist bis heute nicht in der Lage, einen anderen Menschen wichtiger zu nehmen als sich selbst. Darum fehlt ihr die Fähigkeit, eine Beziehung oder Bindung aufzubauen. Sie hat auch kein Unrechtsbewußtsein.

P.K.: Und dein Vater?

C. Senftmüller: Den kenne ich nicht. Der ist unbekannt.

P.K.: Du bist also hier und da großgeworden. Immer haben die Bezugspersonen gewechselt. Wie hast du das als Kind erlebt?

C. Senftmüller: Ich erlebte das als wahnsinnige Einsamkeit. Andererseits habe ich es als komplettes Mißverständnis erlebt. Ich dachte, daß ich auf einem falschen Planeten gelandet bin, daß ein Raumschiff mit meinen echten Eltern kommen müßte, um mich abzuholen, damit ich in mein richtiges Leben gebracht würde.

Sehnsucht, Gewalt und erster Wendepunkt

P.K.: Blieb das alles auch in deiner Jugend so? Irgendwann muß ja der Moment gekommen sein, an dem du dein Leben selbst in die Hand genommen hast.

C. Senftmüller: Bis ich 14 oder 15 Jahre alt war, wartete ich auf das Raumschiff. Während der Kindheit versuchte ich mir die Geborgenheit woanders zu holen. Dadurch wurde ich zum klassischen Mißbrauchsopfer. Die schreckliche Erfahrung, mißbraucht zu werden, habe ich viele Jahre hindurch gemacht. Mit sechs Jahren fing das an, die letzte Vergewaltigung war, als ich 13 oder 14 war. Dazwischen lagen viele Gewalterfahrungen durch meinen Stiefvater, bei dem ich meine Ferien verbringen mußte.

P.K.: Was ist denn geschehen, damit sich diese Situation verändern konnte?

C. Senftmüller: Der große Wendepunkt war, als ich die Zeitschrift *Der weiße Lotus* von der Theosophischen Gesellschaft in die Hände bekam. Mich hat die Vorstellung begeistert, daß all das, was ich denke, andere Menschen auch denken. Ich war ein einfaches Mädchen vom Lande, das innere Erlebnisse nicht so gut in Worte fassen konnte. Nun hatte ich etwas gefunden, was meiner eigenen Denkwelt entsprach. Wenig später las ich *Die Erziehung des Kindes vom Gesichtspunkt der Geisteswissenschaft* von Rudolf Steiner, weil ich, dann 17 Jahre alt, schwanger geworden war.

Ich hatte ein Freiwilliges Soziales Jahr in einem Altenheim gemacht und in dieser Zeit meinen ersten Ehemann kennengelernt. Mit dem zog ich bald in eine gemeinsame Wohnung und wurde schwanger.

P.K.: Mit der Zeitschrift der Theosophischen Gesellschaft und dem ersten Buch von Rudolf Steiner sind dir Gedanken begegnet, die über die gewöhnliche Sicht auf die Welt hinausführen. Du wurdest auf den spirituellen Hintergrund des Lebens aufmerksam. Welchen Einfluß hatte das auf deine damalige Welt der Jugendideale?

C. Senftmüller: Vor allem entdeckte ich mein Anliegen, anderen Menschen helfen zu wollen, indem ich Einsamkeitserfahrungen lindere. Das will ich bis heute. Ich habe das ja selbst als Kind erlebt, wie fürchterlich Einsamkeit ist. Auch wünschte ich mir ein Kind, weil ich alles besser machen wollte als meine Mutter.

P.K.: Ich vermute, daß dein damaliger Partner für das finanzielle Auskommen der Familie gesorgt hat, während du für das Kind da warst?

C. Senftmüller: Genauso war das. Ich habe mich viel damit beschäftigt, wie man es als Mutter den Kindern so gut wie möglich machen kann. Mein eigenes Bedürfnis nach Nähe lebte darin natürlich auch.

P.K.: Im Laufe der Jahre bist Du nicht „nur" Mutter geblieben, sondern bist einen sehr eigenen Weg gegangen. Du wurdest zur erfolgreichen Unternehmerin.

C. Senftmüller: Eine Ausbildung habe ich tatsächlich nie gemacht. Ich bin zurück ins Altersheim gegangen, in dem ich vor der Schwangerschaft gearbeitet hatte. Mit einer Unterbrechung, in der ich ein zweites Mal Mutter wurde, habe ich zehn Jahre, also bis ich 26 Jahre alt war, dort gearbeitet. Dann begann meine Ehe zu kriseln, und ich fand einen Job bei einem Orthopäden. Dort begegnete ich der Radiologie, in die ich mich autodidaktisch eingearbeitet habe. Zu einer weiteren Veränderung kam es, als ich nach drei Jahren von einem Freund das Angebot bekam, nach Zürich überzusiedeln; damals waren die Kinder acht und zwölf Jahre alt, die Ehe war praktisch kaputt. Also ging ich nach Zürich, nachdem ich mich vergewissert hatte, daß die Bedingungen meinen Wünschen entsprachen.

Die erfolgreiche Unternehmerin

Ich arbeitete die ersten zweieinhalb Jahre in der Radiologie eines Krankenhauses. Um mein Einkommen aufzubessern, hatte ich parallel dazu damit begonnen, in radiologischen Praxen Beratungen durchzuführen. Bald kam dann der Moment, in dem ich, zusammen mit dem Freund, der mich nach Zürich geholt hatte, eine Firma gründete. Wir handelten mit diverser Medizintechnik und führten Beratungen durch. Das Wachstum der Firma war explosionsartig. Wir handelten nicht nur mit Geräten, sondern bauten ganze Radiologien und akquirierten unsere Kunden, indem wir zu Seminaren für niedergelassene Ärzte fuhren. Dort haben wir ihnen von der Planung bis zum Einbau und der Schulung des Personals alles angeboten. Dazu gehörte auch, daß wir die besonders teuren Geräte finanziert und an die Praxen vermietet haben.

P.K.: Jetzt warst du in einer komplett anderen Welt angekommen. Die Busineßwelt steht im gehörigen Kontrast zur Welt deiner Herkunft. Du hattest viel Geld, führtest ein aufwendiges Leben, mit Jaguar und Helikopterkurs. Du warst also auf der Schokoladenseite des Lebens angekommen.

C. Senftmüller: Ich hatte ein Haus gekauft, und wir hatten Personal zu Hause, weil ich wenig Zeit für die Kinder hatte. In dieser Zeit waren die Kinder, das muß ich ganz klar sagen, komplett vernachlässigt, also wohlstandsverwahrlost. Ich arbeitete vierzehn bis sechzehn Stunden täglich.

P.K.: Welchen Stellenwert hatten deine persönlichen Kindheitserfahrungen und deine jugendliche Sehnsucht nach spiritueller Orientierung in dieser Phase deines Lebens noch?

C. Senftmüller: Das war in dieser Zeit alles weg. Im Hintergrund war es sicherlich noch vorhanden, aber überblendet durch die Äußerlichkeiten.

Der Weg zum Nullpunkt: Alles bricht zusammen

P.K.: Später kam dann der Schiffbruch. Die Firma ging den Bach runter, und dein Leben geriet an einen scharfen Wendepunkt.

C. Senftmüller: Der Erfolg der Firma dauerte drei Jahre an, als mein Partner und ich begannen, uns zu streiten. Die geschäftlichen Präferenzen waren sehr unterschiedlich. Irgendwann habe ich ihn aus der Firma geschmissen. Dann artete der Streit in einen echten Krieg aus. Mein ehemaliger Geschäftspartner verklagte mich, brachte die Kunden dazu, die Mieten für die Geräte nicht mehr zu bezahlen, was mich dazu zwang, gegen die Kunden klagen zu müssen. Schließlich hatte ich parallel 26 Gerichtsverfahren laufen. 2003 mußte ich Insolvenz anmelden, weil ich die Verfahrenskosten nicht mehr bezahlen konnte. Mit meinen Nerven war ich auch am Ende. Ich konnte einfach nicht mehr.

Ich hatte zu dieser Zeit einen Freund, in den ich sehr verliebt war. Das war wichtig, denn so fühlte ich mich nicht ganz allein. Mir war klar, daß ich nun alles verlieren würde, daß sich auch die Privatinsolvenz nicht vermeiden ließe, denn ich hatte mich für alles auch privat verbürgt. Dennoch war es eine Erleichterung, denn alle Gerichtsverfahren kamen zum Stillstand. Und dann kam mein Freund und sagte mir, daß er jemand anderen kennengelernt hatte, daß er jemanden brauche, der nicht so viele Probleme habe wie ich. Das war ein absoluter Nullpunkt für mich.

Schließlich kam der Abend jenes Tages, an dem ich mir klarmachte, daß alles eingetreten war, wovor ich mich die ganze Zeit gefürchtet hatte. Ich saß in meiner Wohnung auf dem Boden mit einem Espresso und einem Grappa und bemerkte, wie eine Heiterkeit in mir aufstieg. Zuerst hatte ich zusätzlich die Befürchtung, zu allem Elend auch noch verrückt zu werden.

P.K.: War das die Heiterkeit des Wahnsinns?

C. Senftmüller: Ja, ich machte mir wirklich Sorgen, aber es war gar nicht so wie befürchtet. Es war die Erkenntnis, daß alles Furchterregende eingetreten war, aber in Wirklichkeit war eigentlich nichts wirklich Tiefgehendes geschehen. Alles war ja nur im Außen, ich selbst war unbeschädigt geblieben. Ich fühlte: Niemand kann mir meinen Kopf und meine Gedanken nehmen.

Ab diesem Zeitpunkt war alles tatsächlich nicht mehr so schlimm; vorher war es viel leidvoller. Mir war schon lange klar, daß mir alles irgendwann um die Ohren fliegen würde. Ich hatte Angst davor, daß es mich als Menschen zerstören könnte. Als es dann soweit war, war es eher eine Befreiung.

P.K.: Wie hat Deine Umgebung darauf reagiert?

C. Senftmüller: Zu dem Zeitpunkt hatte ich kaum einen Freundeskreis, weil ich so sehr im Geschäft engagiert war. Meine Kinder waren schon aus dem Haus, sie wollten mit dem ganzen Wahnsinn nichts mehr zu tun haben. Ich war also allein, aber das kannte ich ja aus meiner Kindheit.

P.K.: Wenn man das jetzt so hört, mutet dieser Moment wie ein sehr tiefer Punkt deiner Biographie an. Du warst buchstäblich am Ende. Kaum vorstellbar, wie es dann noch weitergehen konnte.

Irgendwie überleben: Der Neustart ins Leben

C. Senftmüller: Mit meinem jetzigen Ehemann bin ich danach ganz schnell wieder gestartet. Ich wurde bald von neuem schwanger und überlegte, wovon wir wohl leben könnten. Aus meiner Tätigkeit vorher wußte ich, daß Radiologen auf die dauernde Aus- und Weiterbildung ihrer Sekretärinnen angewiesen sind. Um das anbieten zu können, brauchte ich nicht viel, also habe ich das gemacht. Das konnte ich auch über das Arbeitsamt für einige Jahre als Umschulung von Verwaltungskräften zu radiologischen Sekretärinnen anbieten.

Ich weiß aufgrund meiner Biographie, daß man immer irgendwie überleben kann. Irgendwo gibt es immer ein nutzbares Potential. Aus heutiger Sicht sind meine Kindheit und Jugend unglaublich wertvolle Ressourcen. Ich habe die Erfahrung gemacht, daß ich ohne großartige Zuwendung anderer Menschen überleben kann. Meine Kindheit war ja nicht nur düster.

P.K.: Es ist eine sehr riskante Aussage zu sagen, daß *man* immer irgendwie überleben kann. In der Ich-Form ist das anders, weil es durch persönliche Erfahrungen gedeckt ist. Aber es gibt Menschen und Lebenserfahrungen, die durchaus zu anderen Ergebnissen führen.

C. Senftmüller: Ja, das stimmt. Also: *Ich* kann immer irgendwie überleben. Die persönlichen Erfahrungen lassen sich natürlich nicht immer auf das Allgemeine übertragen. Wenn ich für mich sage, daß ich über ein hohes Maß an Resilienz verfüge, würden andere Menschen mit ähnlichen Lebenserfahrungen das so von sich möglicherweise nicht behaupten.

P.K.: Wenn man die besonderen Bedingungen in deinem Leben sieht und dann die Verallgemeinerung riskiert, könnte man sagen, daß ein gewisses Maß an Erfahrung von Not und Ohnmacht dazugehören, wenn man zum mutmaßlich Wesentlichen finden will. Aber das mutet fatalistisch an. Sind deine Lebenserfahrungen tatsächlich die direkte Voraussetzung für dein Erlebnis von persönlicher Resilienz?

C. Senftmüller: Das kann ich nicht sagen, weil ich ja nicht weiß, wie es vor dem Hintergrund eines anderen Settings geworden wäre. Ich kann von Erfahrungen sprechen, die zu Ressourcen geworden sind, aber dem liegt eine konkrete Entwicklung zugrunde, die ich genommen habe. Ich habe für mich z.b. die Entscheidung getroffen, daß ich mich nicht als Opfer sehen will.

P.K.: Kann man das überhaupt entscheiden? Faktisch bist du, wenn man auf deine Kindheit blickt, so wehrlos und zart gewesen wie alle Kinder und warst zugleich den Übergriffen ausgeliefert.

Sich selbst zuschauen können

C. Senftmüller: Meine vordergründigste Fähigkeit in der Kindheit war, daß ich mich dissoziieren konnte. Ich konnte mich von meinem Leib und dem, was mit ihm geschah, trennen. Gewalt, Prügel und Schläge habe ich zwar miterlebt, aber ich konnte mich doch auch im Augenblick der Zufügung davon trennen. Als ich zehn Jahre alt war, ist mein Stiefvater im Suff auf mich losgegangen und schrie: *„Dich Bastard bringe ich jetzt um!"* Er schlug wild auf mich ein, und ich habe das neben mir stehend beobachtet. Ein Teil von mir war also unbeteiligt an dem Geschehen.

P.K.: Das ist zweifellos ein Erlebnis an der absoluten Grenze der Belastbarkeit bzw. schon außerhalb derselben. Dann siehst du dem Geschehen und dir selbst von außen zu. Das ist für jemanden, der das nicht selbst erlebt hat, schwer zu verstehen. Dieses Phänomen des Getrenntseins vom eigenen Leib lernen manche Menschen auch bei Schmerzen kennen, die sie in medizinischen Behandlungen erleiden. Was findet da statt? Wie würdest du das aus heutiger Sicht erklären?

C. Senftmüller: Das Ich des Menschen zieht sich aus dem Leib heraus, es ist für eine gewisse Zeit komplett außerhalb des Körpers. Es ist eindeutig eine Abspaltung. Mein Körper lag auf dem Boden, und ich als wahrnehmender Anteil stand daneben.

P.K.: Der eine Teil deines Wesens lag schmerzerfüllt am Boden, während der andere Teil sich davon getrennt erlebte. Was ist das für eine Kraft, die dem Menschen in einer solchen Situation zur Verfügung steht?

C. Senftmüller: Das hat mit der bloß physischen Existenz nicht mehr viel zu tun. Es geht ganz stark um das Wissen, daß wir Menschen eigentlich geistige Wesen sind.

P.K.: Das hat Dir als Kind doch noch niemand gesagt.

C. Senftmüller: Ich wußte es insofern immer, als für mich mein ganzes Leben damals ein Mißverständnis war. Ich meinte, daß ich eigentlich ein ganz anderes Leben hätte leben sollen. Gleich was mir damals widerfahren ist, es hat mich nie ganz durchdrungen. Es hat meinen Körper erreicht, aber meine Seele, meinen inneren Kern nicht.

Ich erlebte das Unzerstörbare in mir

P.K.: Hast du zu dem Zeitpunkt des Konkurses auch gedacht, daß ein Raumschiff kommen könnte, um dich abzuholen?

C. Senftmüller: Nein, so nicht, denn da hatte ich das Ganze ja schon begriffen. Aber dieses besondere Gefühl aus der Kindheit stand mir auf einmal wieder voll zur Verfügung. Es war wieder dieses: Außen bricht etwas zusammen, was mich im inneren Kern trotzdem nicht erreicht. Ich erlebte das Unzerstörbare in mir. Ich erlebte es so, als wäre es nie weg gewesen. Es war wie ein Aufwachen aus einem Alptraum.

P.K.: Beeindruckend, das so zu hören! Verzeih die Zuspitzung: Warum bist du vor dem Hintergrund einer solchen Erfahrung nicht zur Psychotherapeutin oder Nonne geworden?

C. Senftmüller: Zunächst ging es damals darum, genügend Geld zum Überleben zu verdienen. Da lagen solche Berufe nicht gerade nah. Der Zusammenbruch führte innerlich zu einer Bereicherung, denn die alte, bekannte Gewißheit von der Gegenwart des Unzerstörbaren in mir war wieder da. Trotzdem war es mein Bestreben, die Dinge im Außen wieder auf die Reihe zu kriegen. Ich mußte ja auch materiell von irgend etwas leben.

P.K.: Wir Menschen sind immer zu einem gewissen Grad dazu verdonnert, der Frage zu folgen, wovon wir leben wollen. Aber damit ist die Frage nach dem Wofür noch ganz und gar nicht beantwortet. Neben deiner Sorge um das Einkommen bist du doch auch individuell-motivisch orientiert weitergegangen.

C. Senftmüller: Das schlug sich u.a. darin nieder, daß ich mich für diese Menschen engagiert habe, die über das Arbeitsamt zu mir gekommen sind. Das war im Prinzip nichts anderes als Sozialarbeit, jedenfalls habe ich das so empfunden. Das zentrale, in meinem Leben durchgängige Motiv ist das Überleben: mein Überleben, aber auch das anderer Menschen. Ich will Menschen dabei helfen, in ihren eigenen Verhältnissen zu überleben.

P.K.: Ist das Überleben ein Kampf?

C. Senftmüller: Nein, es ist eine Kunst! Als Kampf habe ich es tatsächlich nie empfunden. Phasenweise natürlich, aber eigentlich nicht durchgängig. Wenn man am Nullpunkt steht, wenn man dann etwas ganz Neues schaffen muß, dann ist das eher etwas Künstlerisches als etwas Kämpferisches, besonders weil es viel mit Freiheit und wirklich freien Entscheidungen zu tun hat.

P.K.: Wenn wir uns jetzt einmal einen Menschen vorstellen, der materiell über nicht viel verfügt, der nicht einfach genußvoll leben kann, sondern mühsam sein Geld verdient, der würde möglicherweise nicht leicht verstehen können, was du mit dieser Kunst des Überlebens meinst.

C. Senftmüller: Das glaube ich so nicht, denn äußerer Besitz garantiert keineswegs eine Beziehung zum inneren Wesen. Ein in Armut lebender Mensch kann, obwohl er das so vielleicht nicht in Worte fassen kann, ein starkes Erleben seiner würdigen inneren Natur haben. Die Größe der Schritte, die jemand macht, variiert natürlich sehr. Für den einen ist es schon ein Erfolg, wenn er morgens aus dem Bett kommt, für einen anderen ist ein Erfolg, wenn er eine Firma gründet. Dazwischen gibt es zahllose Abstufungen für individuellen Erfolg.

Die Auseinandersetzung mit der totalen Finsternis

P.K.: Dich beschäftigt auch ein besonders finsterer Bereich möglicher Erfahrungen, und zwar die ritualisierte Gewalt, über die ich im FLENSBURGER HEFT 119 geschrieben habe. Es fällt mir schwer, das Überleben in diesem Bereich als Kunst zu bezeichnen.

C. Senftmüller: Wie man in solchen Dimensionen des Leidens besteht, weiß auch ich nicht, denn das habe ich selbst nicht erlebt. Den wenigen, die so etwas tatsächlich überleben, ich kenne drei, würde ich nicht sagen können, warum sie davongekommen sind.

P.K.: Warum beschäftigst du dich überhaupt mit so finsteren, fürchterlichen Dingen?

C. Senftmüller: Jeder, der sich nicht damit beschäftigt, läßt die momentanen Opfer irgendwie im Stich. Das alles kann so ungestört ja nur geschehen, weil die meisten Menschen nicht hinschauen. Ich will diese Menschen nicht allein lassen, auch wenn man sich ihnen nur seelisch und geistig zuwenden kann. Dann geht es mir auch um die

Erfahrung, daß ich es überhaupt anschauen kann. Als ich dem Thema der ritualisierten Gewalt begegnet bin, war ich erst mal heillos entsetzt. Aus heutiger Sicht war ich monatelang sekundär traumatisiert.

P.K.: Das Umfeld dieser Verbrechen ist erschreckend weitmaschig. Eltern, Pädagogen, Polizisten, Staatsanwälte, Richter usw. sind mutmaßlich tatbeteiligt, denn sonst würde der ganze Wahnsinn so nicht geschehen können.

C. Senftmüller: Das deutet auf eine Ebene, auf der Widersachermächte aktiv sind. Anders kann ich mir das nicht erklären. Wenn etwas ganz direkt auf die Zerstörung des Ich, des inneren Kerns hinzielt, dann ist die bloß menschliche Welt verlassen, dann kommen andere Kräfte ins Spiel.

P.K.: Sind an deinen Kindheitserfahrungen auch Widersachermächte beteiligt gewesen, die versucht haben, dich zu zerstören? Ist so etwas nur ein einziges Unglück, oder gibt es trotz allem irgend etwas, was für einen Weg des Heilens und der Genesung noch ergriffen werden kann?

C. Senftmüller: Das läßt sich so allgemein nicht beantworten. Es sind unterschiedliche Vorgehensweisen gefragt. Worauf richten sich Angriffe ganz konkret? Was genau soll zerstört werden? Demgemäß braucht es verschiedene Vorgehens- und Verhaltensweisen. Ich übe mich darin, immer wieder hinzuschauen. Ich will es aushalten, mich mit den abgründigsten Dimensionen des Lebens auseinanderzusetzen. Das ist vielleicht schon ein Teil der Arbeit, die es da zu tun gibt.

P.K.: Wir wollen jetzt nicht zu schnell etwas esoterisch etikettieren, was weltweit bittere Lebenserfahrungen sind. Darum versuche doch einmal, für einen Menschen ein Schlußwort zu geben, der keinen spirituellen, anthroposophischen Hintergrund hat, wenn er das Leben für sich deuten und verstehen will.

C. Senftmüller: Verstehen muß man das Leben an sich ja nicht. Wichtig ist es, eine Vorstellung von einem stimmigen, autarken Leben zu haben und für sich selbst zu erhalten. Diese Vorstellung hat viel mit einem Gefühl, mit einer Sehnsucht zu tun, die man als Mensch schützen muß.

Ungebremst auf dem Weg
Interview mit Dr. Dietmar Höhne

von Wolfgang Weirauch

Dr. Dietmar Höhne, geb. 1940 als 2. Kind in Münster/Westfalen. Das erste, ein Bruder, starb 2 Tage nach der Geburt. 1941 wurde ein Bruder, 1948 eine Schwester geboren.

Während des Krieges in Bayern evakuiert, der Vater als Wehrmachtsoffizier an der Front, zuvor schon in der Heeresbauverwaltung.

Im Herbst 1946 eingeschult, im Winter 1946 nach Münster zurück, dort die Volksschule besucht.

1950 wegen der Versetzung des Vaters nach Düsseldorf umgezogen, dort die Gymnasialzeit 1960 mit dem Abitur beendet. 1960–62 Bundeswehr, Abgang als Leutnant der Reserve.

Studium der Medizin in Heidelberg und Düsseldorf bis 1968. Promotion zum Dr. med. Studium der Philosophie 1967–1970.

1968–70 Medizinalassistentenzeit an verschiedenen Kliniken der Uni Heidelberg und wissenschaftlicher Assistent an der Medizinischen Poliklinik.

Ende 1970 gekündigt, ein Release-Drogenzentrum geleitet, Praxisvertretungen gemacht.

1967 Heirat, 1968 Geburt einer Tochter, 1971 Scheidung.

1972 Verhaftung wegen Unterstützung einer kriminellen Vereinigung, genannt „Baader-Meinhof". 4 Wochen Untersuchungshaft, auf Kaution und mit täglicher Meldeauflage auf freien Fuß gesetzt.

1974 2. Verhaftung nach Rückkehr aus Marokko mit 30 Kilo Cannabis im Tank. Verurteilt zu 6 Jahren, 4 Jahre in Einzelhaft abgesessen, 2 Jahre auf 3 Jahre zur Bewährung ausgesetzt. Als Bauhelfer und Lehrer (Dozent für medizinische Lehrfächer) gearbeitet.

2. Heirat 1977. Geburt der gemeinsamen Kinder, eine Tochter 1979, ein Sohn 1981.

1981 Sannyasin geworden.

1982 Wiedereinstieg in den Beruf in einer Suchtklinik (Resozialisierung). Psychotherapeutische Ausbildung sowie Ausbildungen in Bioenergetik und Gestalt, Transaktionsanalyse, Systemische Therapie (Hamburger Institut für Systemische Studien e.V.), Systemaufstellungen (Dr. W. Nelles, Dr. G. Weber, Bert Hellinger, Dipl.Psych. Erika Schäfer, Prof. Dr. M. V. von Kibed), Alterspsychotherapie (Prof. H. Radebold), Reinkarnationstherapie (Erika Schäfer). Zahlreiche Selbsterfahrungen mit Methoden der Humanistischen Psychologie sowie spiritueller Praxis.

Seit 1989 Niederlassung in eigener Praxis als Facharzt für Psychosomatische Medizin und Psychotherapie.

Lehrtherapeut/Trainer für Systemaufstellungen der Deutschen Gesellschaft für Systemaufstellungen (DGfS)

1992–2003 3. Ehe mit einer Arztkollegin.

2004 4. Ehe mit einer Heil- und Religionspädagogin, Mutter einer Tochter und eines Sohnes.

Ohne die Fingerzeige und Unterstützung vieler hilfreicher Menschen wäre ich nicht mehr am Leben. Ich danke meinen Eltern, daß sie mir ins Leben geholfen haben, all meinen Lebensrettern, Lehrern, erleuchteten Meistern, Gefährten und Gefährtinnen, den höheren Mächten.

Seit den 70ern begeisterter Fotograf, meist motivorientiert.

Seit 1974 beginnend themenorientierte Collagen, digitale Montagen sowie Objekte.

Viele Reisen in die europäischen Länder und nach Amerika und zwei Reisen nach Indien, Nepal, Sri Lanka mit Besuch der Palmblattbibliothek in Colombo; außerdem eine dreiwöchige Kongreßreise quer durch Rußland bis nach Wladiwostok sowie viermal nach IONA, einer Insel im Norden Schottlands, und Ursprung des Irokeltischen Christentums, wo meine Frau und ich uns 2014 von einer Priesterin in der Michaeliskapelle haben vermählen lassen.

www.otto-uomo.de
www.kunst-im-norden.de
www.dietmar-hoehne.de
www.aging-alive.de
www.salon-sowohl.de

Es ist noch nicht lange her, daß ich Dietmar Höhne kennenlernte, obwohl wir ganz in der Nähe wohnen. Nach einigen Fragen zu seinem

Leben wurde mir schlagartig klar: Diese Biographie ist so interessant, vielseitig und zugleich lehrreich für uns alle, daß man sie unbedingt ausführlich darstellen sollte. Deshalb ist dieses FLENSBURGER HEFT zustandegekommen.

An dem Leben Dietmar Höhnes kann man exemplarisch erkennen, durch welche Höhen und Tiefen der Mensch in seinem Leben gehen kann, wie Irrwege beschritten werden, wie es ist, verzweifelt am Abgrund zu stehen und keinen Ausweg zu erblicken, und was es innerlich auslöst, wenn das ganze Leben in Trümmern liegt.

Gleichzeitig kann man aber von ihm lernen, niemals aufzugeben, immer neugierig zu sein, die ganze Welt mit Interesse aufzusaugen, aus jeder noch so aussichtslosen Lebenssituation die Perlen aufzufischen und zu neuen Ufern zu streben. Und wer noch näher hinschaut, kann in seinem Leben die feinen Spuren einer höheren Schicksalsbegleitung entdecken, die einem das Vertrauen schenken können, daß man selbst in der dunkelsten Stunde nicht allein ist und daß es immer erstrebenswerte Ziele gibt, wenn man sich für Neues öffnet und keine Mühe scheut, auch unbequeme Wege zu gehen.

Dietmar Höhne war Arzt, setzte sich für Drogensüchtige ein und verlor seine Approbation. Wegen angeblicher Kontakte zur Baader-Meinhof-Gruppe wurde er angeklagt und aufgrund einer Drogentour nach Marokko verhaftet. Vier Jahre Einzelhaft nutzte er, weite Strecken der philosophischen und esoterischen Literatur zu studieren und fing nach dem Gefängnis noch einmal ganz von vorne an. Er wurde Sanyassin, hatte Begegnungen mit Bhagwan/Osho, arbeitete in verschiedenen Kliniken, erkämpfte sich erneut seine Approbation, bis er sich als Arzt und Psychotherapeut in eigener Praxis niederlassen konnte.

Wolfgang Weirauch: Du wurdest im September 1940 in Münster geboren. Hast du noch irgendwelche Erinnerungen an den Krieg?

Dietmar Höhne: Wir wurden während des Krieges nach Bayern evakuiert. Aus dieser Zeit habe ich Erinnerungen an ein Dorf in Oberbayern, über das Hunderte von Bombern in Richtung Norden flogen, hatte aber kein Bewußtsein davon, was das eigentlich bedeutet, fühlte mich auch nicht bedroht. Ich erinnere mich noch gut an die weißen Kondensstreifen der Flugzeuge.

Eindrücklich war aber die Erfahrung der Nahrungsbeschaffung. Wir lebten in einer kleinen Holzbaracke. Die mütterliche Oma ging sehr oft mit uns Kindern in den Wald, um Pilze, Beeren und Holz zu sammeln und zu den umliegenden Bauern, um Lebensmittel zu hamstern, während meine Mutter und einige Männer im Wald Bäume fällten. Die Mutter erzählte aber, wir hätten um ein Stückchen Brot geweint.

W.W.: Du hast also in bezug auf diese Zeit keine traumatischen Erfahrungen?

D. Höhne: Mit Sicherheit kann ich das nicht sagen, nicht bewußt, aus dieser Zeit nicht. Allerdings bekam ich 1996 in New York in einer U-Bahn-Station einen Panikanfall und war vom Erleben her wieder im Luftschutzkeller. Ich habe keine konkrete Erinnerung an den Luftschutzkeller, aber ich weiß aus den Erzählungen der Mutter, daß ich als Kind im Luftschutzkeller war.

Man weiß ja heute, daß alle unsere früheren Erlebnisse und Erfahrungen im Unterbewußtsein – oder mit gängigen Begriffen wie auf einer inneren Festplatte als Dateien – gespeichert sind. Und man weiß, daß diese bei thematischer Ähnlichkeit, äußerlich ähnlichen Situationen oder identischen Sinneseindrücken im Hier und Jetzt angetriggert werden können und die z.b. während der Kindheit erlebten Geschehnisse in der Regel nicht ins Bewußtsein treten, aber von den damals ebenfalls abgespeicherten Gefühlen überschwemmt werden können, als tauchten wir in das damalige Geschehen wieder ein. In New York in der U-Bahn-Station war es ähnlich wie im Bunker: stickige Luft, viele Menschen, Zwielicht, viel Beton, sehr laut, auch etwas Bedrückendes; ich war wieder das Kleinstkind, das von seiner „Mutter", meiner Frau, herausgebracht werden mußte. Eine latente Angst hielt noch eine ganze Woche in New York an, weil die Häuser auch so groß waren; und als ich zurück nach Deutschland kam, war alles vorbei.

Aus der Traumaforschung, meiner Alterspsychotherapieausbildung und der psychotherapeutischen Arbeit mit Kriegskindern weiß ich, daß dies Phänomen nicht selten bei älteren Menschen besonders nach traumatischen Kriegserlebnissen auftritt, vermehrt beobachtbar z.B. bei Menschen im Altersheim oder in geriatrischen Abteilugen.

Der Hungerwinter

W.W.: 1946/47 gingt ihr zurück nach Münster. Wie erlebtet ihr den Hungerwinter?

D. Höhne: Wir wohnten in einer Ruine, in der mein Vater in der ersten Etage versucht hatte, eine Wohnung herzurichten. Glasscheiben gab es damals kaum, und die Fenster wurden teils mit Brettern vernagelt. In diesem Hungerwinter gab es fast nur Steckrüben, und an das damalige Gefühl von Hunger kann ich mich gut entsinnen. Essen gab es beschränkt auf zugeteilten Lebensmittelmarken; dafür mußte man

Krefeld, Hungerwinter, Demonstration

stundenlang anstehen oder etwas auf dem Schwarzmarkt besorgen. Wir Kinder sammelten Kohlen von den Straßen, die von den britischen Kohlenlastern fielen. Ich lief mit einem kleinen Körbchen hinter diesen Lkw her und habe die Kohlen aufgesammelt. Münster lag in der englischen Besatzungszone, und so zogen wir auch zu den Kasernen, die von den Kohlen-Lkw angefahren wurden, und sammelten auch dort Kohlen auf. Im Wohnraum gab es als einzige Heizstelle einen „Kanonenofen", in einer Küchenecke eine „Hexe".

Aus dieser Zeit habe ich als Erinnerung, daß ich morgens in meinem Bett aufwachte, sich mein Atem an meinem roten Bettplumeau – Bettbezüge gab es nicht – als Rauhreif niedergeschlagen hatte. Aber an die ganzen Schuttberge, die zerstörten Häuser in Münster – und Münster war fast völlig zerstört worden – kann ich mich nur bildhaft erinnern, denn eine begriffliche Form dieser Zerstörung hatte ich noch nicht.

Auch 1951, als wir in Düsseldorf wohnten, habe ich in den Ruinen gespielt und habe Bleirohre gesammelt, um sie beim Schrotthändler zu verkaufen. All die Ruinen waren für uns Kinder Spielstätten, nichts Bedrohliches, obwohl alle Straßenzüge fast nur aus Ruinen bestanden. Als Kind kann man die Dimension dieser Zerstörung nicht richtig ermessen. In der Zeit in Münster, von 1946 bis 1951, haben wir Kinder in unserer eigenen Welt gelebt. Ich weiß auch nicht, was meine Eltern den ganzen Tag gemacht haben, obwohl ich weiß, daß mein Vater auf dem Bau arbeitete und später in die Finanzdirektion wechselte. Wir Kinder zogen durch die Stadt, auch vor die Stadt, spielten an den Bächen und auf den Wiesen, in Kiesgruben und auf der Straße. Aber was die Kriegs – und Nachkriegszeit an Bedrohlichkeit und Lebenskampf bedeutete, wurde uns Kindern, mit Ausnahme des Hungerwinters, nicht richtig bewußt. Unbewußt hat es natürlich alles auf unsere Seelen gewirkt.

Am Rande des Todes und grenzenlose Glückseligkeit

W.W.: Im Alter von sechs Jahren bekamst du eine Meningo-Enzephalitis. Wodurch wurde sie ausgelöst?

D. Höhne: Durch Masern. Das war insofern eine spannende Erfahrung, da ich heftig halluzinierte. Ich kann mich noch an einige Halluzinationen erinnern. Aus heutiger Sicht würde man vielleicht sagen, daß ich mit meiner Seele im Körper gelockert war und anfängliche Einblicke in übersinnliche Sphären erhielt. Ich kann mich noch entsinnen, wie ich einmal ins Wohnzimmer meiner Eltern lief, dort aber Empfindungen der Entfremdung und Desorientiertheit hatte. Ich habe mich nur irgendwie entrückt erlebt und wußte nicht, was mit mir los war. Diese Zustände haben über Monate angehalten.

W.W.: Waren deine Eltern religiös?

D. Höhne: Eigentlich nicht, obwohl evangelisch getauft. Ich bin aber aus eigenem Antrieb schon als 7- und 8jähriger sehr oft in die Kirche zur katholischen Messe gelaufen, habe mir auch jede Prozession an der Straße angeschaut. Bei den katholischen Messen geschieht ja einiges, und das hat mich sehr gefangengenommen. Dort konnte ich alle meine unbeantworteten Fragen zumindest an einen Adressaten richten, so diffus er für mich auch war.

W.W.: Mit 9 Jahren bist du so gut wie ertrunken. Was geschah damals?

D. Höhne: Meine Mutter war verreist, und ich war mit meinem Vater und meinem Bruder am Rhein. Es war Sommer, mein Vater lag in der Sonne, und ich stand etwa bis zum Bauchnabel im Wasser und spielte mit meinem Bruder mit einer leeren Nivea-Dose, die wir uns wechselseitig zuwarfen. Er warf sie etwas weiter, als ich stand, so daß ich einen Schritt zurückmachen mußte; aber da war kein Grund mehr, und sofort wurde ich von der Strömung fortgerissen. Ich habe gezappelt, um Hilfe geschrien, konnte aber nicht schwimmen, habe viel Wasser geschluckt, bis es einen inneren Umschlag gab: Ich ließ los, ließ alles geschehen – und von da an war es alles sehr schön. Ich sah Luftblasen zur Wasseroberfläche emporsteigen, die Sonne schien, ich betete das Vaterunser und habe mich von meinen Eltern und meinen Geschwistern verabschiedet. Am eindrücklichsten war aber der Verlustschmerz um meine kleine zweijährige Schwester; dann verlor ich mein Bewußtsein.

Das war etwas, was mich später in der Reinkarnationsausbildung sehr beschäftigt hat, weil ich mir erklären wollte, woher diese unendliche Trauer um meine Schwester kam. Klarheit erhielt ich durch

© FH Archiv Höhne

© FH Archiv Höhne

Vater, Mutter, Bruder, Schwester 1948

eine Rückführung, bei der sich ergab, daß ich während des Dreißigjährigen Krieges ihre Mutter war. Meine Tochter wurde mir als kleines Mädchen damals von durchziehenden Truppen entrissen, und auch damals empfand ich den gleichen Schmerz. Gleichzeitig empfand ich in bezug auf die damalige Zeit aber auch ein Gefühl existentieller Eingebundenheit, dem ich mich nicht entziehen konnte, gegen das es auch keine Auflehnung gab. Es war ein Gefühl, daß das Leben so ist, wie es ist, mit Geburten, mit dem Tod, mit Grausamkeit. Darüber hinaus nahm ich mich mit den anderen Frauen in einer starken Verbundenheit wahr, die jenseits dessen war, was die Priester damals von den Kanzeln verkündeten. Ich entwickelte eine starke Beziehung zu Maria, die ihren Sohn verloren hatte. Als ich später meiner Schwester von meinen Reinkarnationserfahrungen erzählte, berichtete sie mir, daß sie gerade zum katholischen Glauben übergetreten sei.

W.W.: Und wie bist du aus dem Rhein gerettet worden?

D. Höhne: Durch die DLRG. Zuerst hatte mein Bruder gedacht, daß ich Zirkus mache, lief dann aber schnell zum Zelt der DLRG, und die Rettungsschwimmer haben mich herausgeholt.

W.W.: War deine Rettung für dich ein Zeichen, daß du doch leben solltest?

D. Höhne: Damals noch nicht. Ich empfand sogar so etwas wie Scham, so als hätte ich etwas falsch gemacht. Ich habe das auch meinem Vater nicht erzählt, er hat es gar nicht mitgekriegt, und die DLRG-Retter haben mich einfach am Strand abgesetzt. Erst später, als meine Mutter zurückkam, habe ich es erzählt und auch einen Schulaufsatz darüber geschrieben. Eine Nah-Todeserfahrung, wie oft beschrieben, hatte ich damals nicht, nur das Gefühl einer grenzenlosen Glückseligkeit. Ich fühlte mich im Wasser aufgehoben und getragen.

Die innere Welt darstellen

W.W.: Schon im Alter von zehn Jahren hast du viele Gedichte geschrieben. Warum wähltest du diese Ausdrucksform?

D. Höhne: Das gehört sicherlich zu der Wahrnehmung, als Kind und Jugendlicher in einer eigenen Welt zu leben. Diese Tendenz kennzeichnet eigentlich mein ganzes Leben. Wenn man so will, kann man dies auch eine Parallelwelt nennen. Äußerlich gab es die Welt, der ich mich stellen mußte, also z.b. die Schule oder später die Arbeit; gleichzeitig war ich aber auch immer in mir selbst und versuchte auszudrücken, was mich innerlich bewegte. In der Kindheit und Jugend fühlte ich mich auch beschwert, konnte diese innere Schwere aber nicht ausdrücken. Aber die Gedichte waren ein Versuch, diese innere Welt darzustellen.

Ich weiß auch noch, daß ich mit der Hausärztin – Tante Maria nannten wir sie, eine Freundin meiner Mutter – viele Gespräche geführt und versucht habe, ihr mein Herz zu offenbaren und über das zu sprechen, was mich bedrückte. Trotzdem hatte ich von dem, was mich bedrückte, keine Begrifflichkeit. Nachts wachte ich laut schreiend und in Panik auf und flüchtete ins Bett zu meiner Mutter, die mich halten mußte. Mit elf Jahren wurde es so schlimm, daß ich mich aufhängen wollte, und ich habe das auch meiner Oma erzählt, die dies wiederum meiner Mutter erzählt hat. Und immer wieder kamen dann an mich die Fragen: *„Was hast du denn?"* Aber da ich keine richtige Antwort geben konnte, hieß es immer nur, Dietmar habe Weltschmerz. Ich selber konnte nicht beschreiben, was mich bedrückte. Aus heutiger Sicht würde ich meinen Zustand mit seelischer Heimatlosigkeit beschreiben, einer nicht genügenden Geborgenheit, was mich auch sehr früh veranlaßte, viel zu lesen, also eine bis heute ständige Suchbewegung nach Verortung und Ankunft.

Lebende Tote

W.W.: Wann realisiertest du die Nazi-Greuel? Wurden sie in eurem Elternhaus besprochen?

D. Höhne: Richtig bewußt wurde mir das ganze Ausmaß erst während der Studentenzeit. Im Elternhaus besprachen wir dergleichen nicht; wenn mein Vater etwas aus dem Krieg berichtete, war das eher eine Art Abenteuerbericht, aber er war auch in kein Kampfgeschehen verwickelt worden. Vieles habe ich aber erst nach dem Tod meiner Eltern aus ihrem Nachlaß erfahren, sie waren begeisterte Nazis.

Doch kann ich mich an die Nürnberger Kriegsverbrecherprozesse erinnern und habe über den Bildern aus den KZs geweint.

W.W.: 1957, 17jährig, hast du dich als Jugendlicher um Bunkerkinder gekümmert und beschreibst sie auch als lebende Tote. Kannst du einmal kurz erzählen, was du damals gemacht hast?

D. Höhne: Ausgelöst wurde das durch einen jungen Mann, Johannes Wachsmuth, der durch die Straßen lief und auf diese Bunkerkinder aufmerksam machte und der versucht hat, verschiedene soziale Projekte auf den Weg zu bringen. Ich traf mich mit anderen in einem Gemeinderaum, in dem Johannes Wachsmuth seine Pläne offenbarte.

Damals lebten noch viele Menschen in Bunkern, z.B. auch mein Biologielehrer am Gymnasium. Diese waren innen ganz dunkel, mit Holzverschlägen und Decken abgeteilt. Was genau wir mit den Kindern gemacht haben, ob wir mit ihnen gespielt oder Schularbeiten gemacht haben, kann ich nicht mehr genau erinnern. Konkret weiß ich nur noch, daß wir ihnen einen Spielplatz gebaut haben.

Dr. Friedrich Könekamp

Wachsmuth war insofern eine wichtige Figur für mich, da er mich mit meinem ersten spirituellen Lehrer, Dr. Friedrich Könekamp, zusammengebracht hat. Könekamp war u.a. Maler, und zusammen mit Johannes Wachsmuth trampte ich zu ihm nach Wales. Johannes hatte gesagt, daß er von Könekamp anläßlich einer Ausstellung in Düsseldorf eingeladen worden sei, aber es stellte sich sofort heraus, daß dies nicht stimmte. Könekamp schickte Johannes Wachsmuth sofort zurück nach Deutschland, aber mich behielt er bei sich.

Er war der erste Mensch, der Antworten darauf geben konnte, was mich innerlich bewegte und interessierte, und der mich in bezug auf verschiedene Wahrnehmungen bestätigte. Dabei ging es um Wahrnehmungen in der Kirche, um verschiedenste Sehnsüchte, um meine Suche

Dr. Friedrich Könekamp

in der Welt, um die Frage, wo ich mich verankern und wo ich aufgehoben sein könnte. Vor allem ging es darum, daß es etwas gibt, was über die gewöhnliche materielle Welt hinausreicht. Schon als Kind hatte ich ein hinduistisches Buch und weiter durch eine unbändige Neugier motiviert bis dahin schon sehr viele Mystiker und Philosophen gelesen, rannte in jede Oper, jedes Konzert und jede Kunstausstellung.

W.W.: Wer genau war Dr. Friedrich Könekamp? Kannst du noch etwas Näheres zu ihm sagen?

D. Höhne: Er war ein deutscher Emigrant, ist während des Dritten Reichs aus Deutschland geflohen, hatte auch am Spanischen Bürgerkrieg teilgenommen und kam dann nach Wales. Er lebte in der Nähe des Carn Ingli, dem sogenannten Engelsberg, genannt nach einem Mönch, dem Heiligen Brynach, der im 6. Jahrhundert dort gelebt hatte.

Könekamp hatte ursprünglich Mathematik studiert, saß mit Albert Einstein im selben Hörsaal und lag während des Ersten Weltkriegs mit Franz Marc im Schützengraben. Er war ein Rebell durch und durch. Nach dem Ersten Weltkrieg war er Mitglied der USPD. Später in Wales, nach 4jähriger Internierung in Kanada, lebte er in einem Cottage oben am Berg zusammen mit seiner Frau, einer englischen Sozialwissenschaftlerin. Er war nicht mit ihr verheiratet, da er aus einer früheren katholischen Eheschließung nicht herauskam – und lag wegen der von ihm gewollten Scheidung mit dem Vatikan im Streit. Er hatte schon damals ein kleines Büchlein über seine spirituelle Suche geschrieben: *Viele reden – einer ruft.*

Bei ihm und seiner spirituellen Suche konnte ich mich wiederfinden, blieb auch beim ersten Besuch 14 Tage bei ihm und habe ihn später mehrfach wieder besucht. In Deutschland habe ich auch Ausstellungen seiner Bilder organisiert, und als ich im Gefängnis war, habe ich

Pierre Teilhard de Chardin (1955)

© OTRS Unbekannt

seine Autobiographie vom Englischen ins Deutsche übersetzt. Bis zu seinem Tod im Jahre 1977 pflegte ich mit ihm einen sehr intensiven Briefwechsel. Er hat mich mit Teilhard de Chardin vertraut gemacht, und durch ihn kam ich später mit Sri Aurobindo in Kontakt.

W.W.: Erwachte dadurch auch dein politisches Interesse?

D. Höhne: Das begann schon etwas vorher während der Gymnasialzeit. Besonders die Propaganda im Kalten Krieg und gegen die Sowjetunion irritierte mich, denn ich konnte mir nicht vorstellen, daß z.B. Moskau als eine Stadt mit Millionen von Einwohnern der Dschungel sein sollte und alle Russen Barbaren seien. Ich besorgte mir von der russischen Botschaft eine Zeitschrift, in der es vor allem um die Industrieproduktion ging, z.B. um die Einhaltung der Fünfjahrespläne; alles Lobeshymnen. Ich sah u.a. daran, daß die UDSSR eine riesige Nation war, und ich kam zum Nachdenken über die Widersprüche, die sich durch die allgemeine politische Propaganda auftaten. Am Gymnasium wählte ich für drei Jahre Russisch als Wahlfach.

Einmal ging ich zu einer Veranstaltung, auf der über Europa gesprochen wurde, und als wir nach der Veranstaltung den Saal verließen, stand unten die Polizei, und alle Teilnehmer wurden erkennungsdienstlich erfaßt. Denn es handelte sich um eine Veranstaltung der damals verbotenen KPD.

Mit der deutschen Kriegsgräberfürsorge kam ich auch in Kontakt, hielt dort auch als Gymnasiast einen Vortrag.

Freiwillig zur Bundeswehr

W.W.: Nach dem Abitur 1960 gingst du als einziger aus deiner Klasse freiwillig zur Bundeswehr; warum?

D. Höhne: Hier zeigt sich wiederum eine Parallelität in meinem Leben: zum einen meine kritische Haltung in bezug auf das politische

Geschehen und meine spirituelle Suche einerseits, andererseits aber die Pflichterfüllung gegenüber der Familie und der Gesellschaft. In Sport war ich eher eine Niete, und deswegen empfand ich einen gewissen Triumph, als ich zur Bundeswehr gehen konnte. Dabei spielten bestimmt auch Gedanken mit wie: Ich werde es euch allen noch irgendwie zeigen! Unterschwellig spielte mit, daß mein Vater Offizier war, ich es ihm nachmachen wollte und familiensystemisch ich wieder etwas gutmachen wollte. Natürlich wollte ich dazu beitragen, daß niemals wieder Krieg ausbricht, denn es hieß ja: *„Nie wieder Krieg"*. Aber als ich zum

Höhne als Soldat 1961

© FH   Archiv Höhne

ersten Mal mit meiner Uniform und einer Pistole nach Hause kam, sah ich den Glanz in den Augen meiner Mutter. Das resultierte aus meiner Erziehung, einer Zurichtung damals noch nach dem Vorbild der NS-Zeit mit Rohrstockschlägen und Hundepeitsche auf den Hintern bei Ungehorsam daheim, mit Schlägen auf Hände und Hintern in der Schule, Ohrfeigen bei „Widerworten". Ich war ein braver Junge, dressiert, Pflichten zu erfüllen, alles zu tun, was von mir gefordert wird. Entsprechend stramm habe ich auch vor meinen Kommandeuren gestanden. Gleichzeitig habe ich als Zug- und Kompanieführer meine Untergebenen auf unseren 40-Kilometer-Märschen angeschrien, daß unsere Väter Tausende von Kilometern durch Rußland marschiert seien und sie alle nur Schlappschwänze seien. Ich war völlig abgedreht!

Im Rückblick habe ich erkannt, wie stark und wie leicht man durch das Reglement und Rangabzeichen geprägt wird. Man bekommt z.B. einen Silberstreifen oder einen ersten Stern. Hinzu kommen die gesamte Montur, die Uniform, die Stiefel und die Pistole. Heute kann ich es durchschauen, wie sehr ich mich durch solche Insignien der Macht habe manipulieren lassen. Ich erinnere mich noch an eine Parade in Bremen, als ich in einem Jeep sitzend an „hohen Herren" vorbeigefahren wurde, oder wie ich mit einer Kompanie mit 120 Mann hinter mir durchs Garnisonstädtchen marschierte. Ich war damals 20 Jahre alt und wurde in Funktionen hineingestellt, die ich zu erfüllen hatte. Auf der anderen Seite war ich mit anfallenden Disziplinarmaßnahmen völlig überfordert, denn viele Soldaten waren älter als ich, teils Kriegsteilnehmer – aber ich war der Kompanieführer. Allein die Möglichkeit, daß erwachsene Menschen etwas falsch machen, gab es bis dahin in meiner Vorstellung nicht. Ich hatte immer nur kennengelernt, daß die Kinder oder die Jugendlichen die sogenannten Bösen waren bzw. etwas falsch machten, aber nicht die Erwachsenen. Aber nun mußte ich sie als 20jähriger disziplinieren.

W.W.: Wie war das für dich, wesentlich Ältere zu disziplinieren und zu bestrafen?

D. Höhne: Angst hatte ich nicht, aber ich hatte ein schlechtes Gewissen. Aber ich war durch meine Stellung gedeckt.

W.W.: Bekamst du während deiner Militärzeit Zweifel am Militär?

D. Höhne: Zweifel bekam ich erst nach meiner Militärzeit, vorher auch durch den Mauerbau 1961. Ich wechselte von der Artillerie zu den Sanitätstruppen. Und beim Sanitätsdienst konnte ich mich mit meinem damals noch nicht sehr bewußten Helferwillen mehr in Einklang bringen. Aber alles in allem muß ich sagen, daß meine Situation – subjektiv wie objektiv – an Größenwahn grenzte.

Medizinstudium

W.W.: 1962 hast du mit dem Medizinstudium begonnen. Warum hast du diesen Studiengang gewählt?

D. Höhne: Sicherlich auch bedingt durch den Einfluß meiner Mutter, die selbst Medizin studieren wollte, es aber aus verschiedensten Gründen nicht schaffen konnte; vor der Ehe arbeitete sie als Krankenschwester in Lungenheilstätten. Familiensystemisch wollte ich ihr ihren unerfüllten Wunsch erfüllen. Darüber hinaus wollte ich anderen Menschen helfen.

W.W.: In einem Brief aus dem Jahr 1963 schilderst du dein Studium, z.B. das Vorphysikum mit den Fächern Zoologie, Botanik, Physik und Chemie, ferner das Physikum nach dem 5. Semester mit Anatomie, Physiologie und anderen Fächern. War es so allgemeinbildend und breitgefächert, wie es in diesem Brief klingt?

D. Höhne: Ja. So ist das Medizinstudium in den ersten Semestern. Das Physikum nach dem 5. Semester ist auch noch wie eine Art Schwelle, ob man dieses Studium wirklich schaffen kann und ob man weitergehen möchte.

Ich studierte in Heidelberg Medizin, trotz einer Auseinandersetzung mit meinen Eltern, die sich wünschten, daß ich in Düsseldorf Medizin studieren solle. Aber nach meinen Erfahrungen beim Militär wollte ich nicht mehr nach Hause zurück. Daraufhin entzogen mir meine Eltern das Geld, und deswegen habe ich mich länger bei der Bundeswehr verpflichtet. Dadurch wurde mein Studium bezahlt, aber dafür hätte ich nach dem Studium sechs Jahre zur Bundeswehr gehen müssen.

Nach meiner ersten Wehrübung gab ich das aber auf. Es war ein sogenannter ABC-Abwehr-Lehrgang, bei dem wir u.a. zum Atomwirkungsberater ausgebildet wurden. Man berät die Kommandeure, welche Folgen eine mit wieviel Kilotonnen Sprengkraft bestückte Atom-Granate hat. Man lernt mit dem Rechenschieber genau zu berechnen, wie viele Tote es pro Granatenangriff geben wird, wie viele Schwerverletzte – je nach Bevölkerungsdichte –, ebenfalls, wie viele Soldaten dabei sterben. Und in bezug auf die Bevölkerungsverteilung der Menschen wird genau berechnet, wohin die Granate geschmissen werden soll. Als ich diese Zusammenhänge erfuhr, wurde mir völlig klar, daß ich das als Arzt nicht durchführen wollte.

Mutter und Vater

W.W.: Dein Verhältnis zu deiner Mutter war ambivalent. Kannst du darüber etwas sagen?

D. Höhne: Auf der einen Seite hat sie mich vergöttert, den „Großen", den „Vernünftigen" auch meinen Geschwistern vorgehalten, auf der anderen Seite war sie nie mit mir zufrieden, lehnte auch alle weiblichen Personen an meiner Seite ab, z.b. auch meine erste Frau Inge. Und immer, wenn ich mit einem guten Examen oder sogar dem Doktortitel nach Hause kam, fragte sie eigentlich nur nach dem, was danach kommen könnte. Vermutlich wäre sie erst dann zufrieden gewesen, wenn ich den Nobelpreis erhalten hätte – allerdings nicht als Erwartung für mich selbst, sondern damit sie dann in Stockholm an meiner Seite hätte glänzen können. Als Mutter hat sie mich nie freigelassen wollen.

Als ich mich als Arzt im 49. Lebensjahr erstmalig als ärztlicher Psychotherapeut niederließ, besuchten mich meine Eltern, und meine Mutter legte mir eine Illustrierte mit dem Bericht über einen Schönheitschirurgen auf den Tisch, der Millionen verdiente, während sie gleichzeitig mißbilligte, daß ich mich mit den „Psychos" befassen wollte.

Auch als Jugendlicher geriet ich immer in diese Falle, weil sie mir jeden Kummer mit ihrem Mann, meinem Vater, erzählte. Einerseits war ich geduldiger Zuhörer, andererseits bemerkte ich schon, daß das nicht in Ordnung war. Etwa mit 20 oder 21 Jahren bin ich deshalb zu meinem Vater ins Büro gegangen und habe ihm vorgehalten, wie er sich von meiner Mutter beeinflussen und behandeln lasse. Er hat mich sofort rausgeschmissen. Das gehe mich überhaupt nichts an, denn es stehe mir als Sohn nicht zu, mich in die Konflikte meiner Eltern einzumischen. Mein Vater hat vieles mit ihr geduldet, hat sich aber nie aufgelehnt. Er hat sehr unter ihr gelitten, auch wenn meine Mutter äußerlich – in der damals noch üblichen Rollenverteilung – alles für ihn getan hat. Mein Vater hatte seine Mutter bei der Geburt (1912) verloren und wuchs bei der Hebamme seiner Mutter auf, die sein Vater geheiratet hatte.

Antivietnamkriegdemonstration Wien 1968

W.W.: Wie setzte sich deine Politisierung ab 1967 fort?

D. Höhne: Das war die Zeit des Vietnamkrieges. In Heidelberg, wie auch in anderen Städten, war es wie beim arabischen Frühling. Ständig gab es Demonstrationen, selbstverständlich bin ich immer mitmarschiert. Man warf Eier und Steine gegen das Amerikahaus, es gab das ständige Katz-und-Maus-Spiel mit der Polizei, ich habe Flugblätter verteilt. 1967 wurde auch in Heidelberg ein Zweig des Republikanischen Clubs gegründet, zu dem ich immer hinging und interessiert zuhörte. Der RC war ein von Ossip K. Flechtheim, Hans Magnus Enzensberger, Wolfgang Neuss u.v.a. gegründeter Verein der außerparlamentarischen Opposition (APO), mit dem Kommunikations- und Aktionszentrum in Berlin. Etwa gleichzeitig bildete sich auch die „Kritische Universität" in Heidelberg, eine Paralleluniversität, an der alternative Vorlesungen gehalten wurden. Im Bereich der Medizin haben wir z.B. über die Sterilisation sowie überhaupt die Rolle der Medizin im Dritten Reich geforscht. Ich beschäftigte mich mit der anthropologischen Medizin von von Weizsäcker und Kütemeier und war aktiv in der Antipsychiatriebewegung.

W.W.: In diesem Zusammenhang warst du an einer Arbeit über die medizinischen Verbrechen der Nazizeit beteiligt: *Dokumentation des Arbeitskreises Medizin und Verbrechen.* Was hat dich dazu motiviert, dich hieran zu beteiligen?

D. Höhne: Zum einen das Interesse an den Verbrechen des Dritten Reichs, auf der anderen Seite war diese Beschäftigung auch in eine gesellschaftliche Welle eingebettet, die zur Zeit der Studentenbewegung um die ganze Welt lief. Meine Versuche, meine Eltern mit diesen Zusammenhängen zu konfrontieren, scheiterten. Es gab nur Verleugnung, Beschwichtigung, keine Aufklärung. Diese Konflikte spitzten sich an sehr vielen Universitäten zu, und ich war auch immer bei Rektorats- und Institutsbesetzungen dabei.

Dr. med.

W.W.: Wie ging es mit deiner beruflichen Laufbahn weiter?

D. Höhne: 1968 kam dann mein erstes Kind zur Welt, Kathrin. 1967 hatte ich geheiratet, machte mein Examen und promovierte zum Dr. med. Nach Beendigung des Medizinstudiums war man zuerst für zwei Jahre Medizinalassistent, und ich bekam meine erste Stelle in einer Rheumaklinik in Bensheim; später kamen Chirurgie und Innere Medizin an den Unikliniken hinzu, ein weiteres Jahr als wissenschaftlicher Assistent in der Uni-Ambulanz der Medizinischen Poliklinik. Gleichzeitig studierte ich ab 1967 5 Semester Philosophie.

W.W.: Hast du in dieser Zeit spezielle Erfahrungen für dein Leben gesammelt?

D. Höhne: Auf jeden Fall! Bereits bei meiner ersten Stelle in Bensheim war der Chef gleichzeitig Landarzt, und ich mußte ihn häufig vertreten. Nach dem Klinikdienst mußte ich über Land fahren und Hausbesuche durchführen. Hierbei interessierte mich besonders die Psychosomatische Medizin, mit der ich mich schon vorher u.a. durch Alexander Mitscherlich vertraut gemacht hatte. In dieser Rheumaklinik war es für mich sehr auffällig zu sehen, wie sich die Rheumakranken durch ihre Krankheit abhängig machten und sich in sie „hineinmanövrierten", denn die chronische Polyarthritis ist ein Entzündungsgeschehen, welches von der Peripherie zum Zentrum verläuft und die Menschen immer unbeweglicher werden läßt. Gleichzeitig beobachtete ich bei diesen Menschen oft ein Aggressionspotential, und sie schaffen es häufig, ihr persönliches Umfeld einzuspannen, weil sie selbst nichts mehr tun können. Die damalige Therapie war u.a., Gold zu spritzen, und ich mußte den Patientinnen und Patienten Gold in die Fingergelenke spritzen, was ungeheuer weh tut, und sie hielten immer „brav" ihre Hände hin. Dieses Krankheitsbild zieht sich häufig über viele Jahre hin. Das war eine der ersten Erfahrungen mit diesem speziellen psychosomatischen Geschehen.

Den Rauchern die Beine absägen

In der Chirurgie war meine eindrücklichste Erfahrung die mit den Rauchern. Ich war auf der Gefäßabteilung und mußte den Rauchern immer die Beine absägen. Damals wurde in der Klinik selbst noch auf den Krankenzimmern geraucht. Krankenzimmer mit bis zu 20 Betten waren nicht ungewöhnlich, und wenn man sie betrat, hing in den Zimmern blauer Dunst. Morgens sägte ich den Rauchern das Bein ab, dann lagen sie einen Tag auf der Intensivstation, und dann rauchten sie weiter. Wenn sie in die Klinik kamen, hatten sie oft schon schwarze Zehen und andere Durchblutungsstörungen und waren völlig entfremdet gegenüber ihrem eigenen Körper, ohne jede Wahrnehmung gegenüber ihrem eigenen Verhalten. Dafür gibt es den Fachausdruck Indolenz, also Schmerzlosigkeit bzw. Gleichgültigkeit gegenüber den Schmerzen, was vielleicht bei den ländlichen Verhältnissen um dieses Krankenhaus herum noch ein wenig verstärkt war. Auch sah ich bei den Lungenoperationen nikotingelbe Lungen, was mich sofort veranlaßte, mit dem Rauchen aufzuhören. Spannend waren auch die ersten Herzoperationen.

Große Scharen von Hippies

W.W.: Wie begann deine Arbeit mit den Drogenabhängigen in Heidelberg?

D. Höhne: Als ich in der Ambulanz in der Poliklinik tätig war, begann parallel die Hippiebewegung, und in Heidelberg tauchten im Sommer 1970 plötzlich große Scharen von Hippies auf. Viele der Jugendlichen waren aus Heimen abgehauen, zudem kamen viele Schüler in den Sommerferien hinzu, so daß der gesamte Marktplatz in Heidelberg voller Jugendlicher war, mit Schlafsäcken und Gitarren, und sie versuchten sich in zahlreichen Theateraufführungen. Viele von ihnen kamen in die Ambulanz der Medizinischen Poliklinik, um sich ärztlich versorgen zu lassen, weil sie aus den Wartezimmern der Hausärzte rausgeschmissen wurden. Sie hatten keine Krankenscheine, lebten auf der Straße oder in besetzten Häusern. Ich nahm diese Jugendlichen auf meinem täglichen Weg zur Arbeit überhaupt zum ersten Mal optisch wahr, fast gleichzeitig saßen sie bei mir im Zimmer, und ich mußte sie untersuchen. Ab und zu, nachdem ich einen von ihnen untersucht hatte, legten sie mir ein kleines Stück Shit auf den Tisch; als ein kleines Geschenk bzw. aus Freundlichkeit, daß ich sie überhaupt behandelte. Das war mein erster Kontakt zum Rauschgift. Aber schon bald bekam ich mit, daß die Jugendlichen nicht nur Shit rauchten, sondern auch andere Drogen spritzten.

In dieser Zeit ging bei mir sehr viel parallel, ich bekam Kontakt zum Sozialistischen Patientenkollektiv und machte auch bei den Jusos Sexpol-Arbeit.

Release

W.W.: Auf welche Weise hast du dich den Jugendlichen auf der Straße weiterhin gewidmet?

D. Höhne: Ich suchte sie vor Ort und in besetzten Häusern auf und begann mit Streetwork.

W.W.: Wie kam die Verbindung zu Release?

D. Höhne: Ein Arzt, der bereits in der Szene lebte, sprach mich an, ob ich nicht Interesse hätte, die Drogenabhängigen näher zu versorgen; und er hatte Kontakt zu Release Hamburg. Release war damals eine Selbsthilfeorganisation für Drogenabhängige. Ursprünglich begann Release in London. Wir gründeten in Heidelberg den „Verein zur Bekämpfung der Rauschgiftgefahr e.V.", dessen Vorsitz ich übernahm, verhandelten mit der Stadt, und man stellte uns ein Haus zur Verfügung. Zeitgleich schrieb ich Lehrlinge krank, die auf Demonstrationen gingen, was aber nach einiger Zeit einigen Kassen auffiel, so daß ich von meinem Chef damit konfrontiert wurde. Das war für mich Anlaß, in der Klinik zu kündigen.

W.W.: Wie ging deine Arbeit mit den Drogensüchtigen weiter?

D. Höhne: Ich zog in das Release-Gebäude ein, eine ehemalige Druckerei, breitete dort mein Schlaflager aus und praktizierte mit den Drogensüchtigen medizinische Ambulanz, hatte Kontakt zu befreundeten Ärzten und örtlichen Kliniken. Jetzt hatten die Jugendlichen einen Anlaufort; und das war sogar mit der Stadt so abgesprochen. Über drei Monate hinweg habe ich täglich bis zu 100 Menschen versorgt. Sie hatten sonst keinen Anlaufort, und die Stadt war froh, daß es jemanden wie mich gab, der sie versorgte. Ich hatte auch Unterstützung von einem Rechtsanwalt, einem Sozialarbeiter und einigen Freiwilligen. Aber das Interesse der Stadt bestand eigentlich nur darin, daß die Leute von der Straße wegkamen.

W.W.: Wie viele Drogensüchtige wohnten in dem Haus in der Brunnengasse?

D. Höhne: Etwa 45 bis 50 Leute. Das Release-Konzept bestand darin, daß man mit den Drogen *„vor der Tür"* aufhörte und daß wir kalte Entzüge durchführten. Von der Bundesregierung bekamen wir einen Zuschuß von 140 TDM, so daß wir Toiletten und Duschen einbauen konnten; abgesehen davon lagen in den Räumen nur Matratzen. Wir konnten allerdings auch eine Küche einbauen, und schon nach kurzer Zeit kamen die ersten Leute aus Indien zurück und kochten für uns indisches Essen.

Gekifft haben die Leute alle, Trips haben sie ebenfalls eingeworfen – das war nicht das vordringliche Thema. Schwerpunkt unserer Bemühungen war, die Menschen vom Spritzen wegzubekommen. Vor allem haben wir auch differenzierte Drogenaufklärung durchgeführt, besonders in den Schulen. Es gab auch ein Interview mit dem ZDF in Mainz. Und die Anthroposophen aus dem Umkreis kamen auch zu uns und brachten uns Kleidung, vor allem anthroposophische Frauen.

Damals hatte die Psychiatrie von Drogen überhaupt keine Ahnung. Das einzige, was man kannte, waren die Morphinisten aus der Vergangenheit, und so waren wir die einzigen, die von allen Drogen Ahnung hatten. Hinzu kam, daß wir selbst in der Szene lebten und von den Menschen akzeptiert wurden.

Unten im Gebäude versuchten junge Psychiatrieärzte eine Beratungs-Praxis aufzumachen, aber das haben sie keine vier Wochen durchgehalten, weil die Drogensüchtigen u.a. auf Trip zu ihnen kamen und die Ärzte gar nicht begriffen, was hier vor sich ging.

W.W.: Konntest du viele von der Spritze befreien?

D. Höhne: Sicherlich, aber wir haben sie nicht gezählt; gezählt haben wir die Toten. In meiner Zeit erlebte ich drei Tote.

Das Sozialistische Patientenkollektiv

W.W.: Kannst du noch etwas zum Sozialistischen Patientenkollektiv darstellen?

D. Höhne: Es entstand aufgrund eines Konflikts innerhalb der Psychiatrie. Damals gab es nur eine Selbsterfahrungsgruppe an der Klinik, und die Studenten in Heidelberg wollten mehr von diesen Gruppen haben, aber die Klinikleitung wollte keine weiteren innerhalb der Klinik zulassen. Durch den Assistenzarzt Dr. Huber kam es zu einem Konflikt, auch um die Inhalte: Er wurde vor die Tür gesetzt, und in Abstimmung mit dem Rektorat und der Klinikleitung wurde ihm und seinen Mitarbeitern eine Parterrewohnung zugewiesen; gegenüber vom Polizeipräsidium. In diese Wohnung strömten nun sehr viele Studenten. Dort bildete sich im Februar 1970 dann das besagte Sozialistische Patientenkollektiv; in seinen Glanzzeiten mit bis zu 400 Teilnehmern. Es war wie eine Ambulanz, in der Wolfgang Huber Sprechstunde abhielt. Darüber hinaus gab es Arbeitsgruppen, in denen ich auch mitmachte und in denen Hegel und Spinoza gelesen wurde. Aber auch diejenigen, die auf Trip oder psychotisch waren, wurden medizinisch versorgt.

Bereits in den ersten Monaten des Jahres 1971 gab es auch erste Verhaftungen von Menschen, die dem Sozialistischen Patientenkollektiv angehörten. Und da es bekannt war, daß ich neben weiteren drei oder vier Ärzten zum Sozialistischen Patientenkollektiv gehörte, gab es einen Beschluß aus dem Rathaus, daß ich meine Verbindungen zum Patientenkollektiv kappen müsse, anderenfalls würde das Release-Center aufgelöst werden. Deswegen bin ich 1971 vom Vorsitz des „Vereins zur Bekämpfung der Rauschgiftgefahr e.V." zurückgetreten. Ich zog zu meiner Freundin nach Mannheim und arbeitete dort ebenfalls in einem Drogenzentrum.

Morddrohung

W.W.: Wovon lebtest du in der Release-Zeit in Heidelberg?

D. Höhne: U.a. von Praxis-Vertretungen bei anderen Ärzten. Meine Ehe war damals schon geschieden, ich hatte minimale Lebenshaltungskosten und lebte auf einer Matratze im Release-Center, teilweise auch von Spenden.

W.W.: Am 22. Juli 1971 bekamst du eine der Morddrohungen mit folgendem Inhalt:

„Dr. Höhne! Wir beziehen uns auf ihre Fernsehsendung. Für uns ist ihre Arbeit kein Zeitvertreib. Wir wissen, von wo sie bezahlt werden und nehmen sie sehr ernst. Wir haben sie durchschaut und wissen, welcher Zersetzungsideologie sie dienen. Wäre ihre Tätigkeit eine sinnvolle, würden sie gescheiterten Menschen Ideale und Verantwortung angedeihen lassen. Was tun sie? Sie verwerfen ja selbst rechtschaffende Arbeit, die böse Leistungsgesellschaft und alle Gesetze eines Landes, was froh sein kann, durch Tatkraft mit den höchsten Lebensstandard in Europa zu haben. Würden Sie ihren dreckigen Patienten ein echtes Gegengift verabreichen, wäre ihr

Engagement würdigenswert. Durch den Tod eines Dreckspatzen erhielten wir neues Belastungsmaterial gegen Sie, denn die veröffentlichte Lüge von einer Heidelberger Zeitung ist noch nicht getilgt. Ihnen wird noch Hören und Sehen vergehen, denn unsere Sektion Bayern startet in einigen Monaten eine breitangelegte Dokumentarsendung gegen Sie, und Originalfilme von Release werden alles zeigen. Auch aus der DDR sind Anhaltspunkte in Sicht, Sie werden staunen. In einigen Tagen werden Leute von uns Sie auf Schritt und Tritt beobachten. Bewußt ist diese Karte mit Hand geschrieben. Ganz getrost können wir Ihnen mitteilen, daß der Hauptsitz unserer Institution in Italien liegt. Hoffentlich wird Ihnen nicht der Atem schwer. Unser Rat für Sie: Überdenken Sie Ihre zukünftige Tätigkeit, sonst werden Sie aufgerieben und als zerfleischtes Opfer auf der Strecke bleiben. Ihre Ideologie hat schon Millionen Opfer gefordert, und wenn Ihre Nerven nur zerrieben werden. Doch die Welt dreht sich weiter wie vorher!

Karte zerreißen – Pille schlucken, abwarten Kleiner!!!"

Was ist der Hintergrund dieser Morddrohung?

D. Höhne: Ich hatte damals den Südwestfunk öffentlich angeklagt, weil man den Drogensüchtigen Röder – das ist der in der Morddrohung zitierte „Dreckspatz" – in einem Film als Fixer gefilmt hat und er drei Tage später an einer Morphium-Injektion starb. Im Film wurde durch Röder gezeigt, wie man Drogen spritzt. Ich hatte damals dem verantwortlichen Redakteur vom Südwestfunk vorgeworfen, daß er den schon vom Rauschgift entwöhnten Röder wieder zum Spritzen angestiftet habe. Die Staatsanwaltschaft reagierte damals prompt und ermittelte gegen den Regisseur Adler wegen Verleitung zum Drogenmißbrauch und wegen fahrlässiger Tötung. Aber seitens des Fernsehens wies man alle Beschuldigungen von sich.

Solche Morddrohungen waren nicht die einzigen, natürlich fühlte ich mich auch nicht mehr sicher, und das war auch einer der Gründe, warum ich vom Vorsitz des Release-Vereins zurücktrat.

Ich habe damals übrigens mehrfach ohne Erfolg einen Waffenschein beantragt, um mich schützen zu können.

Isolationshaft wegen Kontakten zur Baader-Meinhof-Gruppe

W.W.: Am 17.06.72 wurdest du verhaftet, und zwar wegen Kontakten zur Baader-Meinhof-Gruppe. Was war hier der Hintergrund?

D. Höhne: Ich wurde damit konfrontiert, daß der Begleiter von Ulrike Meinhof meinen Führerschein und meinen Paß besaß. Deswegen wurde ich verhaftet. Wie er an diese Dokumente herangekommen ist,

Ulrike Meinhof als junge Journalistin (um 1964)

weiß ich bis heute nicht. Den Paß hatte ich sogar als verloren gemeldet. Damals war es in der Szene üblich, daß man immer wieder gefragt wurde, ob man nicht das eigene Auto kurzfristig verleihen könne, was ich des öfteren gemacht habe; und dazu hatte ich auch die Papiere mit übergeben. Damals war vieles miteinander verschränkt. Ob der Begleiter von Ulrike Meinhof auf diese Weise an meine Dokumente gekommen ist oder ob er bei mir Patient war, weiß ich nicht mehr. Ich habe ihm nicht bewußt meinen Führerschein und meinen Paß übergeben. Ich hatte auch keine weiteren bewußten Kontakte zu Mitgliedern der Baader-Meinhof-Gruppe.

W.W.: Und was wurde aus dieser Verhaftung?

D. Höhne: Ich kam in Untersuchungshaft, und zwar in Isolationshaft. Ich bekam nur einzeln Hofgang und das Essen durch die Klappe. Das war eine spannende Erfahrung, mitten aus dem Leben herausgerissen zu sein, nur mit sich selbst konfrontiert in einem „Wohnklo".

W.W.: Wie hast du diese Zeit überstanden?

D. Höhne: Ich las ein Buch nach dem anderen, z.B. von Hegel die *Phänomenologie des Geistes*, und ich flog durchs Fenster. Einen Monat währte die Isolationshaft, dann kam ich auf Kaution frei, mußte mich aber täglich bei der Polizei melden.

W.W.: Wurdest du nicht wütend, wolltest du dich während deiner Isolationshaft nicht wehren?

D. Höhne: Nein. Ich war in mir zentriert, es gehörte auch irgendwie zur „revolutionären Berufsausbildung" und hat mich nicht sonderlich geschreckt.

W.W.: Aber du warst doch völlig zu Unrecht inhaftiert?

D. Höhne: Schon. Ich war auch von meiner Verhaftung völlig überrascht, habe sie aber einfach so hingenommen. Ich war auch gespannt auf die Anklage. Dazu kam es aber nicht mehr, weil später die erneute Verhaftung wegen meines Marokko-Trips erfolgte. Im Herbst 1972 kam zwar die Anklageschrift, aber ohne Festsetzung eines Termins. Das Verfahren blieb also offen.

Neugier auf das Leben

Als ich wieder draußen war, machte ich weiter Praxisvertretungen, wohnte in einer WG und dealte. Die Haupteinnahmequelle waren aber die Praxisvertretungen, denn die Gewinnspanne beim Dealen war nicht sehr hoch. Über das Dealen bekam ich in Karlsruhe Verbindungen zur Zuhälterszene, was auch eine sehr spannende Erfahrung war, ein Lebensbereich, der von meinem bisherigen Leben sehr weit entfernt war. Ich lernte die zwei Seiten der Zuhälter und ihrer Frauen kennen – einerseits führten sie nach außen meist ein sehr bürgerliches Leben mit „Gelsenkirchener Barock", und auf der anderen Seite gingen die Frauen in den entsprechenden Lokalen ihrem Gewerbe nach. Ich selbst wurde immer als „der Doktor" wahrgenommen und fand dieses Leben zwar spannend, verkehrte aber in diesen Kreisen wie unter einer Tarnkappe.

W.W.: Zeigte sich da schon ein Lebensmotiv von dir, auf alles neugierig zu sein, vieles wahrzunehmen und auszuprobieren?

D. Höhne: Genau, ich sagte eigentlich zu allem ja, wollte es kennenlernen, nahm auch vieles ziemlich unkritisch auf. Gleichzeitig ging ich aber immer einen spirituellen Weg; vor allem durch die umfangreiche Fach- und Weltliteratur, die ich in diesen Jahren und auch später verschlungen habe; inzwischen tausende von Büchern in meiner Bibliothek, wobei neben vielen anderen Jean Gebser und Michael Foucault auch sehr wichtig waren.

Der Trip nach Marokko

W.W.: Am 19.02.74 wurdest du zu einer Freiheitsstrafe von zwei Monaten auf Bewährung verurteilt, weil du für deine Tochter keinen Unterhalt gezahlt hast. Warum hast du nicht gezahlt?

D. Höhne: Die Mutter war mit meiner Tochter und ihrem neuen Partner in die USA gezogen. Wir hatten auch keinerlei Verbindung mehr.

W.W.: Kannst du einmal die Umstände und den Ablauf deiner Marokko-Tour Ende März 1974 schildern, aufgrund derer du dann verhaftet wurdest?

D. Höhne: Damals gab es einige Fahrer, die nach Marokko fuhren, um Haschisch zu holen, aber ich selbst wollte es alleine durchführen, wie alles: mit Haut und Haaren am eigenen Leibe. Ich wollte nicht, daß jemand für mich Shit besorgte. Ich kaufte mir ein Auto, ließ in einer konspirativen Werkstatt den Tank umbauen und fuhr dann mit meiner neuen Freundin Ursula, die später meine Frau wurde, und einigen anderen in zwei Fahrzeugen Richtung Marokko. In Lyon hielt der vordere Wagen plötzlich an, ich konnte nicht schnell genug bremsen und fuhr ihm hinten hinein. Das war der erste Stopp auf dieser Reise.

Die Scheinwerfer und die Motorhaube waren demoliert, und ich wollte nicht riskieren, mit einem derart beschädigten Auto weiterzufahren. Meine Freundin stieg mit dem gesamten Geld für den Haschisch-Einkauf in den vorderen Wagen. Den Gewinn aus dem Shit-Verkauf wollten wir für das „Institut für experimentelle Friedensforschung" verwenden und dort eine Bibliothek über relevante Drogenliteratur aufbauen.

W.W.: Woher hattest du das Geld für den Shit-Einkauf?

D. Höhne: Das hatte ich gesammelt. Es stammte teils aus der Dealerei, teilweise war es auch Vorschuß, vor allem von amerikanischen Soldaten, die häufigsten Konsumenten in Heidelberg, dem amerikanischen Hauptquartier; in den Kasernen roch es überall nach Shit.

Klare Sicht

W.W.: Wie ging die Reise weiter?

D. Höhne: Ich wendete den beschädigten Wagen. Aber der Wind riß die beschädigte Motorhaube hoch und zerstörte zusätzlich die Windschutzscheibe. Das war das zweite Signal zur Umkehr. Im übertragenen Sinn hatte ich nun klare Sicht. Als ich wieder über die Grenze nach Deutschland fuhr, ließ der Zöllner auch noch einen entsprechenden Spruch ab, daß ich ja nun wieder klar sehen könne.

Ich fuhr zurück nach Mannheim, zu der Frau eines Zuhälters, die mich aufforderte, eine begonnene Sache auch wirklich zu Ende zu führen. Sie drückte mir 3000 DM in die Hand, das erste Auto war nicht mehr zu reparieren, und nach drei Tagen hatte ich ein zweites umgebautes Auto, einen Citroen D21. Den Umbau habe ich selbst vorgenommen.

So schnell wie möglich startete ich erneut und fuhr von Mannheim ohne Pause zweieinhalb Tage bis zum Mittelmeer, eine Strecke, die ich nie zuvor gefahren war. Man hatte mich vorher lediglich gewarnt, nicht nachts durch die Sierra Nevada zu fahren, weil die Straßen dort unbefestigt waren und es auch keine Tankstellen gab. Das war insofern für mich problematisch, da mein Tank nur noch 20 Liter faßte. Allerdings hatte ich hinten zwei Kanister im Auto, die ich an jeder Tankstelle nachfüllen mußte.

Am Abgrund

W.W.: Und wie erlebtest du die Sierra Nevada?

D. Höhne: Ich hatte die Warnung in den Wind geschlagen und kam doch nachts in die Sierra Nevada. Während der Fahrt schlief ich ein und wurde dadurch wach, daß Ginsterbüsche an meiner Fahrertür entlangstreiften. Abrupt wachte ich

Ginster am Abgrund, Sierra Nevada, Spanien

auf und sah direkt neben mir einen dunklen Abgrund.

Trotzdem bin ich weitergefahren und schlief wiederum ein, kam wieder auf die linke Fahrbahnseite und konnte gerade noch einem entgegenkommenden Lastwagen ausweichen. Links von mir gähnte immer noch der Abgrund.

W.W.: Empfandest du damals, daß dich jemand vor dem Tod bewahren wollte, oder auch, daß du zur Umkehr aufgefordert wurdest?

D. Höhne: Ansatzweise war beides in mir vorhanden. Alle Erlebnisse waren ungeheuer eindrücklich, auch daß ich zweimal hintereinander im rechten Moment vom Abgrund zurückgehalten worden war. Schon damals deutete ich es so, daß mich eine schützende Hand vor dem Tod bewahrt hatte und mir signalisierte: *"Du bleibst hier, verpissen ist nicht angesagt"*, was ich mir dann auch schwor: Ich bleibe, was auch immer

Tanger

kommt. Auch die Unfälle deutete ich als Stoppzeichen, aber der Appell der Frau wirkte stärker auf mich.

Hinzu kam aber auch, daß ich unbedingt zu meiner Freundin Ursula wollte, die ich erst seit zwei Monaten kannte; eigentlich war diese Tour wie eine Art Hochzeitsreise. Verabredet waren wir in Tétouan in Marokko. Von Gibraltar kam ich vorerst nicht nach Marokko, da die Fähre weggefahren war, und so setzte ich mit der nächsten Fähre nach Ceuta über. Nachts fuhr ich dann zu unserem Verabredungshotel in Tétouan, aber dort teilte man mir mit, daß meine Freundin und ihre Begleiter nach Tanger gefahren waren. Also mußte ich weiter allein quer durch Marokko nach Tanger fahren und traf dort auch meine Freundin in einem Hotel. Die anderen Mitfahrer waren bereits nach Deutschland zurückgeflogen, der Fahrer des zweiten Wagens in den Bergen, um den Shit zu kaufen.

Verrat und Verhaftung

Er setzte anschließend mit seinem Auto nach Portugal über und wurde dort verhaftet, wie ich aber erst später erfuhr, während ich mit meiner Freundin nach Spanien übersetzte, durch ganz Frankreich fuhr, bis wir dann an der französisch-deutschen Grenze verhaftet wurden. Während der ganzen Reise sind wir beobachtet worden.

W.W.: Hat dich jemand verraten?

D. Höhne: Ja, und zwar jemand, mit dem ich vorher gedealt, aber schon über Monate keinen Kontakt mehr hatte. Das war ein junger Mann, der aus Holland Speed geholt hatte, dabei verhaftet worden war und der mit der Polizei einen Deal gemacht hatte.

Die gesamte Reise war wie ein Film, der vor mir ablief. Unterbewußt hatte ich sehr genau das Gefühl, daß dieser Trip nicht gut verlaufen würde, aber es gab keine Möglichkeit zum Ausstieg. Es lief und lief und lief. Ich konnte alles beobachten, aber ich konnte den Verlauf nicht beenden.

W.W.: War dies zeitgleich ein bewußter Wahrnehmungsvorgang, oder wurde es dir erst im nachhinein klar?

D. Höhne: Ich spürte es aktuell, wie ein ungutes Gefühl, so als würde ich Teil eines ablaufenden Geschehens sein, ohne eingreifen zu können. Ich war eigentlich nicht mehr frei handelnd.

Der Lebensroman

W.W.: Wenn du aus heutiger Sicht deine Reise nach Marokko mit den verschiedenen Warnschüssen betrachtest, vielleicht auch deinen persönlichen Schutzengel miteinbeziehst, waren dann die Zeichen, diese Reise abzubrechen, mehr als deutlich? Oder war es so, daß die sich anschließenden Jahre im Knast für dich zur entscheidenden Lebenserfahrung werden sollten?

D. Höhne: Einerseits waren es eindeutige Warnschüsse, damit ich aufwache und die Reise somit abbreche. Andererseits war die Knasterfahrung in einer anderen Weise meine Lebensrettung. Trotzdem sind die verschiedenen Stopps auf meiner Reise selbstverständlich Hinweise, um aus einer bestimmten Phase des Lebens auszusteigen. Trotzdem, von einer höheren Ebene aus betrachtet, hatte die Knasterfahrung ein höheres Gewicht und zeitigte langfristig auch das bessere Ergebnis in meinem Leben.

W.W.: Wobei du nicht weißt, was du im Leben gemacht hättest, wenn du nicht im Knast gelandet wärst.

D. Höhne: Genau. Natürlich gibt es in jedem Leben eines Menschen eine Art Lebensroman, und wenn ich formuliere, daß der Knast meine Lebensrettung war, so ist das ja nur darauf bezogen, daß ich mich aus meiner damaligen Lebensverstrickung durch den Knast gelöst habe. Und ich weiß nicht, ob ich mich ohne diese Erfahrung nicht noch weiter verstrickt hätte, dann möglicherweise mit tatsächlich tödlichem Ausgang; im Knast war ich aus dem Schußfeld, aus dem Verkehr gezogen, sicher.

Ich betrachte meine Zeit im Knast auch unter familiensystemischen Aspekten: Ich habe dort die Zeit des Krieges abgesessen und damit die Familienbilanz wieder ausgeglichen. Andererseits habe ich mit meinem Knastaufenthalt die Familie auch belastet. Am Tag meiner ersten Verhaftung heiratete gerade meine Schwester, und als meine Eltern zu ihrer Hochzeitsfeier kamen, präsentierte der Schwiegervater ihnen die *Bild*-Zeitung mit der Schlagzeile, daß ihr Sohn im Zusammenhang mit der Baader-Meinhof-Gruppe verhaftet worden sei. Das war für meine Eltern, insbesondere für meinen Vater als Regierungsdirektor im Finanzministerium, ein harter Schlag.

W.W.: Wie haben sie reagiert?

D. Höhne: Eigentlich in typischer Weise. Meine Mutter bedauerte den armen Jungen, der im Leben abgerutscht ist, mein Vater äußerte sich gar nicht, besuchte aber den Prozeß und stand mir auch bei der ersten Haftprüfung bei. Er zahlte auch eine Kaution und kam zu dem späteren Hauptprozeß. Er hat sich nie kritisch geäußert, er ist immer nur dagewesen.

W.W.: Wie empfandest du deine Verhaftung nach der Marokko-Tour?

D. Höhne: Im ersten Moment habe ich gar nicht realisiert, weswegen ich verhaftet wurde.

W.W.: Aber war es nicht naheliegend, daß du wegen deiner Drogentour verhaftet wurdest?

D. Höhne: Nein, im ersten Moment zog ich die Verbindung zu der noch ausstehenden Anklage wegen meinem vermeintlichen Kontakt zur Baader-Meinhof-Gruppe.

W.W.: In der Presse wurdest du gleich als Gangsterboß und Chef einer Rauschgiftbande tituliert. Wie wirkte das auf dich?

D. Höhne: Das fand ich natürlich lächerlich, denn ich war nur ein Puzzlestein in dem gesamten System.

Das Schicksal ändern?

W.W.: Es scheint mir, daß du die ganze Situation mit einer ausgesprochenen Ruhe hingenommen hast.

D. Höhne: Das stimmt, und vor allem war ich froh, daß dieser Film endlich zu Ende war. Endlich! Es war wie eine große Erleichterung.

W.W.: Wenn du davon sprichst, daß alles wie in einem Film ablief und du nicht eingreifen konntest – dann klingt das ein wenig so, als würdest du in dein Schicksal, in dein Leben nicht mit freiem Willen eingreifen können. Hattest du – eventuell auch im nachhinein – die Empfindung, daß du fremdgesteuert wurdest bzw. daß es so ablaufen sollte? Oder ist es vielleicht andererseits so, daß du sehr wohl den Film hättest stoppen können?

D. Höhne: Ich glaube, daß dieser Film ein größeres Geschehen ist bzw. war, und ich war diesem Geschehen ausgesetzt. Natürlich ist es immer eine grundsätzliche Frage, inwieweit ein Mensch Herr des eigenen Schicksals ist. Richtig ist natürlich, daß ich verschiedene Erlebnisse hatte, aufgrund derer ich meine Reise nach Marokko hätte stoppen können; aber ich kann nicht sagen, was geschehen wäre, wenn ich wirklich auf dieser Reise gestoppt hätte.

Einzelhaft

W.W.: Nun beginnt deine Zeit im Knast, zuerst in Untersuchungshaft in Heilbronn. Warst du immer in Einzelhaft?

D. Höhne: Ja.

W.W.: Ende 1974 wurdest du in der ersten Hauptverhandlung zu drei Jahren und neun Monaten Gefängnis verurteilt. Ist das nicht ein extrem hartes Urteil für 30 kg Haschisch?

D. Höhne: Einerseits schon, andererseits hatte man mir auch noch LSD-Deals nachgewiesen. Alles wurde zu einer Art Eintopf vermengt, vor allem im Hinblick darauf, daß ich als Arzt mit Drogen dealte. Das war schon heftig. Trotzdem waren sie nachsichtig mit mir.

W.W.: Drei Jahre und neun Monate findest du nachsichtig?

D. Höhne: Ja. – Der Staatsanwalt war mit der aus seiner Sicht zu milden Strafe nicht zufrieden und ging in Revision. Die Revisionsverhandlung zog sich fast drei Jahre hin, bis ich schließlich zu sechs Jahren verurteilt wurde. Dazu hat man alle drei Straftaten – die Fahrt nach Marokko und zwei Sachen mit LSD – zusammengenommen, woraus sie einen „bandenmäßigen Handel" machten. Und diese sechs Jahre waren unangemessen! Ich wurde also in diesem Verfahren wegen Unterstützung einer kriminellen Vereinigung verurteilt. Den Verkauf von LSD-Trips konnte man mir durch Zeugenaussagen nachweisen. In diesem letzten Verfahren hat man mich zum Anführer einer Bande kreiert, denn ein Arzt, der so etwas macht, könne nur der Anführer einer Bande sein!

W.W.: Du hast also die Strafe und deine Zeit im Knast mehr oder weniger so hingenommen und dich innerlich nur gegen die verlängerte Zeit gewehrt, die durch die Revision hinzukam?

D. Höhne: Ja. Ich konnte die erste Strafe so annehmen, vor allem als ein Bestandteil von Erfahrungsmöglichkeiten in meinem Leben, auch weil ich sehr neugierig war, alle damit zusammenhängenden Umstände und Neuigkeiten wahrzunehmen. Damals wurde auch die politische Diskussion in bezug auf die Isolationshaft sehr heftig geführt. Das aber konnte ich so nicht sehen, denn für mich war diese Zeit eher wie eine Art Klausur. Und auch als ich relativ bald in einen Hungerstreik eintrat, ging es mir vor allem nur darum, wie das System auf meinen Hungerstreik reagiert.

Hungerstreik

W.W.: Warum bist du in Heilbronn in den Hungerstreik getreten?

D. Höhne: Das war zeitgleich mit dem Hungerstreik von Holger Meins, und es war eine sehr spannende Erfahrung. Drei Monate ohne Essen.

W.W.: Wurdest du zwangsernährt?

D. Höhne: Nein, aber jedes Wochenende beim Duschen habe ich mich in den Sanitätsbereich führen lassen, weil ich wollte, daß mein abnehmendes Gewicht dokumentiert wird. Es gab Strafvollzugsbestimmungen, daß man bei weniger als 45 kg Gewicht nicht mehr haftfähig sei. Das lebte in meiner Phantasie. Auf der anderen Seite war es noch mal ein Versuch von mir, die Staatsmacht herauszufordern und mir zu beweisen, wer wirklich der Stärkere sei – der Staat oder ich, wieder so eine „Wahnsinnstat".

Jede Woche wurde mein Gewicht gemessen, aber man übergab mir nur ein Päckchen Traubenzucker und entließ mich wieder in meine Zelle. Ich tat immer so, als wüßte ich nicht, warum ich abnehme. Auch zu einem niedergelassenen Arzt außerhalb wurde ich geführt, der aber auch nichts weiter feststellen konnte.

Schließlich beantragte ich Haftprüfung mit dem Ergebnis, daß ich ins Vollzugskrankenhaus auf dem Hohen Asperg eingeliefert wurde. Als ich dort die Treppe hochstieg, sah ich an der Tür das Schild „Psychiatrische Abteilung", und mir wurde mulmig. Denn nun wurde mir klar, daß man mich gegebenenfalls psychiatrisieren könnte, was ja damals eine übliche Vorgehensweise mit einigen politischen Gefangenen war.

W.W.: Und was geschah mit dir auf dem Hohen Asperg?

D. Höhne: Zuerst wurde ich in eine Gemeinschaftszelle verlegt, was üblich ist, damit man nicht isoliert in der Zelle Selbstmord begeht. Ich kannte allerdings die Stationsärztin, weil ich vorher als Arzt auf dem Hohen Asperg inhaftierte Drogenabhängige besucht und als Gutachter für sie vor Gericht gesprochen hatte. Mit der Stationsärztin verabredete ich dann, wieder zu essen, und so war ich nach etwa einer Woche wieder im Knast in Heilbronn.

W.W.: Ab dann aßt du also wieder?

D. Höhne: Nein, ich hungerte weiter, bis ich bei 37,5 kg angekommen war und eine erneute Haftprüfung beantragte. Gleichzeitig forderte ich, in ein öffentliches Krankenhaus verlegt zu werden. Aber das wurde abgelehnt, und man brachte mich wieder auf den Hohen Asperg, wo ich auf die Innere Abteilung kam. Dort wollten sie mich dann zwangsernähren. Das war für mich der Punkt, wieder mit dem Essen zu beginnen. Aber gleichzeitig stellte ich Forderungen, daß ich dies und jenes zu essen haben wollte. Denn ich wollte mich makrobiotisch ernähren, außerdem war ich Vegetarier. Ich durfte einen Wunschzettel erstellen, und man ging auch weitgehend darauf ein, vermutlich auch, weil mir der Stationsarzt gut gesonnen war.

Existentielles Frieren

W.W.: Hast du während des Hungerstreiks spezielle Erfahrungen gemacht?

D. Höhne: Vor allem waren dies körperliche Erfahrungen, die ich als Arzt gut beurteilen konnte. Es war Hochsommer. Trotzdem fror ich bis ins Mark, obwohl ich in Decken eingehüllt war. Das war mehr ein existentielles Frieren. Trotzdem schaffte ich gleichzeitig 110 Liegestütze. Auch brauchte ich fast keinen Schlaf mehr. Ich habe höchstens drei bis vier Stunden geschlafen. Insofern ist es sehr spannend zu erfahren, was bei einem Hungerstreik mit dem Körper vor sich geht. Spirituelle bzw. übersinnliche Erfahrungen habe ich in dieser Zeit nicht gemacht.

Erneute Hauptverhandlung

Roland Freisler, Präsident des
Volksgerichtshofes

W.W.: Im Sommer 1975 kam es zur schon erwähnten erneuten Hauptverhandlung. Die Staatsanwaltschaft sah dich also tatsächlich mit den drei Jahren und neun Monaten nicht genügend bestraft?

D. Höhne: Ja, das war so. Beide Oberlandesgerichte waren in ihrer Besetzung aus meiner Wahrnehmung vollständig verschieden. Bei meiner ersten Verhandlung war mir die Besetzung sehr wohlgesonnen; sie haben mich als Bürgersohn beurteilt, der auf die schiefe Bahn geraten war. Aber der Staatsanwalt war derjenige, der mir unbedingt etwas verpassen wollte. Weil er in

Revision ging, bekam ich ein zweites Oberlandesgericht, welches von ganz anderer Zusammensetzung war, insbesondere vertreten durch den Oberlandesgerichtsvorsitzenden.

W.W.: Wie hast du den Richter während der Verhandlungen erlebt?

D. Höhne: Wenn du die Filme von Roland Freisler, den Präsidenten des Volksgerichtshofes während der Nazizeit, gesehen hast, wie er dort herumgeschrien hat – genauso hat sich mein Richter aufgeführt. Wenn man die beiden Urteilstexte der beiden Verfahren miteinander vergleicht, denkt man, daß hier zwei vollkommen verschiedene Menschen verurteilt worden sind. Erschwerend kam beim Prozeß hinzu, daß ich die Aussage verweigerte. Bevor das letzte Urteil nach fast drei Jahren Revisionsverhandlung vom Bundesgerichtshof nicht bestätigt worden war, gilt man offiziell als Untersuchungshäftling; man ist noch nicht in Strafhaft. Eigentlich ist es so, daß man entlassen werden muß, wenn die Untersuchungshaft die Hälfte der verurteilten Zeit überschritten hat; aber man hat es noch irgendwie hinbekommen, mich dann letztendlich aufgrund der Revision zu sechs Jahren Knast zu verurteilen.

W.W.: Wie wirkte das Urteil auf dich?

D. Höhne: Eigentlich wie vieles in meinem Leben: Ich habe es mir angeschaut, die machten ihr „Spiel", ich machte mein „Spiel". Trotzdem war es ein heftiges Urteil und auch ein heftiger Schlag für mich, denn sechs Jahre sind etwas anderes als drei Jahre und neun Monate. Man hat aus mir einen internationalen Rauschgiftdealer konstruiert. Und das bin ich nun auf keinen Fall gewesen! Und auf die ersten drei Straftatbestände hat man noch das „bandenmäßige Handeln" draufgeknallt. Dadurch kam die erhöhte Strafe von insgesamt sechs Jahren zustande.

W.W.: Konnten sie dir denn alles richtig beweisen?

D. Höhne: Nur teilweise. Die 30 kg Haschisch haben sie bei mir im Tank gefunden, alles andere beruhte nur auf Zeugenaussagen. Eingebettet war alles natürlich in den Vorwurf, als Arzt mit Rauschgift gehandelt zu haben. Hinzu kam die Baader-Meinhof-Geschichte im Hintergrund.

Stammheim

W.W.: Nach der erneuten Verurteilung im Herbst 1976 warst du also nicht mehr in Untersuchungshaft, sondern wurdest fortan als Strafgefangener geführt. Wie ging es weiter?

D. Höhne: Nach der Verurteilung muß entschieden werden, in welchen Knast man kommen wird. Dies ist abhängig von der Prognoseerstellung. Dafür wurde ich kurzfristig nach Stammheim in Stuttgart verschoben. Dort mußte ich in der Werkstatt Ösen auf Leitz-Ordner stanzen, und zwar im Akkord. Gleichzeitig hatte ich Gespräche mit einer Psychologin, die dann nach mehreren Interviews mit mir eine Prognose für mich erstellte. Insgesamt war ich sechs Wochen in Stammheim, bekam vermutlich eine günstige Prognose und kam dann wieder in den Knast nach Heilbronn. Heilbronn war ein verhältnismäßig progressiver Knast.

W.W.: In Stammheim saßen ja auch Ulrike Meinhof, Gudrun Ensslin, Andreas Baader und Jan-Carl Raspe ein. Ulrike Meinhof war zu dem Zeitpunkt allerdings schon tot. Hast du von den anderen etwas in deiner Stammheim-Zeit mitbekommen?

D. Höhne: Nein, aber man hörte immer wieder von ihnen und wußte, daß sie in der obersten Etage einsaßen.

W.W.: Wie siehst du deine Knast-Zeit aus heutiger Sicht? Ich habe den Eindruck, daß du alles – früher wie auch heute – sehr ruhig aufgenommen hast, daß du – abgesehen vom Hungerstreik – kaum rebelliert hast, auch daß du den Verrat von Kollegen so hingenommen hast. Verstehe ich es richtig, daß du vieles einfach so hingenommen hast, um dadurch verschiedenste Erfahrungen zu machen?

D. Höhne: Ja, so kann man das ausdrücken, allerdings bin ich diesen Weg nicht in jedem Moment bewußt gegangen, so wie man das jetzt rückwirkend beschreiben kann. Vieles habe ich mit einer gewissen Gelassenheit hingenommen, trotzdem habe ich auch an manchen Stellen protestiert, z.B. habe ich bei den Verfahren vor Gericht ein Statement abgegeben. Auch mein Hungerstreik war ein solcher Protest, und mit ihm habe ich mich auch auf Holger Meins bezogen. Auch schriftliche politische Statements habe ich verfaßt, aber das bezog sich meist auf die Gesellschaft. In bezug auf mich selbst war ich eher gelassen. Aber ich hatte auch kaum Möglichkeiten, etwas zu tun. Ich hätte in den bewaffneten Untergrund gehen können, aber das war nicht mein Weg. Ich kannte damals einige der späteren Terroristen, habe auch mit einigen zusammengewohnt; in der Begegnung mit ihnen alles freundliche und liebenswerte Menschen. Plötzlich waren sie untergetaucht. Das ist typisch für diejenigen, die in den Untergrund gehen, daß sie plötzlich weg sind und man nicht mitbekam, daß sie vordem schon konspirativ tätig waren.

W.W.: Hast du noch Kontakt zu ihnen?

D. Höhne: Nein, zu niemandem aus dieser Zeit.

W.W.: 1977 gab es noch eine Verhandlung in Heidelberg. Warum noch einmal?

D. Höhne: Nicht nur die Staatsanwaltschaft ging in Revision, woraus dann die Verurteilung von sechs Jahren abgeleitet wurde, sondern auch wir waren in Revision gegangen. Und das war diese Verhandlung, bei der aber noch einmal die sechs Jahre bestätigt wurden.

Die Krähe

W.W.: In den Jahren deiner Inhaftierung warst du in verschiedenen Justizvollzugsanstalten: zuerst in Heilbronn, dann fast zwei Jahre in Mannheim, dann Stammheim und schließlich wieder in Heilbronn. In bezug auf diese Jahre möchte ich noch einiges ansprechen, und zwar den Knastalltag wie auch deine spirituelle Entwicklung. Beginnen wir mit einer scheinbar kleinen Erlebnisbeziehung. Du schreibst in deinen Tagebüchern oft über eine Krähe, die du Peter nennst und die du aus deinem Zellenfenster sehen kannst. Welche Beziehung hattest du zu dieser Krähe?

D. Höhne: Wenn man in einem so abgeschiedenen Raum gefangen und auf so wenige Quadratmeter beschränkt ist, bekommt natürlich alles außerhalb eine besondere Bedeutung, wie z.B. diese Krähe, die ich immer beobachten konnte. Ich habe mir auch aus Zeitungen Artikel ausgeschnitten und an die Zellenwand geheftet, vom Gefängnishof habe ich mir Scherben aufgesammelt und daraus ein Mobile gebastelt. Alle meine Zellen habe ich immer auf verschiedenste Weise gestaltet.

Weihnachten allein im Gefängnis

W.W.: Wie stark ist die Sehnsucht nach Freiheit, wenn man so lange im Knast sitzt?

D. Höhne: Eigentlich habe ich mich meinem Schicksal in dieser Zeit übergeben; hier spielen sicher meine Klostererfahrungen aus früheren Inkarnationen eine Rolle, mir schien das alles vertraut. Trotzdem gab es Momente, in denen ich mich nach Freiheit sehnte, vor allem an Weihnachten. Um die Weihnachtszeit kamen dann kindliche Erinnerungen hoch, und es war schon heftig, Weihnachten alleine im Gefängnis zu sein. Nachmittags am Heiligabend bekam man einen kleinen Teller mit einer Apfelsine, einem Apfel und einem grünen Zweig – und das war dann das einzige Weihnachtsgeschenk. Und dann wurde die Tür verschlossen.

W.W.: Wie sind deine Eltern mit deiner Knastzeit umgegangen?

D. Höhne: Sie haben mich nur sehr nur wenige Male besucht. Sie haben dann mehr oder weniger staunend vor mir gesessen und schau-

Justizvollzugsanstalt Mannheim

ten mich an wie einen Außerirdischen. Sie verstanden ihren Sohn nicht mehr. Hinzu kommt natürlich, daß es eine seltsame Situation ist, wenn man miteinander sprechen will und daneben ein Beamter sitzt. Dann tauscht man meist nur Belanglosigkeiten aus. Tiefe Gespräche kamen nicht zustande. Darüber hinaus haben mir meine Eltern nur geschrieben. Ich habe meinem Vater nach der Knastzeit alle meine Aufzeichnungen aus dem Knast zur Verfügung gestellt; einen ganzen Karton voll. Aber ich weiß nicht, ob er sie jemals gelesen hat.

Meine Eltern haben niemals über diese Zeit gesprochen. Mein Vater war eigentlich nur schweigend und still an meiner Seite. Was er innerlich für sich abgemacht hat, weiß ich nicht. Aber es wird auf jeden Fall nicht leicht für ihn gewesen sein. Er war Regierungsdirektor im Finanzministerium, und der Verfassungsschutz war meinetwegen sofort bei ihm zu Hause. Aber er konnte zu mir keine Angaben machen, weil ich in den Jahren vor dem Knast den Kontakt zu meinen Eltern abgebrochen hatte. Eigentlich ist es sehr traurig, daß er alles an sich hat abprallen lassen und niemals mit mir in ein tieferes Gespräch eingetreten ist. Aber meine Eltern haben mich nach dem Knast während meiner Bewährungszeit finanziell unterstützt, den Stab über mich haben sie nie gebrochen.

Knastalltag

W.W.: Beschreibe bitte ein wenig deinen Knastalltag.

D. Höhne: Im Knast in Mannheim, in dem ich etwa zwei Jahre war, gab es über 600 Gefangene. Und in einem solchen Knast wird dann die ganze Gesellschaft noch einmal im Kleinen abgebildet, wenn auch konzentriert. Dort gibt es dann die Dealer, die Kleinkriminellen, die Schwerkriminellen sowie die verschiedenen Ethnien. Diese Menschen sieht man dann alle beim Hofgang, jede Gruppe steht für sich. Und dann gibt es innerhalb des Knasts Vernetzungen und bestimmte Spielregeln. Manches wurde von den Beamten toleriert, anderes nicht. Alle paar Monate gab es eine Zellenkontrolle, und alles aus der Zelle wurde rausgeräumt. Im Knast wird Alkohol hergestellt, es wird gebacken, es gibt Handel mit Tabak und Kaffee.

W.W.: Wie stellt man denn im Knast Alkohol her? Hattet ihr einen Destillierapparat?

D. Höhne: Mit Gärvorgängen in einer Schüssel oder einem Topf unter dem Bett.

Alle 14 Tage konnte man einkaufen. In den großen Knästen gibt es so etwas wie eine Art Supermarkt. Zu den gängigsten Konsumartikeln, die man einkaufen konnte, gehörte z.b. Nescafé und Tabak. Man nannte das Glas Kaffee eine „Bombe Nescafé". Damals kostete sie regulär 9.80 DM, gegen Monatsende im Knast lag der Preis aber schon bei etwa 30 DM. Im Knast ist natürlich auch Geld im Umlauf, man bekommt jede Droge, jede Tablette und vor allem Tabak.

W.W.: Wie hast du im Knast gehandelt?

D. Höhne: Ich habe die begehrten Konsumartikel zum Monatsanfang regulär, wie das jeder tut, gekauft, aber nicht selbst verbraucht. Da aber bis zum Monatsende die Preise im Knast steigen, habe ich sie meist in den letzten Monatstagen verkauft.

W.W.: Und wie bist du zu deinen zahlreichen Büchern gekommen?

D. Höhne: Ich hatte draußen eine Verbindung zu einer Buchhandlung, von der ich Bücher beziehen konnte. Bargeld ist im Knast die höchste Währung. Bargeld kann man im Knast in Briefmarken eintauschen, und zwar erhält man sehr viel mehr Briefmarken, als sie in Bargeld wert waren. Und Briefmarken wurden von einigen Menschen draußen geordert. Ich habe also Bargeld in Briefmarken getauscht, und diese Briefmarken konnte ich mit der Post an die Buchhandlung schicken, wodurch ich dann meine gewünschten Bücher bekam.

W.W.: Warum steigen im Knast die Preise gegen Monatsende?

D. Höhne: Weil man am Monatsanfang nicht soviel offizielles Geld aus der Arbeit in den Werkstätten hat, um eine gesamte Monatsration der gewünschten Konsumgüter zu kaufen.

Torten, Kaffee und Pink Floyd

Freitags beim Duschen gab's z.B. den Tortenbäcker. Man mußte vorher Tortenböden und Konservenobst und weitere Utensilien einkaufen, dem Tortenbäcker geben, und der machte dann gegen ein kleines Entgelt eine Torte, und so konnte man am Freitag mit seiner Torte wieder auf die eigene Zelle gehen. Die Beamten haben das meist toleriert, denn auch sie waren daran interessiert, daß die Emotionen im Knast nicht hochkochten. Auch sie mußten jonglieren. Denn wenn etwas schräg lief, gab es das Knastkonzert – also über 600 Insassen klapperten mit ihrem Geschirr an den Gitterstäben.

In der Zeit für den Hofgang gab es alternativ den sogenannten Zellenumschluß. Man konnte zu jemand anderem auf die Zelle gehen, und dann saßen wir zu dritt oder zu viert auf einer Zelle, hörten Pink Floyd und kifften. Wir haben dann zwar nach einer Stunde die Fenster geöffnet, trotzdem haben die Beamten den Haschischduft gerochen.

W.W.: Wie kocht man in der Zelle Kaffee?

D. Höhne: Indem man sich einen Tauchsieder baut. Dazu benötigt man einen Flaschenkorken, zwei Rasierklingen und ein Kabel. Das Kabel wird an die Rasierklingen angeschlossen und diese in den Korken gesteckt. Dann muß man die Deckenbeleuchtung abschrauben, indem man zuvor den Stuhl auf den Tisch stellt. Anschließend zapft man die Deckenbeleuchtung an und macht Wasser in einem Bottich heiß. Natürlich ist es sehr problematisch, im Knast an Rasierklingen zu kommen; vor allem muß man für alles bezahlen. Letztendlich bekommt man aber alles.

Ich war immer der Doktor

W.W.: Hast du im Knast Gewalt erfahren?

D. Höhne: Nein. Die Gänge im Knast sind ja so schmal, daß man dort nicht nebeneinander gehen kann. Und hierbei kommen dann ganz archaische Muster zum Vorschein: Wer macht dem anderen Platz? Viele Muster habe ich damals erlebt, aber ich konnte immer ausweichen und fühlte mich nie bedroht. Ich habe es auch nicht provoziert. Gewisse Leute durfte man nicht einmal angucken, denn dann fühlten sie sich bereits provoziert. Hin und wieder ging auch jemand über die Reling; aber überall waren Netze gespannt, so daß keiner zu Tode kam.

Die einzelnen Gruppen waren auch sehr drastisch. Auf der einen Seite gab es die sogenannten „Bimbos", also die Schwarzen. Sie hatten meistens die beste Shit-Connection. Andere arbeiteten im Sanitätsbereich und handelten mit Tabletten. Die einzigen, die einen lebensbedrohlichen Stand im Knast haben, sind die Kinderschänder. Jede Kriminalität ist im Knast erlaubt, Kinder schänden aber nicht. Dieses Vergehen ist das einzige, was im Knast von allen anderen unterschieden wird. Die Kinderschänder müssen im Knast wirklich aufpassen.

Ich lebte z.B. mit einem Mörder als Zellennachbar zusammen, kannte verschiedene Bankräuber, die bereits wieder Freigänger waren und während ihres Freigangs den nächsten Bankeinbruch verübten. Sie konnten es nicht abwarten.

W.W.: Wie wurdest du von den anderen Knackis beurteilt, weil du anders warst und so viele Bücher last?

D. Höhne: Das Bücherlesen haben nicht so sehr viele mitbekommen, aber ich war immer der Doktor. Es wurde immer sehr hoch angesehen, daß ein Doktor in ihren Kreisen landete. Ich wurde eigentlich von allen respektiert.

Erstes Zusammentreffen von Dschalal ad-Din ar-Rumi (reitend) und Schams-e Tabrizi (im dunklen Derwischgewand). Türkische Miniatur um 1600

Ich lernte auch viele interessante Persönlichkeiten kennen, z.B. einen Zellennachbarn, der Rumi-Gedichte rezitierte. Beim Hofgang sprachen wir miteinander, und durch ihn bekam ich meine Beziehung zu Bhagwan. In einer anderen Nachbarzelle traf ich einen Mitgefangenen, der wegen Totschlags einsaß. Mit seiner Freundin hatte er viel Alkohol getrunken, und sie begannen sich zu streiten. Im Rausch hat er sie geschlagen, wobei sie mit ihrem Kopf auf den Marmortisch fiel, und als er am Morgen aus seinem Rausch aufwachte, war seine Freundin tot. Er war kein Schläger, und er wollte sie auch nicht umbringen. Aber ihm starben später die Hände ab, solche Schuldgefühle machte er sich. Eigentlich ein ganz armer Mensch.

W.W.: Warst du auch für andere Knackis seelsorgerisch tätig?

D. Höhne: Für ihn war ich mit Sicherheit ein Gesprächspartner, bei anderen, soweit es möglich war. Aber ich habe keinen Hehl daraus gemacht, wie ich denke und wo ich etwas zu sagen habe. Überraschend war für mich immer wieder, daß die Menschen vordergründig kriminell waren, in ihrem innersten Wesen konnte ich aber mit sehr vielen über spirituelle Zusammenhänge sprechen.

W.W.: Anfang 1976 batest du um eine Mal- und Bastelerlaubnis. Wozu war das nötig?

D. Höhne: Eigentlich ist es nicht vorgesehen, daß man im Knast malt und bastelt, auch braucht man dazu das nötige Material. Es gab dort eine Anthroposophin, die in den Knast kam und mit uns töpferte. Um an dieser Gruppe teilzunehmen, mußte man einen Antrag stellen. Man mußte ohnehin für alles, was vom normalen Knastalltag abwich, einen Antrag stellen. Die jeweilige Genehmigung ist dann u.a. vom jeweiligen Wohlverhalten abhängig. Mit dieser Anthroposophin arbeitete ich in einer Gruppe zusammen.

Spiritualität im Knast

W.W.: Während deiner Zeit im Knast hast du dich vielfach spirituell weitergebildet, und neben der zahlreichen Literatur, die du studiertest, hast du auch deine Träume aufgeschrieben. War dies ein erster bzw. spezieller Weg nach innen?

D. Höhne: Ich habe sehr viel Tagebuch geschrieben, auch Briefe nach außen an meine damalige Freundin. Das war eine sehr enge und kraftspendende Verbindung. Ich habe in diesen vier Jahren unheimlich viel gelesen, habe die Autobiographie von Könekamp übersetzt, viel gemalt und morgens und abends jeweils eine Stunde meditiert. Über Könekamp war ich ja auch zu Teilhard de Chardin gekommen. Über den Pfarrer Heinz Kappes, der mein zweiter spiritueller Lehrer wurde, erfuhr ich mehr über Sri Aurobindo.

Heinz Kappes

W.W.: Wie lerntest du Heinz Kappes kennen?

D. Höhne: Ich wollte mehr über Sri Aurobindo erfahren und schrieb an die Deutsche Gesellschaft für Glaubensfragen, die mich an den Pastor Kappes verwies, der damals Vorsitzender der Deutschen Sri Aurobindo-Gesellschaft war. Er hat mich sofort im Knast besucht.

W.W.: Wer war Heinz Kappes?

D. Höhne: Zu meiner Knast-Zeit war er schon über 70 Jahre alt. Während des Dritten Reichs war er Mitglied der Bekennenden Kirche und mußte aus Deutschland fliehen. Er ging nach Israel an die Universität und arbeitete dort engagiert für die israelisch-palästinensische Versöhnung. Er kam dann in Verbindung zu Sri Aurobindo, hat ihn auch selbst noch persönlich erlebt, in seinem Ashram in Südindien gelebt und später dann die Deutsche Sri Aurobindo-Gesellschaft gegründet und sämtliche Werke von Sri Aurobindo ins Deutsche übersetzt. Ich habe alle Werke von Sri Aurobindo komplett durchgelesen und

Heinz Kappes

Sri Aurobindo ca. 1900

trat in einen regen Briefwechsel mit Kappes.

Er hat mir auch bei seinem ersten Besuch im Knast sehr in bezug auf meine Meditationen geholfen. Ich saß immer im Lotossitz und hatte deswegen Schmerzen in den Knien. Er forderte mich auf, mich im Lotossitz auf einen Stuhl zu setzen, ging um mich herum, drückte alle meine sieben Chakren, und fortan war ich alle meine Schmerzen los. Ich hatte nie wieder Schmerzen; ein außerordentlich wertvolles Geschenk. Das Obst, das Heinz Kappes mir mitgebracht hatte, wurde ihm durch die Beamten abgenommen, denn es hätten ja Drogen im Obst sein können. Daß Pastor Kappes mir aber ganz etwas anderes gebracht hat, haben die Beamten nicht bemerkt.

Nachdem er mich im Knast besucht hatte, entstand zwischen uns ein sehr intensiver Schriftwechsel. Dabei erfuhr ich dann auch, daß er die Ideen der Anonymen Alkoholiker (AA) aus den USA in Deutschland bekannt gemacht und Mitbegründer der Anonymen Alkoholiker in Deutschland war. Bis zu seinem Tod im Jahr 1988 pflegte ich mit ihm einen intensiven Briefwechsel, auch habe ich ihn später besucht. Er lebte in einer sehr kleinen Wohnung in Karlsruhe; eigentlich wie ein Einsiedler.

W.W.: Da haben sich also zwei Einsiedler – der eine draußen, der andere im Knast – getroffen.

D. Höhne: Genau. Allgemein galt ich bei den Beamten, den sogenannten „Wachteln" oder „Schließern", als ein sehr schräger Vogel, nicht zuletzt deswegen, weil ich immer auf meiner Matratze im Lotossitz saß und auch so arbeitete, auf dem Zellenboden.

W.W.: Deine Freundin Ursula, die später deine Frau wurde, war auch wegen des gleichen Vergehens in Haft?

D. Höhne: Ja, wegen Beihilfe, wenn auch nur 1½ Jahre. Selbstverständlich konnten wir uns während dieser gemeinsamen Haftzeit nicht besuchen, aber nachdem sie wieder in Freiheit war, konnte sie mich besuchen. Aber das waren sehr seltene Male. Meinen ersten Hafturlaub hatte ich nach drei Jahren, um Ursula zu heiraten. Dafür bekam ich einen Sonderurlaub.

Spurensuche im Spirituellen

W.W.: Am 23.03.1975 schreibst du an deine Eltern, bedankst dich für ein Paket und schreibst über den frisch gefallenen Schnee, daß man meinen könne, Auferstehungs- und Weihnachtsfest fielen auf einen Tag. Was bedeuteten damals die christlichen Feste für dich?

D. Höhne: Oberflächlich gesehen waren es die immer wiederkehrenden Erfahrungen im Laufe der Jahre. Andererseits war ich zu dieser Zeit spirituell verortet, zum einen durch die Erlebnisse in meiner Kindheit, zum anderen durch die spirituellen Anleitungen, u.a. durch Könekamp und Kappes. Gleichzeitig kannte ich mich bereits sehr gut in der Literatur der Deutschen Mystiker aus und war allerorten neugierig auf neue Spurensuche im Spirituellen.

W.W.: Erstaunlich ist die große Vielseitigkeit der Literatur, die du in den Knastjahren studiertest. Vorwiegend sind es neben den politischen Büchern mehr als tausend spirituelle Bücher. Das Studium dieser Texte muß sehr viel in dir hinterlassen haben. Kannst du rückblickend zu dieser Zeit und zu deinem spirituellen Studium ein Resümee ziehen?

D. Höhne: Eigentlich hangelte ich mich beim Studium der Literatur von Fußnote zu Fußnote voran. Ich las ein Buch und sah in den Fußnoten eine Anmerkung in bezug auf ein anderes Buch, welches ich mir dann bestellte. Diese jeweiligen Literaturhinweise waren für mich das Fenster zu neuer Literatur. Aufgrund meiner Neugier konnte ich gar nicht aufhören, neue Literatur zu bestellen und zu studieren. Es gab ja kein Internet, und ich saß im Knast, hatte insofern auch keinen Zugang zu öffentlichen Büchereien, auch wenn ich natürlich alles in den Gefängnisbibliotheken angeschaut habe.

Timothy Leary 1989

W.W.: Warum hast du im Knast das Buch von Timothy Leary, *Neurologic*, übersetzt?

D. Höhne: Dabei ging es um die LSD-Erfahrungen von Timothy Leary. Wer damals auch nur irgendwie in die Drogenwelt unterwegs war, kannte Timothy Leary, denn er war derjenige, der in den USA das LSD erforscht hatte, und er war Psychologe und forderte damals den freien Zugang zum LSD. Sein Werk *Neurologic* wurde mir in den Knast geschmuggelt, und ich habe dann den englischen Text übersetzt. Die Übersetzung konnte ich auch wieder aus dem Knast herausbringen lassen, und sie ist dann auch unter einem Pseudonym veröffentlicht worden. Der Text war insofern spannend, als er von der wissenschaftlichen Warte aus Bewußtseinsstufen beschreibt, die sonst normalerweise nur in spiritueller Literatur beschrieben werden. Es geht dabei um Bewußtseinsentwicklung.

Jean Gebser kannte ich damals ebenfalls schon. Auch er hatte sich sehr ausführlich mit der Bewußtseinsentwicklung befaßt; ebenso Sri Aurobindo in seiner Beschreibung der supramentalen Bewußtseinsstufen – jeder aus seinem Verständnis bzw. aus seinem kulturellen Zusammenhang auf verschiedene Weise. Auch Stanislav Grof hat viel mit LSD erforscht. Er war der einzige in den USA, der dazu die Erlaubnis hatte. Er hat dabei sehr viel über die Schwangerschaft und die Geburt herausgefunden, aber nicht so, wie wir das vielleicht in Rückführungen machen, sondern durch veränderte Bewußtseinszustände mit Hilfe von LSD.

Gefängnisse als eigentliche Klöster der Gesellschaft

W.W.: Am 13.09.76 schreibst du in deinen Aufzeichnungen über mitgehörte Gespräche auf dem Hof, daß die Gefängnisse die eigentlichen Klöster der Gesellschaft seien und daß man mit Drogensüchtigen, mit Mördern und ähnlichen Menschen eigentlich über alles sprechen könne. Kannst du zu diesen Erfahrungen noch etwas sagen?

D. Höhne: Das beruhte auf dem Kontakt zu meinem Zellennachbarn, der Rumi-Texte rezitierte. Rumi hatte ich schon gelesen, insofern war er mir vertraut. Ich trat dann auch ans Fenster und kam so mit ihm ins Gespräch. Auf dem Hof haben wir dann später miteinander Geschichten ausgetauscht. Er war mit Mascha Rabben befreundet, einer deutschen Schauspielerin, die eine der ersten Schülerinnen von Bhagwan bzw. Osho war. Sie hatte auch viele seiner Werke ins Deutsche übersetzt.

Es muß für die Wachteln eine eigentümliche Szene gewesen sein, wenn mein Zellennachbar morgens auf dem Hof Rumi-Texte zitierte und ich mein AUM auf dem Gefängnishof ertönen ließ. Und ich habe es mit großer Intensität und erheblicher Lautstärke aus mir herausgebracht! Was die Beamten von mir dachten, sagten sie natürlich nicht, aber sie ließen mich in Ruhe.

Auch mit anderen Knackis habe ich über Gott und die Welt gesprochen, was eine wirklich spannende Erfahrung meines Lebens war. Zu diesem Zeitpunkt hatte ich zwar noch keine psychotherapeutische Ausbildung, ging aber sehr offen auf Menschen zu und nahm auf, was Menschen mir mitteilten. Weil bekannt war, daß ich Arzt bin, fiel ich ziemlich aus dem Rahmen und war häufiger Ansprechpartner von vielen.

W.W.: Hattest du damals schon Pläne, Psychotherapeut zu werden?

D. Höhne: Die hatte ich schon sehr lange, bereits während des Studiums. Vorbehalte hatte ich lediglich gegenüber der Psychoanalyse, obwohl ich auch da alle Schulen durchgeackert hatte; C.G. Jung kam mir am nächsten, und wollte mich nicht auf diesen langen Weg einlassen. Es hieß, der Preis wäre: Hunderttausend Mark und eine Ehe.

Astralreise und Meditation im Gefängnis

W.W.: Am 24.12.1976 notierst du in deinen Tagebüchern einen Traum, und zwar sprichst du im Traum mit einem Pfarrer über deine Neigung, bei den Anthroposophen zu arbeiten. Kannst du das erklären?

D. Höhne: Das weiß ich leider nicht mehr, aber es zeigt, daß ich mit den anthroposophischen Zusammenhängen vertraut war. Ich hatte natürlich einige Bücher von Rudolf Steiner gelesen, kannte auch aus Heidelberg einige Anthroposophen, die während meiner Release-Zeit Geld und Kleider spendeten.

W.W.: Dann hattest du im Knast auch Begegnungen mit zwei Rosenkreuzern. Was hatte es damit auf sich?

D. Höhne: Sie waren im Knast gelandet, weil sie falschen Schwarzwälder Schinken hergestellt hatten. Schwarzwälder Schinken ist eine geschützte Marke und muß in besonderer Weise hergestellt werden. Aber die beiden Rosenkreuzer haben ihr eigenes Ding damit gemacht und wurden deswegen verurteilt. Wir kamen beim Hofgang miteinander ins Gespräch, und einer der beiden bot mir eine Astralreise an und prognostizierte mir, daß ich einst wieder als Arzt arbeiten würde.

Das war zu dem Zeitpunkt für mich vollkommen unvorstellbar. Wie hätte ich davon träumen können, jemals wieder als Arzt zu arbeiten! Denn meine Approbation hatte ich nach meiner Verurteilung verloren. Natürlich war mein Leben nicht fern von Begegnungen mit außergewöhnlichen Menschen, insofern nahm ich diese Begegnung und die Aussagen dieses Menschen mit Staunen zur Kenntnis, auch wenn es nicht im Rahmen meiner Erwartungen lag, jemals wieder als Arzt arbeiten zu können.

W.W.: Kannst du noch ein wenig zu deiner Meditation sagen, die du im Knast durchgeführt hast?

D. Höhne: Ich saß jeden Morgen und jeden Abend eine Stunde im Lotossitz und ließ meine Gedanken schweifen. Natürlich hatte ich auch spezielle Mantren, denn ich hatte eigentlich alle Heiligenbücher durchgelesen – den Koran, das Alte Testament, das Neue Testament, die Tora und viele andere spirituelle Werke. Ich blieb an dem Begriff Maranatha hängen, einem der wenigen aramäischen Ausrufe im Neuen Testament. Das Wort Maranatha drückte in frühchristlicher Zeit die Erwartung der Wiederkehr Christi aus und kommt im Neuen Testament im 1. Kor. 16,22 vor. Diesen Gottesanruf wählte ich für mich als Mantram. Und auch später habe ich dieses Mantram immer vor mich hingesprochen. Dieser Ausruf hat mich innerlich gehalten, war für mich eine innere Verankerung, ein Kompaß, der mir innere Sicherheit gegeben hat. Daraus sind dann auch die Namen meiner Kinder Mara und Nathan hervorgegangen.

W.W.: Du schreibst am 04.02.77, als du über deine Meditation schreibst, u.a.: „*Der Engel ist mein eigener Schutzengel bzw. mein geistiger Leib*". Was bedeutete damals der Schutzengel für dich?

D. Höhne: Die Engel waren eigentlich immer recht gegenwärtig für mich. Bereits als Student erschien mir in einem Wahrtraum eine weiße Gestalt, vermutlich ein Engel, die mir im Traum sagte: „*Der Kelch geht um, Christus ist auferstanden*". Das ist die einzige eher reale Begegnung mit einem Engel. Das von dir zitierte Zitat aus meinem Tagebuch ist meine Vorstellung von der Welt der Engel. Aber ich fühlte mich immer behütet und beschützt und habe das vermutlich mit dem Begriff des Engels verknüpft.

Heute – seit sehr vielen Jahren – verorte ich den Schutzengel hinter mir rechts und den Tod hinter mir links. Das sind meine persönlichen Empfindungen, und beide zwinkern sich gegenseitig zu.

Hochzeit zu Ostern

W.W.: Du beantragtest dann während deiner Haftzeit deine Heirat. Wie ist das abgelaufen?

D. Höhne: Man lebt immer in der Erwartung von der Zweidrittel-Haft. Dazu benötigt man Prognosen, daß man seitens des Systems auch mit gutem Gewissen nach zwei Dritteln Haftzeit entlassen werden kann. Und dafür sollte man sozial eingebunden sein. Aufgrund der „Hochzeitsreise" nach Marokko fühlten Ursula und ich uns verbunden und beschlossen, während meiner Haftzeit zu heiraten. Ich bekam kurzen Hafturlaub zu Ostern 1977. Wir fuhren nach Kaiserslautern und heirateten dort.

Auf dem Hin- und Rückweg fuhren wir noch je einmal bei Könekamp vorbei, und zwar am Karfreitag und am Ostermontag. Er lag auf dem Sterbebett. Dabei überreichte ich ihm seine von mir ins Deutsche übersetzte Autobiographie. Am Karfreitag war das Verhältnis zwischen uns äußerst schwierig, denn natürlich kam er nicht umhin, mir vorzuwerfen, daß ich im Knast gelandet war. Er war auch sehr mit sich selbst am Kämpfen, daß er nun sterben mußte. Aber nach unserer Trauung besuchten wir ihn gemeinsam am Ostermontag ein zweites Mal, und nun hatte er mit seinem Sterben Frieden geschlossen und auch mit uns und gab uns seinen Segen. Dann aber mußte ich wieder in den Knast zurück.

W.W.: 1977 bedankt sich deine erste Frau Inge für deine Einwilligung zur Adoption deiner Tochter Kathrin. Was waren hier die Hintergründe?

D. Höhne: Kathrin sollte damals eingeschult werden, und ich wollte sie davor bewahren, als Tochter eines Terroristen und Drogendealers angesprochen zu werden; zumindest ging es ja damals so durch die Presse. Deshalb stimmte ich der Adoption zu, obwohl mir das schwerfiel. Denn damit war für mich jeder rechtliche Kontaktanspruch erloschen.

Offener Vollzug

W.W.: Wie gestaltete sich für dich der offene Vollzug?

D. Höhne: Bei Erwartung einer Zweidrittel-Straf-Entlassung, bei mir also nach drei Jahren, konnte ich offenen Vollzug beantragen. Dafür mußte ich draußen eine Arbeit suchen. Nach diesen drei Jahren bekam ich eine Anstellung in der Psychiatrie in Weinsberg, in einem Landeskrankenhaus in der Nähe von Heilbronn. Dort arbeitete ich als

Freigänger 1977

Krankenpflege-Praktikant. Ich wurde zum Geriatrischen Tagessaal eingeteilt und versorgte 40 bis 45 geriatrische Patienten. Morgens kam ich zur Arbeit, und abends ging ich wieder in den Knast. Meine Aufgabe war es, den Menschen beim Essen zu helfen, Bauklötze zu stapeln, oder ich mußte die Leute aufs Klo begleiten. Die Krankenzimmer bestanden aus Vier- bzw. Sechs-Bett-Zimmern, die Spinde waren auf dem Flur, und für das Pflegepersonal war vor allem wichtig, daß die Menschen im Tagessaal waren und sich ruhig verhielten.

Damals war bereits die Psychiatrie-Enquete, also der Bericht über die Lage in der Psychiatrie in der Bundesrepublik Deutschland, erstellt worden, in der man sich erstmals nach dem Dritten Reich mit der Geschichte der psychiatrischen Versorgung beschäftigt hatte; und man hatte u.a. die Umstrukturierung der psychiatrischen Krankenhäuser auf den Weg gebracht. Auch in Weinsberg hatte man vieles modernisiert, u.a. das gesamte Dachgeschoß ausgebaut. Alles an Material war für die Beschäftigungstherapie vorhanden, aber niemand ging mit den Patienten dort hoch. Das habe dann ich gemacht. Ich gruppierte immer zehn bis fünfzehn Menschen und bin mit ihnen dort hochgegangen, habe mit ihnen Körbe geflochten oder Wäscheklammern zusammengesetzt, gemalt oder getöpfert. Auch Spaziergänge unternahm ich mit ihnen, wobei es nicht einfach ist, mit zehn bis fünfzehn verwirrten alten Menschen nach draußen zu gehen, denn bis sie sich angezogen haben, vergeht eine Menge Zeit. Aber diese Spaziergänge waren auch für mich selbst eine Gelegenheit, hinauszukommen.

Ich hatte mich auch mit einem Zivi angefreundet, der hin und wieder einen Bus besorgte. Und so sind wir mit den Verwirrten in die Stadt gefahren, hin und wieder auch ins Kino gegangen.

W.W.: Wußte man auf der Station, daß du aus dem Knast kamst?

D. Höhne: Nein. Ich war dort inkognito, meine Situation kannten nur der Anstaltsleiter und der Verwaltungsdirektor. Ich war offiziell als Krankenpflege-Praktikant eingestellt. Manchmal wurde ich abends eingeladen, aber ich habe mich dann mit verschiedensten Ausreden aus der Affäre gezogen. Diese Arbeit habe ich ein Jahr durchgeführt. Es war auch eine spannende Angelegenheit, denn als ausgebildeter Arzt sah ich, wie das Pflegepersonal mit den Patienten umging, und wie die Anweisungen der Ärzte befolgt wurden. An eine Situation erinnere ich mich ganz besonders. Der Chefarzt kam zur Visite. Weinsberg liegt in einer ländlichen Gegend, und eine der Patientinnen war eine Bauersfrau mit Kopftuch. Sie lebte 60 Jahre auf einem Bauernhof und wurde als gemeingefährlich in die Psychiatrie eingeliefert, weil sie nicht mehr in der Lage war, ihren Herd auszumachen. Sie landete dann plötzlich wie in Dantes Vorhölle in der Psychiatrie, zusammen mit 40 fremden Menschen. Und dann kam der Chefarzt zur Visite, stand vor ihr und riß ihr mit einem Ruck das Kopftuch vom Kopf.

W.W.: Warum?

D. Höhne: Weil sich das seiner Meinung nach nicht gehöre, dort mit einem Kopftuch zu sein. Und ich stand daneben, aber inkognito. Oder es wurden von ärztlicher Seite bestimmte Dosierungen von Medikamenten verordnet, aber das Pflegepersonal gab einfach die doppelte Menge.

W.W.: Wie wirkte der halbe Schritt in die Freiheit auf dich?

D. Höhne: Ich war noch sehr eingebunden in die Knast-Bedingungen, denn es war sehr genau vorgeschrieben, wann man den Knast verlassen konnte, wie lange man mit dem Bus zur Arbeitsstelle benötigte und wann man nach der Arbeit wieder im Knast zu sein hatte. Da waren nicht viele Freiheitsmöglichkeiten für mich vorhanden, und ich habe mich immer an die Vorgaben gehalten. Trotzdem habe ich es sehr genossen, die frische Luft etwas weiträumiger einatmen zu können. In der Mittagspause bin ich auch immer nach draußen gegangen und habe mich auf den Feldern ins Gras gelegt, habe mich von der Sonne bescheinen lassen oder bin anderweitig spazierengegangen. Es war eine privilegierte Situation, wenn auch unter strengen Maßregeln.

Ich hatte nichts mehr – nur noch mein Inneres

W.W.: Über die Aufhebung deiner Approbation haben wir nur am Rande gesprochen. Wann wurde sie dir abgenommen, und warum dauerte es so viele Jahre, bis du sie zurückerhieltest?

D. Höhne: In der Regel ist es so, daß man seine Approbation bei einer Straftat verliert. Meine verlor ich etwa zum Zeitpunkt des ersten Urteils. Meinen Führerschein hatte man mir auch abgenommen. Eigentlich hatte ich nichts mehr; nur noch mein Inneres. Die

Wiedererlangung meiner Approbation war deswegen so schwierig, weil der für mich zuständige Regierungsdirektor in Stuttgart sich geschworen hatte, daß der Höhne nie und nimmer seine Approbation zurückbekommen sollte. Während und nach der Knastzeit habe ich immer wieder bei ihm angefragt, aber er bestand darauf, daß ich nach dem Knast meine Bewährungszeit von drei Jahren erst zu Ende bringen müsse und daß wir erst danach wieder über eine mögliche Approbation reden könnten. Ich konnte also lange Zeit überhaupt nicht damit rechnen, die Approbation je zurückzuerhalten.

Erst nachdem ich 1982 eine Stelle in der Suchtklinik in Bredstedt, Nordfriesland, angeboten bekam, wandte ich mich wieder an das Regierungspräsidium in Stuttgart und erfuhr, daß der für mich zuständige Regierungsdirektor mittlerweile pensioniert war, so daß ich dann ab 1982 meine Approbation zurückerhielt. Sein Nachfolger war mir sehr wohlgesonnen und erteilte mir zuerst eine halbe Approbation. Das bedeutet, daß man zuerst unter einem Chef zu arbeiten hat, sich aber noch nicht selbst niederlassen darf. Diese halbe Approbation wurde mir für zwei Jahre erteilt; das war also wiederum eine Art Bewährungszeit für mich.

W.W.: Nach zwei Dritteln der Strafe, am 22.03.78, wurde die Reststrafe zur Bewährung von insgesamt drei Jahren ausgesetzt; du mußtest aber in Heilbronn wohnen. Wie fühltest du bei dieser Nachricht?

D. Höhne: Natürlich habe ich mich gefreut, aber eine genaue Erinnerung habe ich nach so langer Zeit nicht mehr an diesen Moment.

„Du bist gefeuert!"

W.W.: Nachdem du entlassen worden warst, arbeitetest du in den Psychosomatischen Kliniken in Wied, und zwar ab dem 16.04.78. Welche Tätigkeit übtest du dort aus?

D. Höhne: Diese Stelle war mir durch Heinz Kappes vermittelt worden. Wied war eine Suchtklinik. Ich arbeitete dort nicht als Arzt, sondern als Leiter des Jugendlichen-Drogenhauses. Für etwa 18 jugendliche Drogen- und Alkoholabhängige wurde ich als Therapeut eingesetzt. Das Konsortium, welches mich einstellte, war ziemlich skeptisch mir gegenüber, aber sie haben mir die Chance geboten. Sehr freudig darüber, endlich wieder therapeutisch arbeiten zu können, habe ich mit den anderen Sozialarbeitern das Gebäude – einen ehemaligen Landpuff mit Wolkenstores und rot-samtenen Wänden im Flur – umgestaltet. Wir entfernten die Inneneinrichtung, färbten Bettlaken ein und zogen sie als Gardinen auf, richteten einen Gruppenraum mit Matratzen ein, welche wir mit gebatikten Stoffen einnähten. Das war für die Jugendlichen eine sinnvolle Beschäftigung. Wir legten auch anfänglich einen Garten an, weil wir selbst Gemüse anbauen wollten. Im Grunde genommen lebte ich mit den anderen zusammen wie in einer Großkommune. Das ging aber nur knapp drei Monate gut.

Ursula und ich zogen von Heilbronn nach Wied um, und als wir mit dem Möbelwagen in Wied ankamen und ich in die Klinik ging, um einige zu bitten, mir beim Möbeltragen zu helfen, begegnete mir ein Sozialarbeiter und sagte mir ins Gesicht: *„Du bist gefeuert!"* Ich wurde zum Vorstand zitiert, der mir vorwarf, eine „chinesische Kommune" eingerichtet zu haben. Da alle Jugendlichen Jeans trugen, sah man sie als „z.B. während der Kindheit chinesische Ameisen" an. Auch warf man mir vor, mich nicht der bürgerlichen Therapie gemäß zu verhalten, obwohl ich vorher beim Vorstand das Konzept über meine zukünftige Arbeit eingereicht hatte. Aber die zwei geschäftsführenden Ehepaare in der Klinik kamen mit ihren Porsches vorgefahren, gingen durch die Räumlichkeiten, sprachen ihre Anmerkungen in ihre Diktiergeräte, und die Frauen weinten, weil die Wolkenstores abmontiert waren.

Ich blieb gefeuert, konnte aber noch aushandeln, daß ich zumindest noch im Nachtdienst in einem 40 km entfernten Klinikum eingesetzt wurde. Dies währte aber nur bis zum Ende der halbjährigen Probezeit, und danach war ich komplett arbeitslos.

W.W.: Gleichzeitig hattest du einen riesigen Berg von Schulden, u.a. die Studiengebühren der Bundeswehr sowie die Gerichtskosten. War dies nicht sehr erdrückend für dich und aus damaliger Sicht fast aussichtslos, alles abzubezahlen?

D. Höhne: Ja, 50.000 DM, das war in der Tat fast aussichtslos, und ich wußte nicht, wie ich aus diesem Loch je wieder herauskommen sollte. Mein Führerschein war ja auch weg; ich machte erneut die Fahrprüfung und bekam ihn nach einiger Zeit wieder. Ich bewarb mich an verschiedenen Kliniken, bekam aber ständig Absagen, denn mittlerweile hatte man eine Anfrage beim Verfassungsschutz durchgeführt, und fortan war ich den Arbeitgebern nicht mehr geheuer. Ich lebte vom Sozialamt. Teilweise haben uns auch meine Eltern unterstützt, und bei einem Freund konnte ich auf dem Bau arbeiten. So sind wir irgendwie über die Runden gekommen. Am 27.04.79 bekamen Ursula und ich eine Tochter, Mara.

„Arzt ohne Approbation und ohne Führerschein sucht Job"

W.W.: Am 01.09.79 bekamst du eine Stelle als Dozent bei der Rheinischen Akademie in Köln. Wie bist du an diese Stelle gelangt?

D. Höhne: In meiner Verzweiflung habe ich im Kölner Stadtanzeiger eine Anzeige aufgegeben: *„Arzt ohne Approbation und ohne Führerschein sucht Job"*. Der Leiter der Akademie rief mich an einem Sonnabend an und eröffnete mir, daß er einen Dozenten für medizinische Lehrfächer benötige. Im Vorstellungsgespräch erzählte ich ihm meine ganze Geschichte, die ihn aber nicht interessierte, denn er meinte, ich sei Arzt, das reicht, und wollte, daß ich unterrichte. Es war eine Einrichtung für ABM-Maßnahmen, die sich um die Langzeitarbeitslosen kümmerte; sie wurden für neun Monate zu diesen Maßnahmen verpflichtet. Während dieser Zeit bekamen sie Unterricht, den ich erteilte. Zuerst unterrichtete ich z.B. Deutsch für Ausländer, nichts Medizinisches. Später kamen dann MTAs und Arzthelferinnen hinzu, die aus dem Beruf heraus waren und wieder den Einstieg suchten. Bei ihnen mußte ich die medizinischen Lehrfächer unterrichten, zusätzlich Grundlagen der Physik, der Mathematik, der Chemie und vieler anderer Fächer. Das habe ich eindreiviertel Jahre gemacht.

W.W.: Du erwähnst in deinen Tagebüchern auch die Teufelsaustreibung an Anneliese Michels. Worin bestand hier dein Interesse?

D. Höhne: Einerseits interessierte mich diese Frau, weil einige Bilder von ihr während der Teufelsaustreibung sehr einem Bild von Ulrike Meinhof bei der Verhaftung ähneln. Andererseits habe ich die Wirkung der Hostie auch einmal erlebt, denn in meiner Zeit als Freigänger gab es einen Menschen, der meinte, vom Teufel besessen zu sein, und der immer wieder aufdringlichen Kontakt zu Ursula suchte. Aber sie konnte sich seiner nicht erwehren. Auf dem Boden in der Psychiatrie fand ich damals zwei Hostien, und als der Mann dann wieder einmal kam, hielten wir ihm diese Hostien entgegen mit der klaren Aufforderung: *„Geh!"*. Und das wirkte tatsächlich. Das war für mich auch wieder ein Hinweis, wie stark solche realen Symbole wirken können bzw. wie wirksam verschiedene Rituale sein können. Auch das Kreuz gehört dazu.

Der Rettungsanker in Bredstedt

W.W.: Wie kam es zu deiner Einstellung in den „Fachkliniken Nordfriesland" in Bredstedt?

D. Höhne: Abgesehen von der Anstellung in der Rheinischen Akademie in Köln war ich bis Ende 1981 arbeitslos und vollkommen frustriert. Ich war weitgehend an einem Nullpunkt, meine Ehe kriselte, beruflich gab es keine Perspektive, ich hatte Schulden ohne Ende; mit einigen Sannyasins ein Haus angemietet, in dem wir ein Bhagwan-Center aufmachen wollten, wir bauten um, die Heizung ging kaputt, Anfang Dezember. Eigentlich war alles nur noch Chaos.

Aber es lag schon einige Wochen ein Brief aus Bredstedt bei mir, auf den ich zuerst gar nicht reagierte. Der Leiter der Fachkliniken Nordfriesland hatte mich angeschrieben, weil er einen Assistenten brauchte und mich von früher kannte. Am 11. Dezember 1981 rief ich ihn dann an, und er forderte mich auf, sofort zu kommen, da in wenigen Tagen Vorstandssitzung sei und es noch drei andere Bewerber gebe.

In der dortigen Teamsitzung wurde ich dann zum 01.01.1982 eingestellt. Vorab fuhr ich noch schnell nach Stuttgart, wo mir die geteilte Approbation erteilt wurde. Inzwischen war auch schon mein Sohn Nathan geboren, aber meine Frau Ursula wollte definitiv nicht mit nach Norddeutschland kommen und lieber in dem von uns in Stahlhofen gegründeten „Zentrum für Selbsterfahrung und Meditation" weiterarbeiten; aber dieses Zentrum hatte nicht die geringsten Zukunftsaussichten. Meine Kolleginnen und Kollegen dort sahen mich zwar als Verräter, aber mir war es vollkommen klar, daß ich die Stelle in Nordfriesland keineswegs ablehnen konnte. Sie war mein Rettungsanker. Nach einer Versöhnung kam Ursula allerdings mit unseren Kindern Ostern 1982 nach Norddeutschland, und wir zogen zusammen.

W.W.: Im Laufe deiner Anstellung in Bredstedt bekamst du am 14.12.83 deine volle Approbation zurück. War dies wieder ein Sieg für dich in diesem Leben, genauso wie deine Anstellung in Bredstedt?

D. Höhne: Auf jeden Fall! Sehr schön war auch, daß der damalige Chef dieser Klinik, ein trockener Alkoholiker, sich meiner besonnen hatte, denn wir waren uns schon einmal im Allgäu begegnet. Er war auch mit Heinz Kappes befreundet. Er hat mir sofort alle Freiheiten eingeräumt. Zwar war er der Chef, aber ich war der andere Arzt in der Klinik. Weiterhin war dort ein Cheftherapeut angestellt, und zwar Günter Mazur (siehe Interview im FLENSBURGER HEFT 17), der schon damals eine Bioenergetik-Ausbildung hatte und mich sehr beeindruckte in der Art und Weise, wie er therapierte. Neben meinen ärztlichen Pflichten, die ich erfüllen mußte, konnte ich auch bei ihm mit in seine von ihm geleitete Gruppentherapie einsteigen und habe dann auch mit verschiedenen Patientengruppen tagelange Therapien, sogenannte Intensivtage, in Klanxbüll gemacht; alles mit den Methoden der Humanistischen Psychologie.

Aber etwa nach einem Jahr wurde der Chef der Fachkliniken abgelöst, und der neue Chef war ein klassischer Psychiater, der mir zwar eine Zeitlang ebenfalls freien Lauf ließ, und ich wurde Oberarzt und Stellvertreter. Ich hatte inzwischen meine Psychotherapeutische Ausbildung absolviert, eine Bioenergetik- und Gestaltausbildung gemacht, aber die Situation an der Fachklinik wurde für mich immer enger, mir wurden immer mehr die Flügel beschnitten, was letztendlich dazu geführt hat, daß ich nach sieben Jahren kündigte.

Erkenntnis der Ohnmacht

W.W.: Welche Erfahrungen hast du mit den Patientinnen und Patienten in Nordfriesland gemacht?

D. Höhne: Vor allem die, daß ich keinen Menschen vom Selbstmord abhalten kann, wenn der Betreffende dies wirklich will. In diesen sieben Jahren habe ich drei Selbstmorde erlebt. Einer war für mich besonders eindrücklich, weil es ein Patient war, mit dem ich das Aufnahmegespräch gemacht hatte. Im Eingangsbereich der Klinik hing ein Gong, den jeder in einer Notsituation betätigen konnte; das hieß „Spontan klopfen". Und wenige Stunden nach dem Aufnahmegespräch mit diesem Patienten ertönte dieser Gong. In einem solchen Fall mußten sich alle Patienten und Patientinnen sowie die Pfleger und Ärzte in einem Gruppenraum versammeln, um die jeweilige brisante Situation zu klären. In diesem Falle hieß es, daß dieser gerade von mir aufgenommene Patient von Selbstmordgedanken gesprochen hatte. Wir konnten es klären. Für die nächste Nacht ordnete ich eine Sitzwache an. Aber in dem Moment, in dem die Sitzwache einmal auf Toilette gehen mußte, erhängte er sich an der Heizung.

Einen anderen Patienten mußten wir eines Tages suchen und fanden ihn dann im Keller mit durchgeschnittener Kehle, und ein dritter hat sich vor einen Zug geworfen. Das sind Erfahrungen, die ich auch später als niedergelassener Therapeut mit einer Patientin machen mußte, die sich am Tag nach einer Sitzung umbrachte. So etwas passiert immer wieder, z.B. daß man Klienten aus der Klinik entläßt und sie sich dann doch gleich darauf vor den Zug werfen. Das ist eine Erkenntnis der eigenen Begrenzung und Ohnmacht; für einige Ärzte und Therapeuten eine narzißtische Kränkung ihrer Allmachtsvorstellungen.

Man kann aber das Schicksal eines anderen Menschen nur temporär beeinflussen, in einer aktuellen Krise helfen, aber letztendlich erlebt man sich als Therapeut immer wieder in seiner eigenen Begrenztheit. Daran kann man nur demütig werden. Man selbst ist nicht der Entscheider über das Leben eines anderen. Letztlich entscheidet jeder Mensch über sich selbst. Der sich an der Heizung erhängt hat, war ein pensionierter Polizist, der im Leben immer alles richtig gemacht hatte, dann aber einmal mit Alkohol am Steuer erwischt wurde. Das hat ihn so aus der Bahn geworfen, daß er nicht mehr leben wollte.

Auf dem Weg zum Sannyasin und zu Bhagwan/Osho

Bhagwan Shree Rajneesh oder Osho

© gemeinfrei unbekannt

W.W.: Du hast durch einen deiner Zellennachbarn Kontakt zu Bhagwan bzw. Osho bekommen. Wie ging das im einzelnen vor sich?

D. Höhne: Der Rumi-Gedichte zitierende Zellennachbar hatte schon seit längerem Kontakt zu Bhagwan und erweckte mein Interesse, und ich ließ mir aus einem Zentrum in München Schriften von Bhagwan kommen. Ich las sie, und sie erfüllten mich total. Es war genau das, was ich suchte! Es war zwar nicht *die* Erleuchtung, aber das Lesen der Texte war trotzdem eine Erleuchtung.

Nach meiner Knastzeit habe ich dann bei verschiedenen Gruppen mitgemacht, in denen ich teilweise auch schon von Sannyasins umgeben war. Während meiner dreijährigen Bewährungszeit hatte ich mehrere Freunde, die schon in Poona gewesen waren und als Sannyasins zurückkamen. Ich selbst fühlte mich innerlich auch schon als Sannyasin, aber ohne mich äußerlich zu outen. Poona war damals der Ort, an dem am fortschrittlichsten Therapie gemacht wurde. Ich wollte unbedingt dorthin, durfte aber während der dreijährigen Bewährungszeit Deutschland nicht verlassen. Auch wollte ich Osho selbst erleben. Trotzdem wollte ich Sannyasin werden. Meine Ehe war zerrüttet, ich selbst verzweifelt, und so lief ich von zu Hause weg, fuhr nach Köln in das Sannyas-Zentrum und eröffnete den dortigen Sannyasins, daß ich auch Sannyasin werden wolle. Sie stoppten allerdings meine eilige

Poona

Begeisterung und verwiesen mich an eine gerade beginnende Gruppe, an der ich eine Woche mitmachen mußte. Und in dieser Gruppe hatte ich mein erstes Satori.

W.W.: Was ist das?

D. Höhne: Das ist ein Begriff aus dem Zen und bezeichnet eigentlich ein kurzfristiges Erlebnis, eine kurzfristige Erleuchtung. In meinem konkreten Fall geschah es nach der Aufforderung, sich in der Gruppe spontan einen Partner zu suchen. Ich ging auf ihn zu, und da explodierte es in mir. Das war eine völlige Ekstase. Ich stand vor der ganzen Gruppe und mußte lachen und lachen und lachen, und ich konnte nicht aufhören zu lachen. Ich lachte unentwegt, alles übrige war wie weggelöscht. Ich war nur in dieser Ekstase.

W.W.: Wie erklärst du dir, daß dieser Zustand so plötzlich eintritt?

D. Höhne: Wenn man eine Woche in einer solchen sehr dichten Gruppensituation lebt, es war eine körpertherapeutisch orientierte Gruppe, geschieht sehr viel mit einem. Man wird dadurch für einen solchen Zustand offen. Die ganze Gruppe stand dabei um mich herum und schaute mich nur an. Begleitet war dies von einem unendlichen Glücksgefühl.

Anschließend ging ich in das Büro und wollte meinen Antrag ausfüllen, um Sannyasin zu werden, aber sie hielten mich einige Zeit hin, um auch meine Ernsthaftigkeit zu prüfen. Aber nach etwa einer Woche konnte ich das Formular ausfüllen, das dann nach Poona ging. Eine Antwort dauerte normalerweise vier bis sechs Wochen. Für eine Werbefirma machte ich währenddessen einige Befragungen, um mir etwas Geld zu verdienen.

Ein neuer Name

Nach einigen Wochen, im Jahr 1981, kam dann die Nachricht aus Poona mit einem neuen Namen für mich, nämlich Turiyananda. Im Zentrum in Köln wurde dann ein Darshan für mich durchgeführt. Das ist eine Art Taufe, ein Fest, zu dem alle anwesenden Sannyasins sich versammeln. Ab diesem Zeitpunkt war ich also Sannyasin.

W.W.: Was bedeutet das genau?

D. Höhne: Man verpflichtete sich, orangerote Kleidung zu tragen; zumindest war dies damals so. Außerdem mußte man die Gebetskette, die Mala, tragen.

W.W.: Hast du das gemacht?

D. Höhne: Ja. Gleichzeitig gab es verschiedene internationale Treffen in Amsterdam und in Berlin mit tausenden Sannyasins, an denen ich teilnahm. Unser „Zentrum für Selbsterfahrung und Meditation" nannten wir dann auch um in „Osho-Zentrum". In der damaligen Zeit sah man auch überall diese Sannyasins in der orangefarbenen Kleidung herumlaufen.

W.W.: Als du in Nordfriesland ankamst, tratst du dort in der Sannyasin-Kleidung auf?

D. Höhne: Ja, damals war das kein Problem. Man sah damals überall sogar Lehrer als Sannyasins. Das war damals nichts Ungewöhnliches. Ich habe sogar meine gesamte psychotherapeutische Ausbildung in Bad Segeberg in der Sannyasin-Kleidung gemacht. Das war damals möglich.

Sannyasin 1981

© FH Archiv Höhne

W.W.: Und wie lange ging das in der Klinik gut?

D. Höhne: Osho hatte eine Prophezeiung in bezug auf Aids gemacht, auch wie man sich vor Aids schützen könne. Diese Erklärung hängte ich ans Schwarze Brett in der Klinik. Aber das paßte dem Verwaltungsleiter nicht. Die Klinik in Nordfriesland war in einem Wirtschaftsverband mit dem Diakonischen Werk, und damals begann bereits in den kirchlichen Einrichtungen die Propaganda gegen die Sannyasins. Ich durfte fortan nicht mehr die Mala und die Kleidung tragen, mußte zusätzlich unterschreiben, daß ich mich jeder aktiven und passiven Missionierung enthalten würde, was ich aber ohnehin nicht gemacht hatte.

Osho hatte selbst einige Jahre später gesagt, daß man es mit der Kleidung und der Mala lassen solle, weil man damit zu viel Streß in der Gesellschaft hatte.

W.W.: Warum hast du einen anderen Namen bekommen?

D. Höhne: Das ist eine östliche Tradition, damit bekennt man sich als Schüler. Wenn man in ein christliches Kloster eintritt, bekommt man ebenfalls einen anderen Namen. Dieser Name hat für einen selbst eine Art Zielvorstellung. Mein Name Turiyananda bedeutet das vierte Stadium der Glückseligkeit, orientiert an der Vorstellung körperlich, emotional, mental, spirituell.

W.W.: Konntest du ihn aussuchen?

D. Höhne: Nein, er wurde mir selbst von Osho gegeben. So hat er es mit jedem Sannyasin gemacht. Viele hatten ihren Darshan in Poona selbst, aber ich konnte wegen meiner Bewährungszeit nicht nach Indien reisen. Allerdings wollte ich Osho unbedingt persönlich erleben! 1981 ging er in die USA. Ich mußte nun also in die USA reisen, in die Hochburg des Kapitalismus, wohin ich nie und nimmer wollte!

Osho schwieg die ganze Zeit

Ursula, Dietmar, Mara, Nathan in Oregon 1983

Mandir als große Versammlungs- und Zeremonienhalle für Bhagwan und seine Sannyasins in Rajneeshpuram, Oregon. Länge 140 m, Breite 65 m. Jahr:1982

W.W.: Wie verlief deine Reise nach Oregon?

D. Höhne: 1983 flog ich mit Ursula und den Kindern in die USA; alle drei wurden auch Sannyasins. Nach der Landung fuhren wir mit dem Bus zum Areal der Sannyas-Kommune – ein Areal etwa so groß wie ganz Schleswig-Holstein; sogar mit eigenem Flugplatz. In diesem Areal lebten tausende von Sannyasins und arbeiteten von morgens bis abends. Jedes Jahr gab es die Festivals, zu denen dann etwa 13.000 Sannyasins aus aller Welt kamen. Allein die Organisation der Küche, für so viele Menschen Essen zu bereiten, war schon enorm.

W.W.: Hatte Osho dieses Areal gekauft?

D. Höhne: Sheela, seine persönliche Sekretärin, und andere Sannyasins hatten dort eine Ranch gekauft und wollten dort die Kommune aufbauen. Die amerikanischen Sannyasins hatten Geld ohne Ende, und viele arbeiteten an der Ausgestaltung der Infrastruktur um die Ranch herum. Allein die Meditationshalle war so groß wie eine Flugzeughalle.

Vormittags saßen wir in der Halle, Osho betrat den Saal, nahm Platz und schwieg. Er schwieg die ganze Zeit. Immer! Lediglich einige Sannyasins rezitierten zu seinen Füßen einen Sanskrit-Text, andere spielten etwas Musik. Osho fuhr auch immer mit seinem Rolls-Royce über das Gelände, und wir standen an der Straße und haben ihm dabei zugewunken. Sämtliche der etwa 120 Rolls-Royce waren Geschenke der Sannyasins. Die vier Jahre in Oregon sprach er kein einziges Wort. Er hat sich immer nur in die Meditationshalle gesetzt, während Sheela das Regiment führte.

Ein faschistisches Regime errichtet

Sie hat wirklich Regiment geführt, und sie war die problematische Person an seiner Seite. Sheela und ihre Vertrauten wollten auf die Kommunalwahlen Einfluß ausüben, was in der Region zu ziemlichen Streßsituationen führte. Sheela hat ihre Macht sehr egoistisch und rücksichtslos ausgenutzt. Und da sie als Sekretärin von Osho galt, glaubten die meisten, daß alle ihre Anweisungen auch von Osho kämen. Deswegen haben sich alle immer gefügt.

Osho hat den Frauen sehr viel Einfluß zugesprochen. Bestürzend war allerdings, daß die Frauen ein ebenso faschistisches Regime aufbauten wie die Männer anderweitig. Sheela hatte in dem ganzen Gefüge ihr eigenes Netzwerk und ihr gleichsam faschistisches Regime ausgebaut. Sheela hatte z.b. Busse in die umliegenden Großstädte geschickt, die dann mit tausenden Obdachlosen zurückfuhren, mit dem Plan, daß diese an der Kommunalwahl mitstimmen sollten; was aber letztendlich nicht klappte, da sie keine Registrierung für die Kommunalwahl bekamen. Zusätzlich hatte Sheela überall in den Anlagen Abhöranlagen installiert, sogar in Oshos eigenem Haus.

Letztendlich brach Osho sein Schweigen auf einer Pressekonferenz im Herbst 1985, auf der er Sheela verschiedener Verbrechen bezichtigte, was letztendlich zur Verhaftung und Verurteilung von Sheela und vielen ihrer Mitarbeiterinnen führte. Sheela und ihre Mitarbeiterinnen sollen sogar in verschiedenen umliegenden Restaurants Salmonellen ins Essen gemischt haben. Osho selbst wurde auch kurzfristig festgenommen und mußte die USA verlassen.

W.W.: Hattest du keine Kritik an ihm – z.B. angesichts der zahlreichen Autos, während gleichzeitig viele Sannyasins unter sklavenähnlichen Bedingungen dort arbeiteten, d.h. angesichts der fehlenden Trennung von Religion und Staat?

D. Höhne: Nein. Wesentlich für mich war, daß er einfach alles geschehen ließ, mit absoluter Toleranz. Er hat zwar im nachhinein über alles gesprochen, aber das äußere Ambiente hat er nicht bestimmt. Das Experiment in Oregon war sehr eindrücklich. Er saß nur da und ließ alles geschehen. Eigentlich hat er uns nur einen Spiegel vorgehalten: Ihr wollt die Weltverbesserer sein, aber was errichtet ihr – ein faschistisches Regime!

W.W.: Er hat also den Versuch gemacht, den Menschen zu zeigen, daß sie definitiv schlechte Bereiche in sich haben, die zu einem solchen faschistischen Regime führen?

D. Höhne: Genau. Das ist aber nur eine Deutung von mir. Bedeutsam ist, daß auch die Frauen dies so eingerichtet haben. Und es war nicht nur Sheela, sondern auch viele ihrer Mitarbeiterinnen.

Weinend ließ ich mein ganzes Leben hinter mir

W.W.: Hast du Osho auch etwas dichter und im kleineren Rahmen erlebt?

D. Höhne: Ja. Ich habe ihn leibhaftig erlebt, und vor allem habe ich seine unendliche Liebe gespürt.

W.W.: Kannst du das etwas näher beschreiben?

D. Höhne: Ich bin einfach nur in Tränen ausgebrochen; schon bei meinem ersten Besuch in der großen Halle. Es reichte mir, ihn einfach so zu erleben, um in Tränen auszubrechen. Ein Jahr später war ich noch einmal allein in Oregon. Anfang der 90er – Osho war wieder in Poona – hatte ich meine dritte Begegnung mit ihm. Und bei dieser bin ich ihm sehr viel näher gekommen.

Osho lebte dort sehr zurückgezogen in einem kleinen Haus mit einem kleinen Raum, in den nur 20 bis 30 Personen hineinpaßten. Dort habe ich zu seinen Füßen gesessen. Nachmittags gab es zusätzlich eine Veranstaltung von ihm in einer größeren Meditationshalle, in der er auch gesprochen hat. Er sprach immer zwei Stunden flüssig aus dem Stegreif.

W.W.: Kannst du etwas genauer beschreiben, wie diese Begegnung im kleineren Rahmen auf dich wirkte?

D. Höhne: Das war ungeheuer intensiv. Er saß in dem kleinen Raum etwa zwei Stunden, in absoluter Ruhe, mit geschlossenen Augen, ohne sich zu bewegen. Er saß einfach nur da. Ganz bei sich, ganz in sich. Schweigend. Wenn man ihm so gegenübersitzt, taucht man in die Stille mit ein, taucht in die Atmosphäre mit ein. Das ist ein sehr anrührendes Erlebnis. Und wenn man bei ihm von einer Aura sprechen will, so kann ich bestätigen, daß diese Aura mehrere 100 Meter im Umkreis vorhanden war und daß man sich dieser Aura gar nicht entziehen konnte.

W.W.: Wie war es für dich, nach so langer Zeit, nach so vielen Katastrophen, nach so vielen Jahren der Unfreiheit, in Poona loslassen zu können?

D. Höhne: Eigentlich ließ ich mein ganzes Leben hinter mir. Ich war vier Wochen im Ashram, und in diesen vier Wochen habe ich fast nur geweint. Eigentlich wollte ich alle Meditationsgruppen mitmachen, konnte aber fast nichts, lag den ganzen Tag auf einer Bank und habe nur geweint. Ich habe dort gelegen und in den Himmel geschaut und geweint. Natürlich habe ich zu realisieren versucht, in was für einem Prozeß ich mich befinde, und dabei kamen mir vergleichbare Bilder, daß ich mich wie in einem Sterbeprozeß befinde, daß ich alles loslassen müsse oder auch daß ich mich wie bei einer Geburt fühle, daß die Wehen einsetzen und ich mich nicht dagegen wehren kann, und ich mußte durch diesen Trichter, den Geburtskanal, hindurch, ob ich wollte oder nicht. Natürlich hatte ich auch Angst, wie ein reifer Apfel am Baum, bevor er fällt, denn ich wußte nicht, wie weit der Fall ins Bodenlose gehen würde. Alle diese Bilder haben mir aber auch geholfen, mir meinen eigenen Prozeß verständlich zu machen.

Nach diesen vier Wochen im Jahr 1987 kehrte ich durchaus innerlich gestärkt zurück nach Nordfriesland, war aber noch nicht in der Lage, in der Klinik zu kündigen. Das dauerte noch etwa ein dreiviertel Jahr. Aber was ich in Poona wirklich gelernt habe, ist, absolut loszulassen. Das kann ich. Und natürlich weiß ich, daß ich eines Tages sterben werde. Dann werde ich loslassen können; ärgerlich ist nur, daß ich nicht mehr bis zu diesem Todesmoment alles das lesen kann, was ich noch lesen möchte. Denn meine Neugier ist weiterhin unbegrenzt. Aber vielleicht kann ich ja im nächsten Leben weiterlesen.

Der Meister zeigt auf den Mond

W.W.: Wie ist es heute: Bist du immer noch Sannyasin?

D. Höhne: Ich kann immer noch alles unterschreiben, was Osho gesagt hat. Ich kann mich auch mit seiner Liebe verbinden. Aber es ist nicht mehr das, was mein Leben ausfüllt. Mittlerweile fühle ich mich mit Christus sehr viel mehr verbunden. Aber das ist auch etwas, was Osho den Menschen mitgegeben hat, daß er als Meister auf den Mond zeigt. Er ist nicht der Mond, sondern nur der Meister, der auf den Mond zeigt, also ein begleitender Gefährte, ein Bergführer, ein Fährmann, der die Menschen über den Strom setzt. So gesehen hat Osho in meinem Leben eine sehr wichtige Funktion gehabt, so wie davor Friedrich Könekamp und Heinz Kappes. Und ich habe bestimmt zwei Meter Osho-Literatur, alle seine Diskurse, in denen er z.B. auch über alle deutschen Mystiker gesprochen hat. Alle diese Menschen hat er mir noch einmal neu nahegebracht, auch Christus.

Und ich habe von ihm die Liebeserfahrung eines lebenden Menschen gespürt. Wenn ich mich mit Christus verbinde, so ist dies ein übersinnliches Wesen, aber Osho saß in Fleisch und Blut vor mir. Ich brauche nur an ihn zu denken und spüre sofort wieder seine unendliche Liebe, in der man einfach nur zerfließen kann. Er strahlte so viel Liebe aus, ohne irgendeinen Vorbehalt.

Andeutungsweise habe ich das auch bei Bert Hellinger und bei Krishnamurti erlebt. Krishnamurti habe ich noch live erlebt. Auch er strahlte diese Liebe aus. Vor einigen Jahren habe ich Bert Hellinger auch im Rudolf-Steiner-Haus in Hamburg bei einem Vortrag erlebt, und auch da hatte ich dieses Erlebnis: Er kommt auf die Bühne, setzt sich auf einen Stuhl, schließt die Augen und strahlt eine ungeheure Ruhe aus.

W.W.: Da Osho u.a. auch über alle deutschen Mystiker gesprochen hat: Woher hatte er dieses Wissen?

D. Höhne: Ursprünglich hatte er Philosophie studiert und auch Philosophie unterrichtet. Er soll ungeheuer viele Bücher pro Tag gelesen haben; auch wenn dies eine Zuschreibung ist. Ich selbst kann es nicht beurteilen, aber ich habe immer wieder erlebt, wie er spricht, wie er zitiert, wie er über alle Philosophen und Mystiker spricht – und er hat wirklich niemanden ausgelassen. Über Rudolf Steiner hat er natürlich auch gesprochen.

Ungeheure Befreiung

W.W.: Wann hast du dich als Arzt für Psychotherapie niedergelassen?

D. Höhne: Im Jahr 1989. Die psychotherapeutische Ausbildung hatte ich in Bad Segeberg absolviert; die Facharztausbildung für Psychosomatik und Psychotherapie habe ich im weiteren Verlauf meiner Niederlassung durchgeführt.

W.W.: Welche weiteren Ausbildungen hast du bis zum heutigen Tag gemacht?

D. Höhne: Bioenergetik und Gestalt, Systemische Ausbildung, Transaktionsanalyse, Alterspsychotherapie, Familien- und Systemaufstellungen sowie Reinkarnationstherapie. Inzwischen bin ich Lehrtherapeut für Systemaufstellungen, führe Aufstellungsseminare durch und mache Weiterbildungen in Systemaufstellungen.

W.W.: Wie war es für dich, als du – vermutlich im Laufe deiner Anstellung in Nordfriesland – allmählich deine Schulden los wurdest und finanziell allmählich freier atmen konntest?

D. Höhne: Das Abarbeiten der Schulden war nicht einmal das Vordergründige, sondern vielmehr der Schritt zur Selbständigkeit. Die Zeit in der Klinik in Bredstedt empfand ich zunehmend als Beschneidung meiner Flügel. Und mit der Entscheidung, in die Selbständigkeit zu gehen, erlebte ich eine ungeheure Befreiung. Diese neue Beflügelung habe ich als etwas sehr Energetisches erlebt, obwohl es natürlich auch von der Angst begleitet war, in die totale Ungewißheit zu gehen. Denn Ende der 8oer Jahre war es für Ärztinnen und Ärzte sehr ungewöhnlich, zumindest in Schleswig-Holstein, sich mit dem Zusatztitel Psychotherapie niederzulassen. Es war schon ein gewagter Schritt, sich nach sieben Jahren Eingebundenheit und Sicherheit in einem Klinikzusammenhang eigenständig niederzulassen. Aber der Impuls, meinem Inneren zu folgen, war einfach stärker. Meine Angst bezog sich auch darauf, ob überhaupt Patienten zu mir kommen würden und ob ich überhaupt genug verdienen könnte. Ich mußte auch eine Praxis einrichten, ein Existenzgründungsdarlehen aufnehmen, also wiederum Schulden machen. Gleichzeitig war es immer von der Verantwortung begleitet, die ich immer in mir spüre, allen meinen Aufgaben gerecht zu werden und mir keinen faulen Lenz zu machen. Ich wollte voll arbeiten, wie jeder andere Arbeitnehmer, jede andere Arbeitnehmerin auch. Deswegen startete ich mit vollem Einsatz – neben der laufenden Praxis mit Selbsterfahrungsgruppen und mit Bioenergetikgruppen, was nach sieben Jahren dazu führte, daß ich zusammenbrach.

W.W.: Wegen zu großem Arbeitseinsatz?

D. Höhne: Ja. Das war aber zugleich auch heilsam für die Erkenntnis der eigenen Grenzen. Denn Psychotherapie in niedergelassener Praxis ist etwas anderes, als wenn man nur in einer Klinik angestellt ist. In einer Klinik hat man einen strukturierten Tagesablauf, der in keiner Weise vergleichbar anstrengend ist wie der Tagesablauf in einer eigenen Praxis, wie ich sie führte. Meine Praxis lag im 3. Stock, und ich kann mich gut entsinnen, wie ich in den ersten beiden Jahren oft mit wackligen Knien am Abend die Treppe heruntergestiegen bin und im ersten Moment glaubte, ich würde MS bekommen. Mittags traf ich mich immer mit einem Freund in einer kleinen Kneipe, wo ich auch einige Male einfach vom Hocker gefallen bin. Das war schon eine spannende Erfahrung. Denn plötzlich hatte ich für alles die Verantwortung – von der Praxiseinrichtung über die Sekretärin, die Finanzen bis hin zu jedem therapeutischen Fall.

W.W.: Wie war die Übergangsphase von der Anstellung in der Klinik zur eigenen Praxis? Hast du es vorübergehend parallel laufen lassen?

D. Höhne: Nein. Ich habe zum Jahresende gekündigt, und dann habe ich – so ist es von der Kassenärztlichen Vereinigung vorgeschrieben – ein halbes Jahr in der Praxis eines anderen Arztes gearbeitet, um mich mit den Abläufen vertraut zu machen. Dies habe ich in der Praxis eines Kollegen in Nordfriesland gemacht, und mittags bin ich immer nach Flensburg gefahren und habe die Bauarbeiten in den zukünftigen Praxisräumen beaufsichtigt. Die Kündigung in der Klinik war Ende 1988. Am 01. Juli 1989 begann ich in der eigenen Praxis.

W.W.: Hast du schnell Patientinnen und Patienten gefunden?

D. Höhne: Ja, meine Praxis war von vornherein überlaufen. Es gibt immer genügend Menschen, die Psychotherapie in Anspruch nehmen wollen. Und das ist bis zum heutigen Tag so. Seit 2009 habe ich allerdings keine kassenärztliche Zulassung mehr, und seitdem ist es etwas ruhiger geworden. 2008 galten noch die Altersregelungen, und ich mußte den Kassensitz abgeben; wobei ich noch ein Jahr Zuschlag bekommen habe. Denn es gibt eine Niederlassungsgarantie von 20 Jahren. Seit 2009 kann ich also nur noch Privatpatienten behandeln. Seit einem Jahr erklären sich allerdings auch die gesetzlichen Krankenkassen in Ausnahmefällen wieder bereit, die Kosten für Kassen-Patienten zu übernehmen, wenn diese nachweisen können, daß sie bei keinem Kassentherapeuten unterkommen konnten. Denn die Nachfrage ist sehr viel größer als das, was die Therapeutinnen und Therapeuten leisten können.

Systemaufstellungen

W.W.: Kannst du einmal die Systemaufstellung bzw. Familienaufstellung in ihrer Systematik und ihrem Ablauf darstellen?

D. Höhne: Wenn man sich die Entwicklungsgeschichte der Psychotherapie anschaut, dann hat man im Laufe der Zeit festgestellt, daß eine zu eng betrachtete persönliche Biographie oft keine ausreichende Erklärung für die jeweilige Problematik liefert und man in die Familiengeschichte schauen muß. Man hatte schon früher z.B. festgestellt, daß dann, wenn ein Elternteil früh verstorben war, die überlebenden Kinder es sehr schwer im Leben haben konnten, z.B. schwere Krankheiten bekommen, depressiv werden, u.a., wobei man heraus gefunden hat, daß solche Menschen oftmals eine unbewußte Überlebensschuld in sich tragen, ein Schuldgefühl, daß sie selbst am Leben geblieben sind. Man fühlt sich z.B. schuld am frühen Tod der Mutter und verbietet sich unbewußt ein gutes Leben. Das läuft unbewußt ab, aber auf der Realebene hat es dann entsprechende Auswirkungen.

Das kennt man auch auf der bewußten Ebene, z.B. dann, wenn eine Gruppe von Menschen verunglückt, einige zu Tode kommen und andere überleben; dann machen sich die Überlebenden häufig Vorwürfe, daß sie z.B. nicht genügend geholfen haben. Oder wenn Eltern und Kinder zusammen verunglücken und die Kinder sterben, dann werden die Eltern nicht mehr froh. So etwas kann auch gegenüber früh verstorbenen Geschwistern vorkommen, wie z.B. bei meinem älteren Bruder, der schon zwei Tage nach der Geburt starb. Ich war dann der nächste, der auf die Welt kam. Da kann man sich vorstellen, daß meine Mutter schon während der Schwangerschaft Ängste hatte, ob nun dieses Kind – also ich – überleben würde. Und wir wissen heute, daß man während der Embryonalzeit alles von dem mitbekommt, was die Mutter empfindet.

Mit dieser Angst bin ich also persönlich herangewachsen. Gleichzeitig mit der unbewußten Überlebensschuld, daß mein Bruder gestorben war, ich selbst aber am Leben geblieben bin. Zum Preis seines Lebens habe ich selbst mein Leben erhalten, das klingt nicht vernünftig, aber so läuft es unbewußt ab. Wie schon geschildert, bin ich ja mehrfach in meinem Leben – sowohl in der Kindheit als auch später – an die Grenze des Todes bzw. in lebensbedrohliche Situationen gekommen, oder habe mich hineinmanövriert; aber mein Schutzengel hat mich stets gerettet. Dieser Dynamik in meinem eigenen Leben bin ich erst später bei der Ausbildung zum Systemaufsteller auf die Spur gekommen. Es ist mir also erst später bewußt geworden, was ich unbewußt in meinem Leben mit mir herumgetragen habe und was mich immer wieder in Todesnähe gebracht hat, ich sogar provoziert und gesucht habe.

Das Prinzip der Aufstellung ist uns aus z.B. einer Mannschaftsaufstellung bekannt. Bei einer solchen Aufstellung hat jeder seinen Platz, und jeder Platz ist durch eine bestimmte Aufgabe definiert. Das Ganze kann nur dann funktionieren, wenn jeder seine Position ausfüllt. Der einzelne definiert sich durch seine Zugehörigkeit und unterliegt einer festgelegten Ordnung und bestimmten Regeln und Gesetzen. Ähnliches können wir für andere Systeme oder auch in der Familie beobachten. Eine intuitiv nach unserem inneren Bild aufgestellte Familie mit kleinen Figuren oder mit Personen als Stellvertreter für die Familienmitglieder gibt schon aus der Betrachtung, einer zunächst räumlichen Beschreibung der Stellung der einzelnen Personen zueinander, Aufschluß über die Beziehungsstrukturen, wie nah und wie fern man sich steht, und ermöglicht Rückschlusse auf die jeweilige Beziehungsdynamik.

Bei einer Familienaufstellung will ich Dynamiken auf die Spur kommen, also herausfinden, was den einzelnen Menschen möglicherweise unbewußt prägt. Man findet z.B. bei Menschen, die einen helfenden

Beruf ausüben, oftmals auch eine Dynamik gegenüber Schuld. Wenn jemand z.B. in einem System Schuld auf sich geladen hat, dafür aber nicht geradegestanden ist, dann fühlt sich oft jemand anderes in diesem System verantwortlich, um diese Schuld wieder auszugleichen, weil ja sonst das System als Ganzes damit befrachtet bliebe. Nur geschieht das meist unbewußt, zeitigt aber entsprechende Folgen.

In meiner Jugend wollten z.B. viele Jugendliche nach Israel in einen Kibbuz gehen, um dort zu arbeiten. Aber was hatten sie dort vordergründig zu suchen? Unbewußt wollten sie sicherlich vieles gutmachen, was die Generation ihrer Eltern während des Dritten Reichs angerichtet hatte.

Auch gibt es eine Dynamik gegenüber ausgestoßenen oder totgeschwiegenen Familienmitgliedern, die sich darin zeigt, daß man sich mit deren Schicksal identifiziert. Das geschieht z.b., wenn einer der Elternteile früher in einer anderen Partnerschaft gelebt hat. Wenn der Vater z.B. eine frühere Frau mit Kind hatte, dann ist es nicht selten, daß sich die Tochter aus der nächsten Verbindung unbewußt mit der früheren Partnerin des Vaters identifiziert, unbewußt ihre Stelle an der Seite des Vaters einnimmt, sich zu einer typischen Vater-Tochter entwickelt, sich als Vertraute anbietet; diese Tochter geht aber selbst keine festen Beziehungen ein, tut jedoch vieles, um dem Vater nahe zu sein, einmal, um ihn möglicherweise wegen des Verlustes zu trösten – es war vielleicht die erste große Liebe- oder im Versuch, den Platz der früheren Partnerin präsent werden zu lassen.

Solche unbewußten Dynamiken kann man bei einer Aufstellung herausfinden, zumal die Stellvertreter Wahrnehmungen der vertretenen Familienmitglieder haben, die denen selbst nicht bewußt sind, ein Phänomen, das inzwischen vielfältig erforscht wurde.

Der Symptomträger ist wie ein Seismograph

Vorreiter für solch eine erweiterte Sichtweise waren zum einen die Familientherapeuten, z.B. in Italien, die für Sitzungen die gesamte Familie einluden. Man gab dann dem Symptomträger als erstes das Wort. Er durfte aussprechen, was ihn bedrückt; abgeleitet aus dem Verständnis, daß er nicht der Schwächste, sondern der Stärkste in einem System ist, weil er durch seine Symptomatik dafür sorgt, daß durch den Therapeuten eine Außenwahrnehmung ins System hineinkommt und den anderen Familienmitgliedern die Möglichkeit gegeben wird, sich zu äußern. Der Symptomträger selbst ist wie ein Seismograph, der zum Ausdruck bringt, daß in dem jeweiligen System etwas nicht in Ordnung ist.

Figuren auf dem Familienbrett aufstellen

Dann gibt es das von Jacob Levy Moreno entwickelte Soziogramm, der die graphische Darstellung innerhalb von Gruppenbeziehungen entwickelt hat. Man stellt sich z.b. selbst in die Mitte und beschreibt dann, in welcher Entfernung man zu den anderen Mitgliedern einer Gruppe steht. Das ist dann zuerst einmal eine Aufstellung auf dem Papier. Etwas Ähnliches haben die Kindertherapeuten entwickelt; wenn z.b. die Eltern mit einem Kind zum Therapeuten kommen. Man hört sich dann einerseits an, was die Eltern zu sagen haben, möchte aber auch gerne hören, was das Kind zu sagen hat, was es bedrückt. Man schickt dann die Eltern hinaus und versucht, dem Kind etwas zu entlocken. Das ist aber oft schwierig, da das Kind noch keine Begriffe hat und meist auch nichts Negatives über die Eltern sagen möchte. Dann hat man z.b. eine Spielecke mit Steifftieren und bittet das Kind, aus diesen Tieren den Vater, die Mutter, die Geschwister oder die Großeltern usw. herauszusuchen. Dann sucht das Kind z.b. für die Mutter ein Krokodil, für den Vater ein Schäfchen und für sich selbst eine kleine Maus aus. Wenn ich so etwas durchführe, dann lasse ich das Kind damit spielen und sehe z.b., daß das Krokodil immer das Schäfchen beißt, manchmal auch die Maus. Wenn ich so etwas sehe, bekomme ich schon einmal Aufschluß darüber, was in dieser Familie an Beziehungsdynamiken läuft.

Die Familientherapeuten haben sich im Laufe der Entwicklung ein sogenanntes Familienbrett zugelegt; von der Größe eines Schachbretts mit kleinen Figuren. Auch hier wird z.b. das Kind aufgefordert, sich verschiedene Figuren für Papa und Mama, Geschwister und sich selbst auszusuchen, und diese Figuren aufzustellen. Jetzt vollzieht das Kind eine Aufstellung, ohne zu wissen, was es da tut. In einem Extrembeispiel stellt es z.b. die ganze Familie in eine Gruppe zusammen, sich selbst aber in die gegenüberliegende Ecke. Dann muß ich nicht therapeutisch ausgebildet sein, um zu erkennen, was sich hier offensichtlich zeigt, also daß sich das Kind den anderen nicht zugehörig fühlt. Zugehörigkeit ist ein wesentliches Kriterium für Systeme, für ein Kind in besonderer Weise überlebenswichtig. In Systemen fühlt man sich entweder zugehörig oder nicht zugehörig. Wenn man sich nicht zugehörig fühlt, dann stimmt irgend etwas nicht.

Ich kann dann mit dem Kind probieren und es auffordern, sich neben die Mama zu stellen. Dann könnte z.b. ein Widerwillen entstehen, indem das Kind dies nicht will. Wenn man dann das Kind auffordert, sich neben den Papa zu stellen, ist der Widerstand vielleicht nicht so groß. Dadurch bekomme ich ein Bild über die Beziehungsdynamik zwischen dem Kind und der Mutter und dem Kind und dem Vater. Dann kann ich die Eltern wieder zum Gespräch hereinholen.

W.W.: So etwas machst du mit einzelnen Klienten in einer Einzelsitzung?

D. Höhne: Eher selten, da ich lieber in einer Gruppensituation mit Stellvertretern Aufstellungen mache.

Familienaufstellung mit Stellvertretern

W.W.: Und wie geht dies mit Stellvertretern?

D. Höhne: Dafür gibt es verschiedene Modelle. Ich kann als Patient z.b. mit Stellvertretern eine Familie gemäß meinem inneren Bild aufstellen, dem Bild, das ich von meiner Familie habe. Letztlich ein Beziehungsbild. Man stellt die Personen so im Raum auf, wie man meint, daß sie zueinander stehen. Dann hat man ein erstes Aufstellungsbild als räumliche Anordnung. Das gibt dann schon einen ersten Aufschluß, wie die Personen zueinander stehen. Beispielsweise steht da jemand abgewandt, mit dem Gesicht nach außen – ein möglicher Hinweis darauf, daß er das System verlassen will.

Antennen im Informationsfeld

W.W.: Aber kritisch wird es doch dadurch, daß diese Stellvertreter jetzt plötzlich verschiedene Wahrnehmungen haben und man überhaupt nicht weiß, woher diese kommen.

D. Höhne: Ja, an diesem Punkt wird es ein wenig geheimnisvoll. Die Stellvertreter haben Wahrnehmungen für die Personen, für die sie stehen. Da greift aber kein Wesen ein, sondern es ist verstehbar unter dem Annahme, daß dieses innere Bild meiner Familie sich zusammensetzt aus alldem, was ich bewußt und unbewußt in meiner Familie erlebt, erfahren oder erzählt bekommen habe, vergleichbar einer Datei auf meiner inneren Festplatte, die ich in die Verkörperung bringe. Eine Datei ist ein Informationsgefüge, und mein inneres Bild ist eine Ansammlung von Informationen.

W.W.: Aber die Stellvertreter wissen doch nichts über die Personen, für die sie stehen. Also läuft dort doch etwas unbewußt ab.

D. Höhne: Sie müssen auch nichts über diese Personen wissen. In dem Moment, in dem man etwas in die Verkörperung bringt, ist dieses Informationsfeld bzw. dieses wissende Feld präsent. Die Personen stehen gewissermaßen wie Antennen in diesem Informationsfeld.

W.W.: Aber dieses wissende Feld, in welches diese Personen als Antennen eintauchen, kann doch ein Wesen sein, welches in diesem Moment eingreift, ohne daß die Menschen dies bewußt durchdringen.

D. Höhne: Die Stellvertreter haben in der Tat eine Wahrnehmung für die Person, für die sie stehen. Das bedeutet aber nicht, daß sie in eine Trance geraten. Man behält gleichzeitig seine eigenen Wahrnehmungen, erhält aber zusätzlich deutlich andere Wahrnehmungen. Man wird z.b. an einen Platz gestellt und muß z.b. sofort anfangen zu weinen. Sich ein eingreifendes Wesen vorzustellen, ist für die meisten kaum vorstellbar, eher die Annahme eines Bewußtseins-, Informations- oder wissenden Feldes.

W.W.: Oder sie beginnen zu urinieren oder ähnliches. Das ist doch beunruhigend!

D. Höhne: Das kann geschehen, ja. Es ist aber ableitbar aus dem Verständnis, daß man sich vorstellt, daß alle Informationen in diesem wissenden Feld präsent sind und daß die Stellvertreter in diesem Bewußtseinsfeld angeschlossen sind. Und man erhält auf diesem Wege Informationen, was bei dem betreffenden Menschen, für den man stellvertretend steht, auf der unbewußten Ebene abläuft. Das kann dann ganz konträr zu dem sein, was man im Tagesbewußtsein denkt und empfindet. Man stellt ja auch für sich selbst einen Stellvertreter auf, weil man oft die Ursachen der eigenen Beschwerden verkennt. Freud nannte es den Familienroman, der oft nicht den wirklichen inneren Beweggründen und Ursachen entspricht. In einer Aufstellung zeigt sich dann etwas ganz anderes als die vordergründigen Erzählungen und Erklärungen, die man immer mit sich herumträgt und geäußert hat.

Durch die Aufstellungen kann man dann auch verschiedenste unbewußte Verstrickungen im Familiensystem erkennen, deren Folgen man unbewußt ausgeliefert ist. Im weiteren Verlauf einer solchen Aufstellung kann man nun – wie beim Kind geschildert – Umstellungen vornehmen. Es gibt jetzt allerdings Gesetzmäßigkeiten innerhalb eines Systems, die bestimmen, wie die Personen in dem System stehen sollten, z.b. die Kinder in der Reihenfolge ihres Alters. Das wäre die ganz strenge Ordnung, nicht zwingend, kann aber hilfreich sein, sie deutlich zu machen.

Oder es muß zwischen einem Paar, das sich getrennt hat, ein Trennungsritual nachgeholt werden. Man kann es so einrichten, daß beide sich in Würde verabschieden, sich wechselseitig noch einmal ihre Wertschätzung für das Gute und die Liebe, das und die jeder vom anderen geschenkt bekommen hat, zuteil werden lassen, zudem jeder den Teil der Verantwortung übernimmt, der dazu geführt hat, daß es zur Trennung gekommen ist, ohne Schuldzuweisung.

Plötzlich geht sein Arm hoch

W.W.: Hast du auch viele unbewußte Verdrängungen, z.B. in bezug auf den Zweiten Weltkrieg oder andere Kriegsszenarien, erlebt?

D. Höhne: So etwas kommt recht häufig vor, oft mit großer Dramatik. Erst kürzlich hatte ich bei einem Aufstellungswochenende einen Akademiker, der in dem Konflikt lebt, einerseits weltlich leben, andererseits ins Kloster gehen zu wollen. Er stellte seine Ursprungsfamilie auf. Ein Stellvertreter stand für seinen Vater. Und plötzlich geht sein Arm hoch, geht immer höher und höher, bis er einen strammen Hitlergruß demonstrierte. Das ereignete sich ganz real. In einem solchen Moment gibt es natürlich verschiedene therapeutische Interventionen. Konkret habe ich dem Stellvertreter für den Vater einen Stellvertreter für das Dritte Reich gegenübergestellt. Und plötzlich hat es den Stellvertreter für den Vater wie vom Blitz getroffen umgehauen; er ist auf den Rücken geknallt. Hinterher machte er uns deutlich, daß er sich nicht dagegen wehren konnte.

W.W.: Aber ist das nicht eine Szene, an der deutlich wird, daß hier eine übersinnliche Macht eingreift, die einen übermannt und der man nicht in Freiheit gegenübertreten kann?

D. Höhne: Die Freiheit besteht darin, sich nicht aufstellen zu lassen.

W.W.: Was würde mit mir geschehen, wenn ich mich aufstellen würde, mich aber innerlich ganz stark gegen jegliche Beeinflussung wehrte?

D. Höhne: Du könntest natürlich deiner inneren Zensur folgen und deine andere Wahrnehmung verleugnen.

Interessant sind aber die Situationen, in die man hineintaucht: Man kann z.B. die Geliebte des Chefs aufstellen, und man wird sehr wahrscheinlich erleben, daß die Stellvertreterin es geil findet, dem Chef die Frau auszuspannen. Das spürt sie in diesem Moment, möglicherweise ganz im Gegenteil zu ihren eigenen moralischen Vorstellungen.

In einer Aufstellung wurde ich z.B. als Kriegsverbrecher aufgestellt, und mir gegenüber stand meine Familie mit Frau und Kindern. Alle haben sich vor Schmerzen gekrümmt und konnten meine Gegenwart nicht aushalten. Und ich hatte in diesem Moment einen derartigen Haß auf die Juden, das kannst du dir überhaupt nicht vorstellen!

W.W.: Das hast du selber so gespürt?

D. Höhne: Ja, es war ganz furchtbar! Und Haß ist ein Gefühl, welches ich überhaupt nicht kenne! Das Leid der anderen hat mich völlig kalt gelassen; in diesem Moment war ich so in meiner Ideologie verhaftet, daß ich dies spüren mußte.

Aber gleichzeitig verliert man dabei nicht sein eigenes Bewußtsein. Das ist ganz wichtig.

W.W.: Du kannst also während dieser zwanghaft eintretenden Gefühle und Situationen nebenbei ganz normal denken und alles wach begleiten?

D. Höhne: Ja. Das Wachbewußtsein verändert sich nicht. Es ist also eine wichtige Lebenserfahrung, sich als Stellvertreter aufstellen zu lassen und Gefühle wahrzunehmen, die man aus dem eigenen Leben gar nicht kennt. Dies zu erleben ist sehr interessant.

Alle Informationen sind um uns herum

W.W.: Bereitest du die Menschen einführend auf diese Situationen vor?

D. Höhne: Das ist für mich selbstverständlich. In einem Einführungsseminar am ersten Abend spreche ich über diese Zusammenhänge, versuche sie verstehbar zu machen und zu erklären, warum so etwas geschieht. Dann spreche ich z.B. über dieses Bewußtseins- oder Informationsfeld, vergleiche es mit Naturbeispielen, z.B. mit einem Vogelschwarm. Wenn sich zehntausend Vögel synchron bewegen, dann ist so etwas nur dann vorstellbar, wenn hier ein Bewußtseinsfeld anwesend ist.

W.W.: Oder ein höheres Wesen, welches diesen Schwarm leitet.

D. Höhne: Das wäre eine Definitionssache. Diejenigen, die nicht aufstellen, schauen übrigens nur zu und haben diese Wahrnehmungen nicht. Und wenn die Stellvertreter aus der Aufstellung herausgehen, haben sie diese Wahrnehmungen auch nicht mehr. Selten geschieht es, daß man aus der Rolle auch hinterher nicht herauskommt. Dann hat es speziell etwas mit einem selbst zu tun, daß etwas in einem angetriggert wurde, was mit der jeweils erlebten Situation vergleichbar ist.

W.W.: Kann man auch Tote aufstellen?

D. Höhne: Ja. Die läßt man in der Regel auf dem Boden liegen. Und sie können präzise Angaben darüber machen, wie sie umgekommen sind, ob sie verschüttet oder erschossen worden sind, Selbstmord gemacht haben oder ermordet wurden; das ist manchmal in den Familienerzählungen nicht immer klar. Es hängt auch ein wenig von den jeweiligen Stellvertretern ab. Manche sind mehr, andere weniger sensitiv, viele sehen auch Bilder. Aber im Grunde kann dies jeder Mensch machen. Das Erhellende ist vor allem, daß man Dinge offen-sichtlich machen kann, die vorher unter dem Deckel der Verschwiegenheit bzw. im Unbewußten verborgen waren.

W.W.: Könnte man dich auch austricksen?

D. Höhne: Solch einen Versuch habe ich erlebt. Jemand sollte seine Familie aufstellen und stellte dazu auch seine zwei Schwestern auf. Und zwischen der ersten und der zweiten Schwester entstand durch seine Aufstellung eine Lücke. Als der betreffende Mensch sich wieder hinsetzte, sagten die beiden für die Schwestern aufgestellten Personen, daß hier jemand fehle. Der Mann hatte nämlich noch eine Schwester, und er wollte mich damit austricksen und mir beweisen, daß das Stellen nicht funktioniert. Die beiden Stellvertreterinnen für diese Schwestern haben das aber sofort wahrgenommen.

Es entstehen z.b. auch Situationen, daß Kinder einer Familie bei einer Aufstellung bemerken, daß sie einen anderen Vater oder eine andere Mutter haben. Und interessant ist, daß alles das, was in einem solchen Moment an Informationen kommt, alle Personen, die zu diesem System gehören, erreicht. Alle, die dazugehören, haben diese Wahrnehmung. Sie müssen nicht in dem jeweiligen Raum sein.

W.W.: Wie meinst du das?

D. Höhne: Die realen Personen, die zu einem System gehören, müssen bei dieser Aufstellung nicht anwesend sein. Nehmen wir an, daß bei einer Aufstellung eine Versöhnung mit Stellvertretern stattfindet, z.B. zwischen der Tochter und ihrer Mutter. Dann kommt die Tochter nach Hause, und in diesem Moment ruft z.B. die Mutter bei ihr an, und zwischen beiden entsteht unmittelbar eine völlig neue Situation. Oder es geschah, daß bei einer Aufstellung klar wurde, daß der Vater nicht der Vater einer Tochter ist. Die schon 30jährige Tochter kommt nach Hause, und dann ruft bei ihr ein Mensch aus den USA an, der ihr mitteilt, daß er auf der Suche nach seiner Tochter sei. Er war als GI in Deutschland stationiert.

Alle Informationen, alle Wahrnehmungen, alle Begebenheiten sind um uns herum, alles ist da, alles ist mit den Menschen verbunden und in ihnen präsent, und an diese Informationen kann man sich anschließen.

Phänomenologische Haltung

W.W.: Und es kann nicht sein, daß falsche Informationen – von wo auch immer – in ein solches System, in eine solche Aufstellung hereinkommen? Kann es nicht sein, daß etwas in eine solche gemeinsame Aufstellung hereinträufelt, das man nicht kontrollieren kann?

Bert Hellinger 2011

D. Höhne: Ich habe es bisher nicht erlebt. Aber es hängt sicher auch von dem Aufstellungsleiter ab. Er muß sich von seinen eigenen Vorstellungen freimachen können, *„ohne Absicht und ohne Furcht"*, wie Bert Hellinger es formuliert hat, oder wie es Freud beschrieben hat in *„Freischwebender Aufmerksamkeit"*. Es läuft zur Zeit auch eine Forschungsgruppe mit dem Ziel, zu untersuchen, inwieweit der Therapeut Einfluß auf das Aufstellungsgeschehen hat. Aus meiner eigenen Erfahrung kann ich dir nur berichten, daß ich bei meinen Aufstellungen in einem „anderen Raum" bin. Bevor ich das Seminar beginne, bitte ich für mich persönlich alle „guten Geister", Christus und meine Seelengeschwister um Beistand und Unterstützung. Am Ende des Seminars entlassen wir gemeinsam und wörtlich von mir ausgesprochen die herbeigerufenen Toten wieder in die geistige Welt, bilden einen Anschlußkreis, und ich spiele meist das Sanctus von Gounod.

Während des Seminars: Der Klient sitzt neben mir, beide befinden wir uns in einer gemeinsamen Aura. Dann schildert der Klient mir sein Anliegen. Und je weniger er schildert, um so besser. Dann warte ich. Ich warte darauf, was mir dazu einfällt, und gemeinsam legen wir fest, ob er z.B. seine Gegenwarts- oder Ursprungsfamilie aufstellen möchte, ob er vielleicht auch nur eine Krankheit aufstellen möchte, oder, oder. Aus 30jähriger Aufstellungserfahrung weiß ich allerdings, daß hinter einer Krankheit oft eine Person steht. Das kann man aber im ersten Geschehen offenlassen, indem man dann einen Stellvertreter für das aufstellt, was hinter der Krankheit steht. Daraus entwickelt sich dann eine Dynamik. Aber in bezug auf die jeweilige Aufstellung warte ich und vertraue darauf, daß sich Erhellendes zeigt. Man nennt dies die phänomenologische Haltung, die man als Aufsteller lernen muß und die ein Hauptschwerpunkt in der Ausbildung ist.

Man muß sich wirklich dem Geschehen überlassen und darauf vertrauen können, was sich im Geschehen offenbart. Man muß von allen Theorien, die man natürlich auch im Kopf hat, ablassen und in den Verlauf der Aufstellungsdynamik vertrauend eintauchen. Das kann manchmal zum Streitpunkt mit den Klienten führen, wenn er ganz etwas anderes erwartet hat. Und so mache ich als Aufsteller immer wieder deutlich, daß wir uns allein nur auf das verlassen können, was sich im jeweiligen Moment zeigt, und nicht auf die eigenen Erklärungen. Ich weise auch sehr deutlich darauf hin, daß man bei einer solchen Aufstellung nicht zu einer Endlösung aller Probleme kommt, sondern sich nur ein „Fenster" öffnet, sich etwas aufklärt. Oder plötzlich fällt einem etwas wie Schuppen von den Augen. Das ist dann wie ein Stein, den man ins Wasser wirft und durch den Ringe entstehen, weitere Einsichten und Erkenntnisse.

Es geschieht etwas zwischen den Menschen

Etwas Ähnliches erlebt man z.B. unter Ärzten in der sogenannten Balint-Gruppe. Ärzte setzten sich zusammen. Einer schildert Schwierigkeiten mit einem Patienten, und die anderen geben einfach nur Rückmeldungen, wie das bei ihnen ankommt. Keine Ratschläge, sondern nur, was es bei ihnen auslöst, an Gefühlen, Gedanken. Das verändert die eigene Wahrnehmung bzw. den Blick auf den Patienten. Man kommt dann wieder in die Praxis, begegnet dem jeweiligen Patienten aufs Neue, und es geschieht etwas völlig anderes. Es ist mit dem Therapeuten etwas geschehen und offensichtlich auch mit dem Patienten, den die Informationen aus der Gruppe offensichtlich erreicht haben.

W.W.: Kann eine Aufstellung auch ergebnislos verlaufen?

D. Höhne: Ja. Es kann sein, daß eine Aufstellung nur bis zu einem bestimmten Punkt geht und etwas unklar bleibt. Korrekterweise bricht man dann die Aufstellung ab und hofft darauf, daß dem Klienten noch weitere Informationen zukommen werden.

Das Geheimnis wird aufgestellt

Es kann auch sein, daß ein Klient oder eine Klientin darüber spricht, daß es in der eigenen Familie ein Familiengeheimnis gibt, er bzw. sie dieses aber nicht kennt.

W.W.: Wird dann bei der Aufstellung dieses Geheimnis gelüftet?

D. Höhne: Es kann herauskommen, also z.b. daß der Vater nicht der Vater einer Tochter ist. Aber das muß nicht immer real sein, denn es kann auch sein, daß die Mutter während der Zeugung an einen anderen Mann gedacht hat oder in ihren Gefühlen ganz bei einem anderen war. Dann kann man als therapeutische Intervention z.b. eine Stellvertreterin für das Geheimnis aufstellen, und dann sagt das Geheimnis z.B.: *„Der oder die weiß es."* Und die Stellvertreterin deutet dabei auf einen anderen Stellvertreter.

W.W.: Und dieser andere sagt es dann?

D. Höhne: Nicht zwingend. Es kann sein, daß das Geheimnis ausgesprochen wird, es kann aber auch sein, daß diese andere Person sich weiter in Schweigen hüllt.

Wir als Aufsteller sind keine Kriminalkommissare oder Staatsanwälte. Wir dürfen nicht bohren, wir dürfen nicht neugierig nachfragen. Wir gehen immer nur so weit wie das, was sich zeigt. Wenn es nicht weitergeht, geht es nicht weiter. Das kann z.b. den Grund haben, daß die Seele eines Klienten noch nicht bereit ist, sich mit diesem Geheimnis zu konfrontieren. Denn alles ist ja bei Geheimnissen möglich – Mord, Totschlag, Inzest und vieles mehr. Es kann auch sein, daß z.b. eine Stellvertreterin für das Geheimnis eine Geste macht, sie hält sich z.b. den Mund zu, mit der sie ausdrücken will, daß dieses Geheimnis ein unaussprechliches Geheimnis bleiben soll. Dann muß ich die Aufstellung abbrechen.

W.W.: Will die Stellvertreterin in diesem Moment nichts sagen, oder kann die Stellvertreterin es nicht?

D. Höhne: Diese Geste geschieht spontan.

W.W.: Aber was denkt sie dabei?

D. Höhne: Möglicherweise kennt sie das Geheimnis, aber sie darf es nicht sagen. Dann läßt man es so stehen.

Mörderische Energie

Es kann auch sein, in diesem Fall war es eine Klientin, die ihre Familie aufstellte, und vom Vater ging eine mörderische Energie aus, eine Energie, von der sich die Tochter bedroht fühlte. Ich stellte die Großeltern dazu. Bei ihnen fühlte sich die Klientin sicher. Dann fragte ich sie, ob es dafür Anlässe gibt, z.B. Gewalt oder Vergewaltigung in der Familie, sexuelle Belästigungen usw. Die Klientin konnte nichts dazu berichten, sie hatte keine Ahnung. Aber vom Vater ging mörderische Energie aus. Sie konnte es sich nicht erklären.

W.W.: Was hast du gemacht?

D. Höhne: Ich habe die Aufstellung abgebrochen. Nach drei Monaten kam sie wieder und hatte in der Zwischenzeit folgendes herausgefunden: Das ganze Geschehen spielte in der Nachkriegszeit. Die Oma war damals verheiratet, der Vater der Klientin war damals ihr 16jähriger Sohn. Die Oma hatte einen Lover neben ihrem Mann, hatte sich aber mit ihm zerstritten. Der Lover war in das Schwarzmarktgeschäft in der Nachkriegszeit verstrickt und die Oma, also die Mutter des 16jährigen, stiftete ihren Sohn an, den Lover bei den englischen Besatzungsmächten anzuzeigen. Der Lover wurde daraufhin gehängt. Der 16jährige Junge war also indirekt zum Mörder dieses Lovers geworden, aber die eigentliche Mörderin war seine Mutter. So etwas kann bei Aufstellungen herauskommen.

Der rote Faden

W.W.: Wann hast du begonnen, in deinem Leben nach einem roten Faden zu suchen?

D. Höhne: Der Begriff des roten Fadens wurde mir durch eine Psychoanalytikerin aus Kiel, Frau Eisenmann, nahegebracht, die einst nach dem roten Faden in meinem Leben gefragt hatte. Man könnte den roten Faden als einen Faden verstehen, auf den alle wichtigen Ereignisse im Leben eines Menschen wie Perlen aufgezogen sind. Diese innere Guideline als Gefühl lebt schon sehr lange in mir, mehr oder weniger bewußt. Es ist das Gefühl, daß ich mich immer behütet und geleitet erlebte und ich mich deswegen immer vertrauensvoll auf das einlassen konnte, was mir gerade begegnete. Auch erlebe ich mich innerlich behütet in bezug auf das, was mir noch bevorsteht. In der Rückschau kristallisierte sich natürlich mein Bestreben heraus, daß ich in sehr viele Abseiten der Gesellschaft und des Lebens geschaut habe, und zwar immer dorthin, wo es auch dunkel ist. Etwas vermessen habe ich mich in gewisser Weise in diesen dunklen Bereichen auch immer als Lichtträger wahrgenommen. Oft konnte ich ja in der Tat anderen etwas mitteilen und verschiedene Situationen aufhellen.

Reinkarnationstherapie

W.W.: Du hast auch die Ausbildung zum Reinkarnationstherapeuten gemacht. Kannst du kurz darstellen, was das ist?

D. Höhne: Die Reinkarnation war mir schon früher durch die Literatur vertraut, und auch für die Reinkarnationstherapie habe ich mich seit Ende der 60er Jahre immer interessiert, aber es kam niemals etwas zustande. Erst vor etwa sechs Jahren habe ich mich bei Erika Schäfer in Bayern zu einem Schnupperwochenende über Reinkarnationstherapie angemeldet und habe mich im Anschluß auf die 3jährige Ausbildung zum Reinkarnationstherapeuten eingelassen. Interessant war, daß ich als Kind dort in Bayern während des Krieges ganz in der Nähe evakuiert lebte. Irgendwie waren also dieses Seminar und diese Ausbildung so etwas wie back to the roots.

Die Methode selbst ist keineswegs geheimnisvoll. Man geht nicht in Trance. Der Klient oder die Klientin legt sich hin, entspannt sich, schließt die Augen und formuliert das Anliegen. Beispielsweise möchte man etwas über ein vergangenes Leben bzw. über Erfahrungen während der Schwangerschaft erfahren, oder man möchte die Spannungen zwischen einem selbst und bestimmten Familienangehörigen näher beleuchten. Die Therapeutin bzw. der Therapeut begleitet dann diesen Menschen auf diesem Weg zurück. Das ist dann ein schrittweiser Vorgang, der sich um das Anliegen herum manifestiert.

Ich beginne bei meinen Therapien damit, daß ich den Menschen auffordere, in die Zeit zurückzugehen, in der ...

Ich fordere ihn auf, sich den Bildern zu überlassen, die kommen, ermuntere ihn auch, diese Bilder nicht zu zensieren oder in Frage zu stellen. So wie die Bilder auftauchen, nehmen wir sie zur Kenntnis. Durch mein genaues Nachfragen differenziert sich dann das Geschehen, z.B. wann das jeweilige Geschehen gewesen ist. Ich frage dann konkret nach Tageszeiten, nach der Kleidung der damals lebenden Menschen, wo man sich genau befindet, lasse mir die Räumlichkeiten oder andere Personen schildern – so daß man dem Geschehen dann immer näher kommt.

Wenn es ein problematisches Geschehen ist, geht man immer erst in die Zeit vor diesem Geschehen und läuft dann chronologisch in der Zeit nach vorne bis zu dem Zeitpunkt, an dem die problematische Änderung entsteht. Dann muß man differenziert nachfragen, was in diesem Moment geschehen ist.

Mit welchen Worten man aus dem Leben geht

Man kann dann weitere Zeitsprünge von z.B. fünf oder zehn Jahren machen und nachfragen, was sich verändert hat. Ganz wichtig ist auch das Herauskristallisieren des Todeszeitpunktes bzw. der Stunden davor bzw. der Ursachen für den Tod. Sehr wichtig auch ist der Moment des Todes, also die letzten Gedanken des Lebens, die sich dann in sogenannten Postulaten verdichten. Diese Postulate sind meist ganz wenige Worte, also ob man friedlich aus dem Leben geht oder ob man der Meinung ist, daß das ganze Leben umsonst war. Diese Postulate sind sehr bedeutsam, weil sie die folgenden Erdenleben bestimmen können und weil man es bei einem problematischen Postulat im nächsten Leben oft schwer hat, mit bestimmten Situationen umzugehen. Denn schließlich trägt man die Mitgift aus dem letzten Leben in sich.

W.W.: Tauchen bei der Therapie immer Bilder auf oder auch etwas anderes?

D. Höhne: Am Anfang ist es häufig sehr undifferenziert. Es können auch Farben sein, auch Gefühle, selbst körperliche Gefühle, daß einem z.B. ganz heiß wird, und auch alle anderen möglichen Sinneseindrücke. Meist aber tauchen Bilder auf.

W.W.: Inwieweit hältst du es für realistisch, daß es sich wirklich um Bilder aus einem letzten Leben handelt, bzw. könnten dies andere Eindrücke sein?

D. Höhne: Ich erkläre vorab immer, daß ich mich keinesfalls dafür verbürgen kann, daß dies auch wirklich Bilder aus dem letzten Leben sind. Denn wir müssen dessen gewahr sein, daß wir alle in der Lage sind, sämtliche Bilder, die sich in der geistigen Welt finden, anzuzapfen, die wir dann komponieren und daraus einen Zusammenhang bilden. Allerdings ist dieser Zusammenhang nicht zufällig, denn er ist orientiert an dem Anliegen der betreffenden Person, und es tauchen bestimmte Bilder auf und andere nicht. Und es führt auch zu einem Ergebnis, wie immer sich dies auch gestalten mag.

W.W.: Ich beobachte, daß sich viele Menschen, die einen Zugang zu geistigen Wahrnehmungen haben und auch davon sprechen, wer sie im letzten Leben waren, sehr häufig als berühmte Personen darstellen und auch, daß sie über die Maßen oft auf der Erde gelebt hätten. Dies scheint mir aber tendenziell problematisch zu sein.

D. Höhne: Ich habe viele Jahre Rückführungen mit zahlreichen Menschen durchgeführt, auch in bezug auf mich selbst, und berühmte Personen tauchten dabei nie auf, eher dramatische, leidvolle oder durch bestimmte Erfahrungen gekennzeichnete Begebenheiten.

Wenn die Menschen sich als berühmte Personen schildern würden, wäre ich auch sehr kritisch. Dafür ist die Mehrzahl der menschlichen Schicksale zu alltäglich. Nicht jeder kann Ramses II. gewesen sein.

Für etwas Höheres opfern

W.W.: Kommen wir zu deinen persönlichen Rückführungen, bei denen verschiedene Motive aus vergangenen Erdenleben auftauchten, z.B. daß du dich immer für eine „höhere Sache" geopfert hast. Kannst du ein paar Beispiele geben?

D. Höhne: Die am weitesten zurückliegende Rückführung ging bis in die atlantische Zeit. Aber damals habe ich keine berühmte Rolle im Leben eingenommen, sondern saß in einem Kreis von Personen. Wir waren eine Art von Transformatoren, die eine negative Energie abwehren sollten. Wir saßen in einer Art Kuppelraum aus Glas und bildeten zusammen einen Energiekreis, um eine wie eine Tsunamiwelle heranschwappende negative Energie abzuwehren. Aber diese Energie schwappte über uns hinweg wie eine schwarze Welle, und wir konnten ihr keinen Einhalt bieten.

W.W.: Das führte zu eurem Tod?

D. Höhne: Ja. Weiteres hat sich aber bei diesem Erleben nicht konkretisiert.

W.W.: Welche anderen Rückführungen hast du noch gemacht, mit welchen Erlebnissen?

D. Höhne: Ich hatte auch schon in sehr viel früheren Jahren in einem luziden Traum ein Erlebnis aus der Zeitenwende, daß ich am Fuß des Kreuzes von Christus lag. Eine weitere Reinkarnationserfahrung war, daß ich in der Zeit der frühen Christen eine Botschaft zu überbringen hatte, aber in die Hände von mich verfolgenden Soldaten geriet. Ich wurde aufgefordert, meinen Glauben zu widerrufen. Dies aber habe ich verweigert, und in der Folge wurde ich getötet.

Das ist das von dir angesprochene Motiv, daß ich mich in vielen Reinkarnationen für etwas „Höheres" geopfert bzw. mich dafür eingesetzt, dafür geradegestanden oder auch dafür mein Leben gelassen habe.

Dies hat sich auch später in einer Kriegssituation geäußert, daß ich für den Herrscher in den Krieg gezogen und gefallen bin. Es gibt auch ein Erlebnis aus dem alten England, wo ich eine Begegnung mit einer Frau hatte, die von mir schwanger wurde; ich ging aber trotzdem ins Kloster und entschied mich nicht für das weltliche Leben.

Eine andere Situation zeigte, wie ich eine Witwe mit Kindern kennengelernt habe, die depressiv wurde und starb, und wie ich mich dann sozialen Projekten widmete.

Auch bei den Rotmützen im alten Tibet habe ich mich bei einem Einweihungsritual erlebt. Dort befand ich mich in einem unterirdischen Raum, in der Mitte und drumherum ein Kreis von Menschen. Mir wurde dort geistig eine Botschaft ins Kronenchakra implantiert, mit der ich dann in die Welt geschickt wurde. Abgeleitet davon hatte ich oft das Gefühl, daß mein Tun durch diese innere Botschaft bestimmt war, aber ich kann diese Botschaft nicht als Text formulieren. Erst später bei verschiedenen Seminaren und Rückführungen hat sich dies etwas verdeutlicht, nämlich daß ich damals aufgrund eines gesellschaftlichen Privilegs in diesen Kreis aufgenommen wurde, aber nicht in der Lage war, diese Botschaft zu verstehen. Und diese Botschaft bestand in einem einzigen Satz, nämlich: *„Alles ist immer vorhanden."*

Solidaritätsempfindungen mit den Frauen

W.W.: Wenn man davon ausgeht, daß du tatsächlich Einblicke in deine vergangenen Leben hattest, warst du immer ein Mann oder auch einmal eine Frau?

D. Höhne: Meistens ein Mann, aber mindestens einmal, jedenfalls bezogen auf meine bisherigen Rückführungserfahrungen, während des Dreißigjährigen Krieges, eine Frau. Das entstand aufgrund einer gezielten Frage in einer Reinkarnationstherapieausbildung. In dem jetzigen Leben empfand ich als größte Trauer bei meinem Fasttod während des Ertrinkens im Rhein den Verlust meiner kleinen Schwester, die damals knapp zwei Jahre alt war. Dieser Trauer wollte ich in einer Rückführung auf die Spur kommen, und da ergab sich die Situation aus dem Dreißigjährigen Krieg, als ich eine Frau mit einem kleinen Töchterchen war. Es kamen wilde Horden durch das Dorf gezogen und haben mir das Töchterchen entrissen. Da habe ich identisch den gleichen Schmerz, den gleichen Verlust gespürt. Ich habe mich dabei in einer existentiellen, frauennahen Verbundenheit gefühlt, die sich ganz deutlich gegenüber dem abgrenzte, was Männer empfinden. Ich habe eine gewisse Parallelität von Empfindungen in bezug auf Leben und Tod gespürt. Zum einen empfand ich die Trauer des Todes, zum anderen ein gewisses Einverständnis mit dem, was um mich herum geschieht. Die Solidaritätsempfindung mit den Frauen war ganz deutlich, und sie grenzte sich stark von dem ab, was z.B. die Männer auf den Kanzeln predigten, und ich erlebte, daß diese Predigten weit von dem entfernt waren, was wir als Frauen in uns tragen und empfinden. Ich empfand auch eine besondere Verbindung mit Maria, die auch ihren Sohn verloren hat. In dem Leben während des Dreißigjährigen

Krieges machte ich auf meine damaligen alten Tage Dienste in der Kirche, putzte die Leuchter, richtete die Kerzen usw.

Diese Erfahrung war sehr eindrücklich. Und sie zeigte mir auch, daß wir als Männer sehr von diesem Gefühl des existentiellen Eingebundenseins und Aufgehobenseins in das Leben abgeschnitten sind. Eine Frau erlebt z.B. die Schwangerschaft ganz anders als wir Männer, denn da ist der männliche Beitrag eher lapidar.

Gelassenheit vermitteln

W.W.: Wie wirkt sich dieses Motiv des Sich-Opferns auf dein heutiges Leben, auf deine heutige Arbeit als Therapeut aus?

D. Höhne: Der Begriff des Opfers ist sehr schwergewichtig. Worte sind Träger für Bedeutungsinhalte, oftmals auch negativ konnotiert. Im Geschehen von Golgatha hat allerdings das Opfer eine ganz andere Bedeutung. Insofern sehe ich das von mir beschriebene Opfer in den von mir angenommenen Szenen aus den vorangegangenen Leben nicht als etwas Negatives, auch nicht als etwas Furchtbares und besonders Leidvolles, sondern es war immer das Hingeben für etwas Höheres. Es war immer das Erlebnis, mich in diesem Höheren eingebettet zu erleben.

In meiner jetzigen Biographie habe ich auf der vordergründigen Ebene verschiedene ähnliche Situationen erlebt – den Verlust meines Ansehens, den Verlust von Geld und meines Berufs und vieler Beziehungen. Auf der Erscheinungsebene ist das zunächst etwas Schlimmes, sicherlich auch immer mit leidvoller Erfahrung verbunden. Letztendlich hat es sich aber in ein umfangreicheres Geschehen eingebettet, auch als notwendiger Schritt zu einer höheren Einsicht. Wenn das Küken aus dem Ei will, muß es die Schale zerstören. Insofern muß man schon genau schauen, mit welchem Bedeutungshintergrund man sich dem Begriff des Opferns annähert.

In meiner therapeutischen Arbeit kann ich daraus ableitend mit Sicherheit ein Stück Gelassenheit vermitteln gegenüber dem, was Menschen aktuell beschwert, und zwar in der Gewißheit, daß diese Belastung vorübergehen wird, daß es meist sehr notwendige Erfahrungen sind, daß man daraus etwas Sinnvolles gestalten kann und daß man Kehrtwendungen vollziehen kann, die man ohne die belastenden Erlebnisse nicht vollbringen könnte. Ich vergleiche das immer mit einer Geburt, denn im Geburtskanal wird es eng, und es ist nicht einfach, dies durchzustehen. Aber die Weltgeschichte zeigt es, daß wir immer dort durchkommen. Natürlich scheitern auch manche Menschen in gewissen Situationen, aber was man in diesem Leben nicht schafft, kann man im nächsten Leben vollbringen. Ich kann mit meinen Patienten mitfühlen, wenn auch nicht mitleiden, weil mir eigentlich aus eigener Erfahrung nichts fremd ist.

Lebenslange Neugier

W.W.: Wenn man dein Leben betrachtet, sieht man, wie viele Wege und auch Irrwege du gegangen bist, andererseits aber genauso, mit welcher Neugier, mit welchem Interesse du so gut wie auf alles zugegangen bist und dies auch aufgenommen hast. Würdest du dieses Lebensinteresse, diese Neugier als dein Hauptmotiv bezeichnen?

D. Höhne: Ja. Hier fühle ich mich auch weiterhin ungebremst auf dem Weg. Das einzige, was mich in bezug auf meine Neugier stört, ist, daß sie mit dem Tod eine gewisse Begrenzung erfährt. Aber ich kann sie ja dann auf die geistige Welt ausdehnen.

W.W.: Ich vermute einmal, daß die Patientinnen und Patienten zu dir großes Vertrauen fassen können, weil du selbst durch viele Tiefen geschritten bist und dich daraus wieder herausgearbeitet hast, so daß du deinen Patienten vermitteln kannst, daß es nach einer großen Krise auch weitergehen kann.

D. Höhne: Das ist so, ja. Mein Alter und meine Lebenserfahrung spielen natürlich auch eine Rolle. Wenn ein 70jähriger zu einem sehr jungen Therapeuten kommt, wird er sich nicht so wahrgenommen fühlen, wie wenn er zu einem 75jährigen Therapeuten kommt.

W.W.: Beziehst du bei deinen Therapiesitzungen auch die Tatsache der Reinkarnation in Gesprächen mit ein, wenn die Menschen dafür offen sind?

D. Höhne: Das findet eher selten statt. Ich spreche es auch nicht konkret an, allerhöchstens in einer lockeren Bemerkung, wie z.B. daß es in einem nächsten Leben anders aussehen könne. Das ist dann wie eine Art Anker, und der betreffende Mensch kann darauf reagieren. Manchmal frage ich auch konkret, ob man davon ausgehen könne, daß man etwas aus einem vergangenen Leben mitbringt. Meist sind die Menschen dann keineswegs abgeneigt, darüber zu sprechen.

Demenz – ein Rückzug aus dem Leben

W.W.: Du hast dich auch mit Demenz beschäftigt. Hast du hierbei auch die Erfahrung gemacht, daß sich das, was man nicht anschauen will, auch stark einfordert? Ist Demenz auch eine Verdrängung eigener, nicht bewältigter Lebensprobleme, eigener Verschuldungen oder dramatischer Erlebnisse?

D. Höhne: Diese Erfahrungen habe ich häufig gemacht, auch im Zusammenhang mit Aufstellungen. Hierbei geht es vielfach um Kriegserlebnisse. Noch wichtiger in bezug auf Demenz ist es, daß wir in der heutigen Gesellschaft oftmals schon ab 55 aus dem Arbeitsprozeß ausscheiden, aber noch häufig bis zu 30 Jahren weiterleben. Wenn man dann nicht vorher gelernt hat, sich selbst eigeninitiativ zu beschäftigen – sei es, daß man liest oder etwas anderes an sinnvollem Lebensinhalt für sich gefunden hat – und es für den betreffenden Menschen eine wenig inhaltsreiche Zukunft gibt, dann kann eine sehr problematische Lebenssituation eintreten, die häufig auch von innerer Armut gekennzeichnet ist, von einem Dahinleben, von großer Belanglosigkeit. Dann entsteht ein Leben ohne Perspektive, ein Leben, welches sinnlos erscheint und sich für diese Menschen vordergründig nicht mehr lohnt. Sie verlieren den Antrieb, sich anzustrengen, ziehen sich zurück, wenn auch nicht bewußt.

Die Erklärung der Organmedizin ist es, daß es sich bei der Demenz um Gehirnvorgänge handelt. Es gibt aber auch andere Forschungen, z.b. von einem französischen Forscher, der Hunderte von Nonnen nach ihrem Tod untersucht hat. Alle diese Nonnen litten nicht an Demenz, hatten aber die gleichen Hirnschrumpfungen, wie sie bei Dementen festgestellt werden. Daß man also aufgrund von bloßen Gehirnvorgängen, von Gehirnschrumpfungen auf Demenz schließen muß, ist für mich ein wissenschaftlicher Kurzschluß. Ich neige mehr dazu, daß Demenz ein Rückzug aus dem Leben ist. Und diese Demenz kann sehr schnell eintreten. Das betrifft auch häufig Menschen, die in ihrem Leben eine gewisse Berühmtheit hatten, dann aber aus dem Berufsleben austreten mußten.

Bescheidenheit lernen

W.W.: Du wirst in diesem Jahr 75 Jahre alt und kannst auf ein überaus buntes und vielseitiges Leben mit allen Tiefen und Höhen zurückblicken. Kannst du ein Lebensfazit schildern, was du in diesem Leben lernen solltest bzw. wolltest?

D. Höhne: Das erste Wort, welches mir einfällt, ist Bescheidenheit. Rücknahme ist auch ein wichtiger Begriff für mein Leben, denn wenn ich an den Größenwahn denke, den ich in meiner Militärzeit und auch noch teilweise in den 68er Zeiten auslebte, dann ist es im Rückblick deutlich, daß ich diesem Größenwahn begegnen mußte, um mich aber auch von ihm zu verabschieden. So etwas kann man nur mit dem Schatten oder dem Doppelgänger in einem definieren, und ich mußte mich damit konfrontieren. Ich mußte mich mit diesen Schattenseiten konfrontieren, um sie zu verabschieden. Dazu mußte ich vom hohen Roß herunter. Dieses Verabschieden vom hohen Roß habe ich mehr als intensiv erlebt, denn als Arzt fühlt man sich ja doch irgendwie als Herr über Leben und Tod. Aber als ich meine Approbation verlor, im Knast war oder als Freigänger später auf der untersten Stufe der Hierarchie als Krankenpflegepraktikant arbeiten mußte, habe ich den Absturz von ganz oben nach ganz unten erlebt. In der Geriatrie ist mir das Leid ganz leibhaftig begegnet. Und auch hier habe ich vor allem Bescheidenheit gelebt, da ich mit den verwirrten Menschen die einfachsten Handreichungen vollziehen mußte, wie z.B. Füttern, Hintern abwischen und vieles mehr. Ich habe also konkret erlebt, wie es ist, vom hohen Roß herunterzusteigen.

W.W.: Gibt es weitere Lebensmotive?

D. Höhne: Vielleicht klingt es ein wenig banal, aber ich habe gelernt, mich an den kleinen Dingen zu erfreuen, den kleinen Dingen immer größere Bedeutung beizumessen. Und ich habe gelernt, die Liebe in ganz anderer Weise zu erfahren, die Liebe, die sich in einer tiefen Verbundenheit mit einem anderen Menschen manifestiert, unabhängig davon, was ich selbst davon bekomme. Ich versuche also, einem anderen Menschen etwas Gutes zu tun, ihn an etwas teilhaben zu lassen, ohne zu erwarten, selbst etwas dafür zurückzuerhalten.

Aus allen Tiefen meine Früchte gezogen

W.W.: Erlebst du gewisse Lebensphasen von dir als sinnlos?

D. Höhne: Überhaupt nicht. Ich habe aus allen Tiefen meine Früchte gezogen. Ich spüre keinerlei Verbitterung und möchte keine einzige Situation missen. Ich erlebe mich eher reich beschenkt. Aus den tiefen Tälern herauszukommen bedurfte zwar einer heftigen Anstrengung, aber zugleich bin ich mir dessen gewahr, daß mir andere Kräfte zur Verfügung gestanden haben. Und es ist ein Geschenk, so etwas hinzubekommen und diese Kräfte dafür zu erhalten. Insofern bin ich dankbar, daß mich mein Lebensweg durch diese Höhen und Tiefen geführt hat und daß ich durch das Geschenk dieser anderen Kräfte zu dem geworden bin, der ich heute bin. Vieles ist nicht mein Verdienst.

W.W.: Aber letztendlich hast du dein Leben gestaltet. Letztendlich bist du es, der sich aus allen diesen Tiefen herausgearbeitet hat!

D. Höhne: Das stimmt auch wiederum, aber ohne die Hilfe auch anderer Menschen hätte ich es nicht schaffen können.

W.W.: Bereitest du dich auf den Tod oder das nächste Leben vor?

D. Höhne: Von einem nächsten Leben habe ich keine konkrete Vorstellung, aber der Tod ist ein ständiger Begleiter von mir. Zum einen, indem ich ihn hinter mir verortet habe, zum anderen in dem Tod, der mir ständig im Leben begegnet, bei Freunden und Bekannten und selbstverständlich der Tod in der ganzen Welt. Aber dieser Tod ist sehr präsent in mir. Er macht mir aber keine Angst und ist für mich nicht bedrohlich. Eigentlich bin ich immer nur erstaunt, daß ich immer noch am Leben bin.

Mit Volldampf für die Freiheit

Interview mit Dr. med. Konrad Schily

von Peter Krause

Dr. Konrad Schily: *geb. am 7. November 1937 in Bochum, deutscher Arzt und Politiker (FDP). Nach dem Abitur 1957 in Wuppertal absolvierte Schily ein Studium der Medizin in Basel, Tübingen und Hamburg, welches er 1964 mit dem Staatsexamen beendete. Nach der anschließenden Zeit als Medizinalassistent wurde er 1966 Assistenzarzt am Universitätsklinikum Tübingen. 1966 erfolgte hier auch seine Promotion. Nachdem er schon seit 1966 dem Vorstand des Gemeinschaftskrankenhauses Herdecke angehört hatte, setzte er mit dessen Betriebsbeginn 1969 hier seine ärztliche Tätigkeit zunächst auf dem Feld der Klinischen Chemie, später in der Neurologie und Psychiatrie fort. Schily ist Facharzt für Neurologie und Psychiatrie. Er gehörte von 1973 bis 1990 der SPD an, 2005 wurde er Mitglied der FDP. Von 2005 bis 2009 war Konrad Schily Mitglied des Deutschen Bundestages, von 1982 bis 1999 Gründungspräsident und von 2002 bis 2004 erneut Präsident der Privatuniversität Witten/Herdecke. An der Gründung der privaten Nordischen Universität im Jahr 1985 war er zeitweilig als Mentor und Vorstandsmitglied des Trägervereins beteiligt. Von 2002 bis 2008 war Schily ehrenamtliches Mitglied im Aufsichtsrat von Foodwatch. Er ist seit 2011 an Gründung und Aufbau der Medizinischen Hochschule Brandenburg beteiligt, der im Juli 2014 die staatliche Anerkennung erteilt wurde. Im Jahr 1999 wurde Konrad Schily mit der goldenen Ehrennadel der Stadt Witten und im Jahr 2001 mit dem Bundesverdienstkreuz 1. Klasse ausgezeichnet.*

Zur Entwicklung und Entfaltung der guten, dem Gemeinwohl dienlichen Impulse bedarf es Bedingungen, die zuallererst in wirklicher Freiheit verankert sind. Die, so sollte man meinen, stehen jedem Menschen heutzutage weltrechtlich zu. Erziehung und Bildung müssen sich, wollen sie den Anforderungen allgegenwärtiger kultureller Umbrüche Rechnung tragen, an dieser Conditio sine qua non ausrichten. Geschieht das nicht, wird jede Menschlichkeit an ihrer wahren Entfaltung gehindert.

Konrad Schily hatte das große Glück, seine Kindheit und Jugend in entsprechend förderlichen Verhältnissen verbringen zu können. Eltern und Geschwister pflegten einen freilassenden, kulturell anspruchsvollen Umgang miteinander. Dabei geriet die soziale Frage nie aus dem Blick, und auch nicht die nach geeigneten Bildungseinrichtungen. Der Vater Franz Schily, kaufmännischer Direktor und Vorstandsmitglied des Bochumer Vereins für Gußstahlproduktion, war z.b. auch maßgeblich an der Vorbereitung der Gründung der Rudolf-Steiner-Schule in Bochum beteiligt.

An seine Zeit auf der Waldorfschule in Wuppertal erinnert Konrad Schily sich gern, ebenso an den Tübinger Studentenkreis, der für sein ganzes späteres Lebenswerk einen Ausgangspunkt darstellte. Es waren (und sind) die wirklich klugen Menschen, die unerschütterlich am Leben Interessierten, die stets Veränderungsbereiten, die Schily wertschätzt. In den ersten beiden Jahrzehnten seines Lebens waren solche Menschen Lehrende für ihn, ab dann Partner und Weggefährten.

Bis dato hat Konrad Schily ein beachtliches Lebenswerk geschaffen. Darin sind das Gemeinschaftskrankenhaus in Herdecke, an dessen Gründung er maßgeblichen Anteil hat, und die erste deutsche Privatuniversität in Witten/Herdecke Leuchtturmprojekte, weil sie von Beginn an bis heute unübersehbar innovativ sind. Es ist sicher nicht übertrieben, wenn man feststellt, daß Konrad Schily über die Fähigkeit verfügt, die wirklich einflußreichen Menschen unserer Zeit für seine Ideen zu begeistern. Dabei ist er in der Sache ein geistesklarer Entrepreneur, der keinen Deut von seinem Anspruch abweicht, der Freiheit verpflichtet zu sein und zu bleiben. In besonders charmanter Art trat diese innere Haltung schon in seiner Kindheit zutage.

Peter Krause: Erinnern Sie sich? Sie waren 13 Jahre alt und sind mit einem Lehrer, der eine Nazivergangenheit hatte, aneinandergeraten. Danach mußten Sie die Schule verlassen. Was drückt sich in dieser Begebenheit aus? Ist es Cholerik oder die Liebe zur Wahrheit? Oder eine andere Charaktereigenschaft von Ihnen?

Konrad Schily: Wenn ich mich recht erinnere, habe ich mich über die ungerechte Behandlung eines anderen Schülers empört. Und das durch diesen Lehrer, vor dem ich keine Achtung hatte. Im Zeugnis stand dann, daß der Schüler die Anstalt verlassen soll, um eine andere zu besuchen. Als mein Vater das gelesen hatte, sagte er: *„Jetzt gehst du auch woandershin."*

Kulturelle Bildung und Schicksalsschläge

P.K.: Haben Sie gute Erinnerungen an Ihre Kindheit?

K. Schily: Die ersten Erinnerungen, die ich habe, reichen in eine Zeit, in der ich noch im Kinderwagen war. Dann erinnere ich mich an die Nächte im Luftschutzkeller.

P.K.: Stimmt es, daß Ihr Vater Ihnen und Ihren Geschwistern zweisprachig Kasperletheater vorgespielt hat?

K. Schily: Manchmal auch in noch mehr Sprachen. Mein Vater beherrschte mehrere Sprachen und Dialekte. Es war immer ganz toll, wenn der Kasper kein Sächsisch verstand.

P.K.: Das Leben der Familie Schily war kulturell offensichtlich sehr reich.

K. Schily: Ich war ein Nachzügler. Die eigentliche Gemeinschaft war unter den älteren Geschwistern, wobei ich als Jüngster schon vieles miterleben durfte, was den anderen vorher vorbehalten geblieben war. Es gab sehr viele Theater- und Konzertbesuche. Das Bochumer Schauspielhaus nach dem Krieg war sehr gut. Ich lebte in einer Welt voller Musik und Literatur.

P.K.: Ihr Bruder Michael starb 1952, und Ihre Eltern kamen 1955 bei einem Unfall ums Leben. Wie haben Sie diese Ereignisse erlebt? Sie waren damals Schüler der Oberstufe bzw. nicht weit weg vom Abitur.

K. Schily: Es war erst mal so etwas wie ein Ende – und dann doch kein Ende. Ich war damals Schüler der Waldorfschule in Wuppertal und wohnte auch nicht mehr zu Hause, sondern bei zwei Frauen – heute würde man sie ein lesbisches Paar nennen –, die sich durch die Untervermietung an Waldorfschüler ein Zubrot verdienten.

Ein paar Wochen vor dem Unfall war ich mit meiner Mutter und meinem Vater auf einer sehr besonderen Reise in England. Meine Eltern hatten mir damals erlaubt, noch zwei Wochen allein an der irischen Westküste zu wandern. Am Ende der zwei Wochen hatte ich in einem Traum plötzlich das Gefühl, ich müsste zu Hause anrufen, weil die Eltern verunglückt sind. Vielleicht hat mich dieser Traum ein bißchen auf das vorbereitet, was ich dann erfuhr.

P.K.: Wie waren Sie denn als Jugendlicher innerlich gestimmt? Ihre Kindheit fiel in die Kriegszeit. Aber Sie wuchsen in einem anspruchsvollen Umfeld auf, die Eltern hatten Vertrauen zu Ihnen. Dann kamen diese Schicksalsschläge. Was wurde dadurch herausgeschliffen?

K. Schily: Selbstvertrauen!

Die 1960er Jahre

P.K.: In den 1960er Jahren, also in einer allgemein bedeutenden Zeit, haben Sie Ihr Staatsexamen und die Promotion abgelegt. Damals trat etwas sehr Wichtiges in Ihrer Biographie ein, indem Sie zum „Tübinger Kreis" gefunden haben, der später die Klinik und die Universität in Witten/Herdecke, die „UW/H", gegründet hat. Wie waren Sie damals gestimmt? Es ist doch, gelinde gesagt, sehr ungewöhnlich, daß junge Leute sich vornehmen, ein Krankenhaus und eine Universität zu gründen.

K. Schily: Ich hatte 1957 in Basel mit meinem Studium begonnen. Da habe ich viele tolle Leute getroffen, u.a. Adolf Portmann, Karl Theodor Jaspers, Karl Barth. Das war für mich wirklich Hochschule, eine Art Studium Generale. Außerdem war ich auch in Dornach. Dort traf ich jemanden, der mir von der in Tübingen bereits existierenden Studentengruppe erzählte. Tübingen hatte durch die Leute, die dort gewesen sind, bereits eine Biographie. Es waren Dieter Lauenstein und Siegfried Gussmann, beide Pfarrer der Christengemeinschaft, und Gerhard Kienle, um nur drei der Persönlichkeiten zu nennen.

Als junger Mensch will man ja auch etwas tun. Im Gemeinschaftskrankenhaus habe ich später einmal scherzhaft gesagt, daß ich mit 21 meine Mündigkeit wieder abgegeben habe, denn dann gab es den Herrn Kienle.

P.K.: Gerhard Kienle und Dieter Lauenstein waren also damals die vor allem inspirierenden Köpfe für den Kreis der Studenten?

K. Schily: Ja! 1963 haben wir in Tübingen das Fichte-Haus als selbstverwaltetes Studentenwohnheim eröffnet, was mich mit diesen beiden Persönlichkeiten schon sehr nah zusammengeführt hat. Dieter Lauenstein wurde dann sehr krank und hat mir die Verantwortung für den weiteren Bau übertragen. Mit Gerhard Kienle ging ich das Krankenhausprojekt und später die Universität an.

P.K.: Was war für die Gruppe damals der entscheidende Punkt, an dem Sie beschlossen haben, ein Krankenhaus zu gründen?

K. Schily: Es gab verschiedenste Gründe dafür. Gerhard Kienle arbeitete schon immer für die anthroposophische Medizin und für die Idee einer entsprechenden Klinik. Ich selbst begegnete dieser Idee schon im Studium aufgrund des lebendigen Austauschs, den wir in der anthroposophischen Studentengruppe damals hatten. Da wurde auch die Uni schon diskutiert. Der Mut von Gerhard Kienle bestand darin, junge Leute wie mich, Hans-Christoph Kümmel und Klaus Fischer in den Vorstand zu holen. Auch Dieter Lauenstein vertraute uns.

Bei mir führte die Auseinandersetzung mit dem Dritten Reich zu der Überzeugung, daß das alles auch dadurch begünstigt wurde, daß es keine bzw. viel zu wenige freie Bildungseinrichtungen gab. Das Schlüsselerlebnis war, daß ich von dem Berufsbeamtengesetz erfuhr, das im April 1933 von den Nazis erlassen worden war und bis November 1933 zu Entlassungen von Lehrern und Hochschullehrern in großem Stil geführt hatte. Bestimmend für mich war sicher auch die Waldorfschule mit ihrem freien Geist, mit den Lehrern, von denen viele im Widerstand gekämpft hatten.

Der eigene Weg zu einer neuen Universität

P.K.: Waren für Sie auch die Ideen von Karl Jaspers von der staatsfreien Sphäre im Staat prägend?

K. Schily: Natürlich, die auch. Mir geht es auch heute noch um die wirklich freie Bildung, nicht die pseudofreie Bildung. In den staatlichen Universitäten ist es immer warm und trocken, auch wenn sie ständig über Geldmangel klagen. Aber worüber sie nicht klagen, ist, daß sie nur in vorgeschriebenen Bahnen laufen dürfen.

P.K.: Sie gründen derzeit zum dritten Mal eine Universität, wobei die zweite, die Nordische Universität, nach wenigen Jahren den Betrieb wieder einstellen mußte. Was treibt Sie an, solche Anstrengungen immer wieder auf sich zu nehmen? Schon die Gründung der UW/H war ein Kraftakt. Sie mußten zahlreiche Widerstände überwinden, bevor der Studienbetrieb beginnen konnte.

K. Schily: Eine Studentin hat es einmal nett ausgedrückt – es wurde ja nicht oft etwas Nettes über mich gesagt –: Wir haben die Füße in die Luft gestellt, und sie hat getragen!

P.K.: Sie hätten viele Karrierewege einschlagen können. Man kann doch viele andere Sachen machen, man muß nicht unbedingt eine Universität gründen.

K. Schily: Aber ich hatte mir das vorgenommen. Ich wollte die Hochschule. Ich wollte sie immer mehr, je mehr Widerstände kamen. Und es waren ja auch Ereignisse dazwischen. Wir wollten mit dem Gemeinschaftskrankenhaus zum Lehrkrankenhaus werden. Es gab damals zwei Chirurgen, die das Gemeinschaftskrankenhaus in Herdecke sehr geeignet fanden, Studierende auszubilden. Darum gaben sie ein sehr positives Gutachten ab. Aber die anderen Professoren meinten, daß sie nun durch die Anthroposophen vereinnahmt würden. So mußten die beiden das Gutachten widerrufen. Und so ging es weiter. Schließlich sagte ich zu Gerhard Kienle: Und jetzt bekommen sie die Uni! Er, und auch Dieter Lauenstein, wollten die Universität allerdings anders erreichen. So ging ich meinen eigenen Weg, allerdings ohne mich von den beiden Persönlichkeiten zu trennen.

P.K.: Sie sind für Ihr ausgeklügeltes Vorgehen bekannt. Und man weiß, daß Sie auch immer wieder für Überraschungen gut sind. Entschiedenheit und schnelles Reaktionsvermögen sind bei einem solchen Vorhaben vermutlich sehr wichtig?

K. Schily: Ja, natürlich!

P.K.: Der Journalist Hans Leyendecker bezeichnete Sie einmal als „sanften Menschenfänger". Können Sie sich darin wiederfinden?

K. Schily: Das ist nett gesagt.

P.K.: Der Umkreis der Universitätsgründung stammt aus der deutschen Wirtschaftselite: Reinhard Mohn, Berthold Beitz, August Oetker usw. Auch Politiker wie Kurt Biedenkopf haben Sie für Ihr Vorhaben gewinnen können. Die Liste ist sehr lang. Diese Menschen mußten Sie ja erst einmal erreichen und für Ihre Idee begeistern. Wie haben Sie das gemacht?

K. Schily: Mit viel Glück!

P.K.: Das ist zuwenig. Jetzt stellen Sie ihr Licht unter den Scheffel.

K. Schily: Die schwerste Zeit war um die Anerkennung der UW/H herum. Es gab drei Personen, die führend in der Hochschulgründung waren: Gerhard Kienle, Herbert Hensel und Karl-Heinz Schäfer, der noch vor der Anerkennung verstorben ist. Herbert Hensel verstarb ein halbes Jahr nach der Anerkennung, Gerhard Kienle in der Zeit der Eröffnung der Universität. Dann war ich wirklich total allein. Es war nicht leicht durchzuhalten.

P.K.: Es muß einen Menschen geben, der einem solchen Projekt seine Handschrift verpaßt. Und das waren nun mal ganz offensichtlich Sie. Darin drückt sich auch Führungskultur aus. Sie sind einmal mit einem Konzept bei Reinhard Mohn, einem Patriarchen der alten Schule, vorstellig geworden. Dieser sagte zum Konzept, daß er darin keine sinnvolle Planung erkennen könne. Sie haben ihn daraufhin gebeten, Ihnen sinnvolle Planung beizubringen und eine moderne Führungskultur in der Universität zu entwickeln.

Universität Witten/Herdecke, Altbau
(ehemaliges Amtshaus von Annen)

K. Schily: Richtig. Das Verhältnis zu Reinhard Mohn war über viele Jahre sehr gut. Wir konnten uns in vielen Bereichen gut verständigen. Er war und blieb in gewisser Weise kritisch. Das schönste Kompliment bekam dann einmal nicht ich, sondern meine Sekretärin.

Nachdem Herr Mohn bei uns ausgeschieden war, sagte Frau Kummer, die Sekretärin von Herrn Mohn, daß er immer, wenn er von uns gekommen war, für *„drei, vier Tage so menschlich"* gewesen sei.

P.K.: Es ist mit ihm also etwas passiert durch seine Tätigkeit für die UW/H.

Bei Ihrer Schilderung stelle ich zwei Dinge fest:

Das eine ist, daß ein wirksames Netzwerk hochkarätiger Menschen entsteht. Ich rechne das Ihrem persönlichen Geschick zu, daß das so möglich wurde.

Alfred Herrhausen

Das andere ist, daß Sie viel Geld brauchten, um Ihr Vorhaben in die Tat umsetzen zu können. Auch auf diesem Feld waren Sie erfolgreich, haben Menschen gefunden, die Ihnen zur Seite standen. Erinnern Sie sich an den 30. November 1989? Es war der Tag des Attentats auf Alfred Herrhausen, den damaligen Chef der Deutschen Bank, der sich für die UW/H engagierte. Wie haben Sie sich an dem Tag gefühlt?

K. Schily: Es war eine wahnsinnige Trauer um diesen Menschen. Ich wußte, daß nun ganz schwere Zeiten für die Hochschule anbrechen würden. Ich vermute die Mörder nach wie vor weit ab von den offiziellen Theorien.

Die Frau von Alfred Herrhausen erzählte einmal, daß er ihr gesagt habe, daß er immer wieder Verrückte treffen würde. Aber heute habe er einen getroffen, dem er helfen müsse. Und dann erzählte er von der UW/H.

P.K.: Der „Verrückte", den er getroffen hat und dem er helfen wollte, waren Sie das?

K. Schily: Da bin ich mir nicht sicher. Er könnte auch Gerhard Kienle gemeint haben. Vielleicht waren wir es ja auch beide. Wir haben Alfred Herrhausen gemeinsam kennengelernt. Danach habe ich ihm die Idee in seinem Büro in Düsseldorf vorgetragen.

Herrhausen dachte wirklich nach, er war sehr beschlagen. Er las viel neben seinen beruflichen Themen. Ich erinnere mich an einen Moment in seinem Büro, als er mich fragte, womit ich mich gerade beschäftige. Ich sagte, daß ich viel über die Evolution und die Zeit nachdenke. Da zog er ein Buch über die Zeit hervor, in dem er mich blättern ließ. Darin waren viele Anmerkungen, und man konnte sehen, wie sehr er sich mit dem Thema beschäftigte.

P.K.: Er war ja in der Bank zuletzt nicht mehr unumstritten.

K. Schily: Dieser Mann hat wirklich nachgedacht. Die Deutsche Bank ist nach ihm zu einer anderen Bank geworden.

Themen und Ziele der freien Bildung

P.K.: Teilten die vielen Menschen in Ihrem direkten Umkreis Ihren Blick auf die Welt, der darin besteht, daß der Mensch mehr ist als Fleisch und Blut und daß wir Realitäten nur sehr beschränkt wahrnehmen?

K. Schily: Wovon alle etwas verstanden haben, das waren Verantwortung, Freiheit und Sozialität.

P.K.: Das sind Themen der wirklich freien Bildung, die zu entsprechenden Ergebnissen führen.

Ich erinnere mich daran, wie Ende der 1980er Jahre an der UW/H die Global Studies-Idee entstand. Man berichtete, daß Sie mit einigen Studenten gerade ein Fußballländerspiel ansahen, als die Idee geboren wurde, daß eine Gruppe von Studenten ein Jahr um die Welt reisen sollte, um bei verschiedenen Professoren sozusagen „interkontinental" zu studieren.

K. Schily: Das war in der Villa am Zweibrücker Hof in Herdecke, die es heute nicht mehr gibt. Johann Galtung war später der entscheidende Mann für die Umsetzung dieser Idee. Ohne den hätten die Studenten das gar nicht geschafft.

P.K.: Dieses Vorhaben war sicherlich ganz nach Ihren Geschmack, oder?

K. Schily: Selbstverständlich. Tue stets, was du willst und kannst!

P.K.: Bitte sagen Sie etwas zur European University Foundation, die unter Ihrem Vorsitz von verschiedenen Experten für Hochschulbildung gegründet wurde. Warum hat Sie das Thema Hochschule nie losgelassen?

K. Schily: Die Idee der Foundation war eigentlich viel größer. Helmut Kohl fragte mich 1998 danach, was in Europa neben einer gemeinsamen Währung, vereinten Streitkräften usw. kulturell verbinden könnte. Ich schlug ihm vor, daß er mit dem damaligen französischen Staatspräsidenten Jacques Chirac eine europäische Universitätsstiftung ins Leben rufen könnte. In diese Stiftung, so meine Idee, könne jedes europäische Land eintreten, müsse aber eine Universität in den Verbund einbringen. Diese Universitäten wären völlig frei, ohne jede staatliche Vorgabe. Sie wären nur der Forschung und Lehre verpflichtet.

Daraus ist schließlich die deutsch-französische Universitätsagentur geworden. Darüber war ich traurig, aber so hat Helmut Kohl die Idee wohl verstanden.

Jean-Claude Juncker

Ein paar Wochen später traf ich Jean-Claude Juncker, der mich fragte, was aus dieser tollen Idee geworden sei. Ich antwortete ihm: die deutsch-französische Universitätsagentur! Und er meinte, daß das doch wohl nicht wahr sein könne. Er wollte noch einmal mit Helmut Kohl drüber reden. Dann trat Kohl allerdings ab. Ich habe es hinterher, auf Veranlassung meines Bruders, noch einmal mit Gerhard Schröder erörtert, der die Idee auch sehr gut fand. Aber Edelgard Bulmahn als Bildungsministerin hat es nicht aufgegriffen.

Jean-Claude Juncker wollte die Idee nicht liegenlassen, sondern selbst umsetzen. So entstand eine kleine Lösung, die es heute mit luxemburgischer Hilfe gibt und die etwa zwanzig europäische Universitäten miteinander verbindet. Aber alles existiert in viel kleinerem Umfang, als wir es ursprünglich gedacht hatten.

Politisches Engagement

P.K.: Sie haben jetzt das Feld der Politik berührt. Sie haben Helmut Kohl erwähnt. In der Geschichte der UW/H hatten Sie in Lothar

Späth, dem damaligen Ministerpräsidenten von Baden-Württemberg, einen engagierten Fürsprecher, der die Universität aus Witten/Herdekke sogar nach Mannheim holen wollte. Erwähnt hatte ich bereits Ihre guten Kontakte zu Kurt Biedenkopf. Die Förderung der Nordischen Universität durch Uwe Barschel ist auch ein Faktum. Dennoch sind Sie nach Ihrem Austritt aus der SPD nicht Mitglied der CDU, sondern der FDP geworden. Warum?

K. Schily: Ich wollte in den Bundestag. Bei der SPD oder der CDU hätte ich keinen geeigneten Listenplatz bekommen. Bei der FDP ist es beim ersten Anlauf gelungen.

P.K.: Man könnte es als Laune des Schicksals bezeichnen, daß Sie als Schüler von Karl Jaspers und als intensiv die Freiheit liebender Mensch von 2005 an für die FDP schließlich auch im Bundestag saßen, in dem Ihr Bruder Otto Schily in den Jahren davor als Bundesinnenminister manches Vorhaben, wie z.b. den biometrischen Reisepaß, betrieben hat, das den Parlamentariern der FDP sicher nicht gefallen hat. Ihr Bruder, der ehemalige Anwalt der RAF, vertrat plötzlich den Staat hoch zehn. Wie kann man das verstehen?

K. Schily: Ich glaube, daß mein Bruder sich gar nicht so stark geändert hat. Er hat schon immer das Gewaltmonopol des Staates vertreten.

Vieles über meinen Bruder wird falsch kommuniziert. Er ist nach wie vor ein absolut liberaler Geist, der aber auch sagt, daß Telefondaten sowieso für drei Monate gespeichert werden. Warum nicht auch sechs Monate, um sie bei Bedarf der Polizei zugänglich machen zu können? Er ist damals auch furchtbar angegriffen worden, als er gesagt hatte, daß man in Nordafrika Auffangmöglichkeiten für die Flüchtlinge schaffen müsse. Kirchen, und wer nicht noch alles, fielen über ihn her. Und die Kirchen sind heute ganz stumm. Die katastrophalen Zustände, die mein Bruder damals befürchtet hat, sind tatsächlich eingetreten.

Die Bedeutung der Waldorfschulen

P.K.: Zum Schluß noch eine Rückblende: Es spielte eine gewisse Rolle in Ihrem Leben, daß Sie Waldorfschüler waren ...

K. Schily: ... eine sehr große Rolle!

P.K.: Welche Rolle spielt diese Schulform aus Ihrer Sicht in der gegenwärtigen Bildungslandschaft?

K. Schily: Ich engagiere mich gegenwärtig für eine Waldorfschule in Namibia. Es ist ein wirklich großes Glück zu sehen, wie die verschiedenartigsten Kinder dort einfach nur leben dürfen. Sie können

Universität Witten/Herdecke, Haupteingang Neubau

sich entwickeln und werden nicht irgendwo hineingepfercht. Wenn das ein Markenzeichen der Waldorfschulen wäre, wäre es schon ganz viel. Mit einer solchen geistoffenen Pädagogik wäre schon viel erreicht.

P.K.: Wenn Sie auf die Hochschulen blicken, leuchtet die UW/H dann heraus? Und nun folgt Brandenburg. Haben Sie, jedenfalls ansatzweise, Ihr Ziel erreicht, ein wirksames Hochschul-Komplement geschaffen zu haben?

K. Schily: Ohne die UW/H wäre vieles in der deutschen Hochschullandschaft, besonders auf dem Gebiet der Medizin, nicht geschehen. Da wirkt die Kraft des Vorbilds. So etwas hätte man nicht herbeischreiben können. In Witten habe ich die Menschen nicht gesucht, ich habe sie gefunden. Dann bedurfte es einiger Zeit und Mühe, bis das Kunstwerk schön geworden ist. Wie sich Brandenburg entwickelt, muß man erst einmal abwarten. Vieles braucht seine Freiheit und seine Zeit, um sich entwickeln zu können.

Guerilla des guten Willens: Die „Steinschleuder"

Wie Jugenderfahrungen die Welt und das eigene Leben verändern

Peter Krause im Gespräch mit:

Marcel Botthof (36), als gelernter Demeter-Landwirt im Handel mit Baumaschinen tätig;

Rebekka Breth (39), Kindergärtnerin;

Johanna Fürst (21), Studentin der Humanmedizin;

David Kannenberg (31), Masterstudent der Soziologie;

Sebastian Nahrwold (41), einer der Mitbegründer der „Steinschleuder", bietet Kraftsport- und Selbstverteidigungstrainings an;

Ingo Weerts (41), arbeitet als Außenrequisiteur bei Film und Fernsehen.

Der Drang, die Welt nach eigenen Vorstellungen verändern zu wollen, ist in jedem Menschen veranlagt. Die Vorstellung, wie *es* sein könnte oder gar müßte, folgt latenten Empfindungen. Junge Menschen begegnen solchen Vorstellungen noch spontan, empathisch, weil sie sich noch nicht angepaßt haben. Ihrem Veränderungsdrang sind die Grenzen des verbürgerlichten Lebens in Pflichten und Normen noch nicht gesetzt. Darum ist die Zeit der Jugend für die ganze Menschengemeinschaft so wertvoll, denn in keiner Zeit der Biographie ist ein Mensch so innovationsfreudig wie in den letzten Jahren seines Noch-nicht-Erwachsenseins. Junge Menschen wissen besser als die Alten, was wie sein könnte und sollte, aber sie müssen es noch lernen, damit umzugehen, sich also darin üben, die Flamme zu bewahren und den eigenen Idealen zu vertrauen.

Am 27. April 1992, in der damaligen orthodoxen Osternacht, wurde auf dem Nachhauseweg von einer kleinen Kirche im ukrainischen Slowjansk in einer Gruppe Jugendlicher die Idee geboren, mit den eigenen Möglichkeiten die Welt ein wenig zu verändern. Bis 1994 ging es dabei um den Bau einer Krankenstation für Tschernobyl-Kinder (vgl. FLENSBURGER HEFTE 42, *Ist die Welt noch zu retten?*), danach folgten bis heute Hilfsprojekte in verschiedenen Ländern der Erde: Brasilien, Argentinien, Irland, Albanien, Ghana, Senegal, Tansania, Philippinen. Die Initiative bekam ihren Namen: *„Steinschleuder – Bewegung zur Bewegung"* und wurde zu einem von Jugendlichen selbstverwalteten Verein. An den Projekten haben im Laufe der Jahre viele hundert junge Menschen teilgenommen, die dabei Entwicklungszusammenarbeit im besten Sinne kennenlernten. Häuser, Wasserleitungen, Ambulatorien, Schulen, Krankenstationen, Kindergärten usw. wurden und werden gebaut. Dafür werden Spendengelder akquiriert, Praktika im Handwerk absolviert, Freizeit eingebracht und Ferien auf Baustellen in fernen, unwirtlichen Ländern verbracht.

Angesichts von über zwanzig Jahren des Bestehens ist es eine interessante Frage, wie derart typische, prägnante Erfahrungen im Leben von Erwachsenen gegenwärtig geblieben sind und wirken; von Erwachsenen, die sich als junge Menschen mit davidischem Mut dem Riesen stellten. Wenn es im Leben gutgeht, wird ein Mensch darin nicht lockerlassen, die Welt verändern zu wollen. Und wenn es nicht so gut geht, bedarf es gelegentlicher Erschütterungen und Krisen, um die Quelle idealistischer Innovationsfreude wieder sprudeln zu lassen. Was auf jeden Fall bleibt, ist die Entwicklung der Welt, die nicht ohne weiteres in der Richtung zum Positiven verläuft. Wachsamkeit, Vertrauen und ein gesundes Maß an Empörung gehören zum Leben bestenfalls dazu. In der „Steinschleuder" kann das gelernt und geübt werden – für das eigene Leben und für uns alle, für die Menschen und für die ganze Welt. So groß ist der Anspruch dieser verhältnismäßig kleinen Initiative, die doch so Wichtiges bewirkt!

Der *„Steinschleuder – Bewegung zur Bewegung e.V."* wurde von Jugendlichen gegründet, die dem ukrainischen Arzt Valentin Bjelokon begegnet waren. Was zunächst 1992 im Anschluß an die internationale Jugendtagung *Einsam – Gemeinsam* im Rahmen der Christengemeinschaft begannen, um Kindern zu helfen, die aufgrund der Katastrophe von Tschernobyl strahlengeschädigt waren, entwickelte sich seither zu einer eigenständigen, kirchenunabhängigen Initiative, die in über zwanzig Jahren ihres Bestehens weltweit diverse Projekte umgesetzt hat.

Für die Zukunft ist ein schulergänzender Jahreskurs geplant, in dem Jugendliche lernen, was für eine erfolgreiche Entwicklungszusammenarbeit gewußt und gekonnt werden muß. Dabei geht es einerseits darum, auf Freiwilligendienste vorzubereiten, aber vor allem auch darum, wie die damit verbundenen Erfahrungen für die eigene, persönliche Entwicklung erschlossen werden können. Eine Besonderheit vom Jahreskurs ist, daß darin ehemals Steinschleuder-Aktive zusammenwirken, um ihr Wissen an künftig Aktive weiterzugeben.

Informationen zum Jahreskurs: www.fairventure.de

Informationen zum *„Steinschleuder – Bewegung zur Bewegung e.V.":* www.steinschleuder.org

Peter Krause: Ihr alle seid für einige Jahre eures Lebens in der „Steinschleuder" aktiv gewesen bzw. seid es auch noch. Andere gehen mit der gleichen Intensität sportlichen Aktivitäten nach, spielen in einer Band, engagieren sich im Roten Kreuz oder sind für das Gemeinwohl in irgendwelchen NGOs aktiv, von denen es heutzutage ja viele gibt.

Die Begegnung

In diesem Gespräch soll es darum gehen, inwiefern euch die Erfahrungen, die ihr in der „Steinschleuder" macht bzw. gemacht habt, persönlich verändert haben. Wie habt ihr euch dadurch verändert, daß ihr euch mit der Not von Menschen so intensiv beschäftigt und einen

hilfreichen Beitrag an Orten geleistet habt, an denen vordergründig vor allem die Armut und die Not das Leben der Menschen bestimmen? Wie seid ihr überhaupt zur „Steinschleuder" gekommen? Was hat euch so angesprochen, daß ihr da eingestiegen seid?

Sebastian Nahrwold: Meine Jugenderfahrungen, die mich zur Gründung der „Steinschleuder" führten, habe ich vor dem Hintergrund der damals aktuellen Ereignisse gemacht: Tschernobyl, die zunehmende Gefährdung des ökologischen Gleichgewichts und das Ende des Kalten Krieges.

Aber auch das Aufkeimen des Neofaschismus in den 1980er Jahren war fürchterlich. Es schränkte die Freiheit fühlbar ein, weil man wußte, daß man diese Idioten möglicherweise auch auf irgendeiner Dorfdisco trifft. Dagegen habe ich mich sehr gewehrt und mich mit Gleichgesinnten verbündet.

Johanna Fürst: Schon als Kind, in der zweiten oder dritten Klasse, habe ich mich für diesen Bereich interessiert. Ich weiß nicht, warum, auch meine Eltern wissen das nicht. Es war einfach schon immer so. Irgendwann habe ich die „Steinschleuder" gefunden. Die Diskussionen untereinander und die Teilnahme an den Projekten haben mich dann persönlich auf meinem Weg weitergebracht.

Marcel Botthof: Ich war damals 14 Jahre alt und habe einen Vortrag der „Steinschleuder" für Jugendliche gehört. Ich war ein Punk, war mit der Welt nicht zufrieden und begann damit, mich für Politik zu interessieren. Ich wollte mich einfach nicht damit abfinden, daß die Erwachsenen behaupteten, daß man sich mit dem Lauf des Lebens abfinden solle und daß man an der Welt nichts wirklich verändern könne.

Wichtig war sicherlich, daß ich schon damals gern gearbeitet habe. Ich will immer etwas tun.

Als Schüler an der Waldorfschule fand ich den Gartenbau-Unterricht immer klasse, weil man da erleben konnte, daß etwas vorangeht. Diese praktische Neigung spielte sicherlich eine wichtige Rolle für meinen Weg zur „Steinschleuder", weil dadurch Gedanken, die die Welt verändern, in der wirklichen Welt ankommen, z.B. auf Baustellen.

Ingo Weerts: Ich habe damals an den Jugendtreffen der Christengemeinschaft im Ruhrgebiet teilgenommen. Daraus ging die „Steinschleuder" ja hervor. Durch die große Jugendtagung der Christengemeinschaft in Bochum im Jahr 1992 hat sich eine feste Gruppe gebildet, die Urzelle der „Steinschleuder". Die Tagung selbst ist mir noch sehr gut in Erinnerung. Sie war ein erstes Aufleuchten. Allein das Organisatorische war eine Riesenaufgabe, aber wir haben sie mit großer Kraft vorbereitet. Es war wie eine Initialzündung, zu sehen, was machbar ist, wenn eine kleine Gruppe ein großes Ideal hat. Da kann viel in Bewegung geraten. Es kamen Spenden, die es ermöglichten, daß 1.200 Jugendliche aus 28 Ländern der Erde teilnehmen konnten. Ein besonderer Charakter der Tagung war auch, daß viele aus der ehemaligen Sowjetunion dabei waren. Die Grenzen waren weg, die Welt war eine andere geworden!

Rebekka Breth: Als junges Mädchen ging es mir an der Schule zeitweise gar nicht gut, weil ich gemobbt wurde. In dieser Zeit erfuhr ich von einem Treffen der „Steinschleuder", das in Stuttgart stattfand, und ich fuhr hin. Ich kann mich noch sehr gut erinnern, wie ich dort ankam. Sebastian und Ingo standen vor der Tür der Kirche der Christengemeinschaft und haben mich, die sie ja noch gar nicht kannten, sehr herzlich begrüßt. Auch zu den anderen in der Gruppe fand ich sofort Kontakt. Ich traf zum ersten Mal Menschen, bei denen ich das Gefühl hatte, daß ich so sein konnte, wie ich bin. Sie waren alle sehr aufgeschlossen und doch auch individuell.

P.K.: Was ist damals in euch passiert, als ihr diese für euch neuen Erfahrungen gemacht habt?

I. Weerts: Es tat sich eine neue Perspektive auf. Ich bekam ein Rüstzeug dafür, auch andere und größere Projekte anzupacken. Waldorfschule und Elternhaus waren einerseits die heile Welt, während die große Welt voller Krisen und Probleme war. In der „Steinschleuder" kam die heile Welt mit der großen Welt zusammen.

S. Nahrwold: Was an der „Steinschleuder" so wichtig war und ist, ist, daß es etwas gibt, *wofür* man sein kann. Das haben wir damals, bei der Gründung der „Steinschleuder", auch sehr stark in den Vordergrund gestellt. Ich selbst war in Köln z.B. in der Antifa politisch aktiv. Da hat man sich vor allem über ein *Dagegen* definiert. Es ging um Ablehnung und Verhinderung. Bei der „Steinschleuder" geht es um ein Ermöglichen, um eine positive Energie. Das gab der Sache sofort einen ganz anderen Drive.

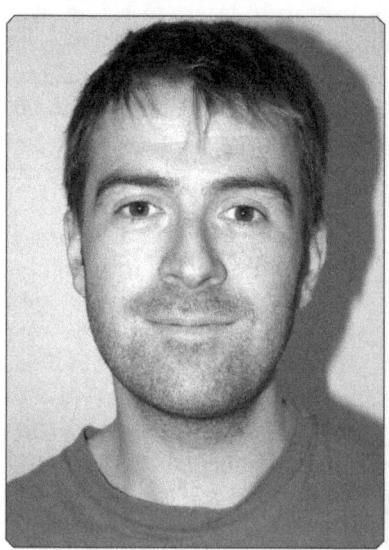

David Kannenberg: Ich war 16, als ich der „Steinschleuder" begegnet bin. Ein Freund hat mich mitgenommen zu einem Vortrag, den Valentin Vollmer an unserer Schule hielt. Richtig begeistert war ich aber erst, als ich das erste Mal an einem Jugendwochenende teilnahm, zu dem sich die Aktiven in der „Steinschleuder" in gewissen Abständen treffen. Da habe ich eine Art Gleichklang gespürt. Man begegnete sich mit großer Offenheit. Darin erlebte ich eine große Nächstenliebe und eine ebenso große, entschiedene Bereitschaft, an der bestehenden Welt etwas zu verändern. Mein erstes Baucamp war im Jahr 2000 in Irland.

Veränderungspotential erleben

M. Botthof: Mein erstes Jugendwochenende verbrachte ich im Waldhaus der „Steinschleuder": eine Hütte im Wald, umgeben von Feldern. Dahin mußte man erst mal ein ganzes Stück laufen. Als ich dort ankam, arbeiteten schon alle im Wald. Und ehe ich mich versah, hatte ich auch Werkzeug in der Hand und war selbst am Arbeiten. Alle hatten sofort Vertrauen zu mir. Normalerweise ist man ja eher vorsichtig, sagt, daß jemand noch nicht genug Erfahrung habe; aber in der „Steinschleuder" bekommt jeder sofort seinen Platz. Dieses große Vertrauen spürt man sofort. Diese Wertschätzung ist eine wichtige Erfahrung, die mir auch heute noch ein großes Anliegen ist.

P.K.: Nochmal: Was genau hat euch bewogen, bei der „Steinschleuder" mitzumachen? Was hat euch angesprochen, und wie habt ihr als Jugendliche die Welt erlebt?

J. Fürst: Für mich spielt der Name „Steinschleuder" schon eine große Rolle. Wenn ich jemandem von uns erzähle, fließt die Geschichte des Namens gleich mit ein. David gegen Goliath: Man kann mit kleinen Maßnahmen viel mehr verändern, als man zuerst meint. Ich bin zur „Steinschleuder" gekommen, weil ich in der komplizierten, manchmal schrecklichen Welt etwas verändern will. Es ist sicherlich nicht möglich, sofort eine gute Welt zu schaffen, aber kleine Schritte sind dennoch immer möglich.

Ich kenne genügend Leute, die behaupten, daß sie nichts machen könnten, und die sich darum irgendwie abkapseln. Es gibt junge Leute, die einen Verdrängungsmechanismus in sich haben, der durch das alltägliche Leben sogar gefördert wird. Da spielen die neuen Medien eine große Rolle. Sogar auf den Philippinen habe ich erlebt, wie eigentlich alle jungen Leute, trotz der allgegenwärtigen Armut, ein Smartphone haben, mit dem sie beschäftigt sind.

R. Breth: Als junges Mädchen war ich mir noch nicht im klaren darüber, was ich eigentlich will. Die Sehnsucht lebte eher im Gefühl, ohne daß ich deuten konnte, wohin es mich zog. Das Leben wahrhaftig anzuschauen, sich mit Menschen darüber auszutauschen, das wollte ich damals schon. In der Gemeinschaft mit anderen bekommt man sofort einen erweiterten, volleren Blick auf das Leben.

D. Kannenberg: Die Begegnung mit der „Steinschleuder" fiel bei mir in eine Phase, in der ich mit dem Alltäglichen nicht zufrieden war. Sachzwänge waren mir damals schon zuwider. Ich wollte es nicht akzeptieren, daß etwas immer so bleiben muß, wie es gerade ist. Daraus kann man seinen eigenen Willen nicht gut ableiten. Diese Haltung habe ich damals aber noch nicht in irgendeinem Engagement ausgedrückt. Das änderte sich, als ich zur „Steinschleuder" kam.

M. Botthof: Ich hatte auch eine große Abneigung gegen alles Starre. So wie David es ausgedrückt hat, könnte ich auch sagen: Sachzwänge waren mir erst mal zuwider. Ich war gegen Krieg, Waffen und Kommerz. Die typische Antihaltung eben. Darin war ich damals ziemlich radikal. Ich wollte es nicht hinnehmen, daß die Welt so ist, wie sie ist, und man daran nichts ändern kann. Und dann wollte ich etwas tun, dem Menschlichen folgen, Zeichen setzen.

R. Breth: Mein Verhältnis zur Welt war damals so, daß ich stürmisch vieles erst einmal in Frage gestellt habe. Das hängt auch mit meiner Kindheit zusammen, in der ich viel Verunsicherung erfahren habe. So suchte ich als Jugendliche eine Art Heimat, die ich in der „Steinschleuder" dann fand.

I. Weerts: An allem in meiner Umwelt habe ich sehr starken Anteil genommen. Irgendwie war ich wie ein Schwamm. Ich war politisch sehr interessiert. Wenn es um Ungerechtigkeiten, Verbrechen, Kriege ging, bekam ich immer große Ohren. Da staute sich einiges an. Es war ja Anfang der 1990er Jahre auch eine ganz andere Zeit als heute. Die Gesellschaft war so, daß man sich als alternativ-links denkender Mensch nur als außerhalb der Gesellschaft empfinden konnte. Mein Innenleben bestand zu einem nicht geringen Teil aus Aggressionen, aber das war auch eine große Kraftquelle.

P.K.: Rebellisches, das auch das Leiden an der Welt nicht ausläßt?

I. Weerts: Ja, ich kann von mir sagen, daß ich mir das Leid der Welt teilweise aufs eigene Brot geschmiert habe. Davon, daß man darunter leidet, geht es jemand anderem aber noch nicht besser. Es war aber eine Form der Anteilnahme, die das Feuer in mir entzündet hat.

Opposition! Und dann?

P.K.: Jugendliche opponieren! *„So, wie es läuft, läuft es nicht gut"*, ist die eine Grunderfahrung. Viele verbittern sogar im No future. Etwas anderes ist eine Ahnung von dem, wie es anders sein könnte. Welche Ahnung lebte damals in euch? Hättet ihr damals den Gegenstand eurer Sehnsucht beschreiben können, oder war alles nur ein Bauchgefühl?

M. Botthof: Auf jeden Fall wollte ich ein menschliches Miteinander, ein Handeln aus dem Herzen und aus der Liebe. In Deutschland sind die Menschen ja eher kühl und zurückhaltend. Das habe ich später in Südamerika ganz anders erlebt. Außerdem wollte ich immer schon ein völkerübergreifendes Leben führen. Wozu Grenzen? Ob äußerlich zwischen Ländern oder innerlich zwischen Menschen – das muß nicht sein.

Uns hier in Europa geht's gut, wir können überall hingehen, um etwas zu machen. Wir haben die Kräfte dafür frei. Wenn allerdings jemand ums Überleben kämpfen muß, kann er sich nicht um das Leiden in seiner Umgebung kümmern. Ich selbst komme nicht aus begüterten Verhältnissen. Was ich wollte, mußte ich mir erringen. Aber im Blick auf die Welt hatte ich immer das Gefühl, daß es uns in Deutschland ziemlich gut geht und wir allenfalls auf hohem Niveau klagen.

D. Kannenberg: Bei mir stand nicht so sehr das Gefühl von No future im Vordergrund. Ich wohnte bei meinen Eltern, ging zur Waldorfschule, war irgendwie brav. Meine Sicht auf die Welt war nicht nur ablehnend, sondern auch so, daß ich davon ausging, daß es etwas anderes geben müsse. Ich habe es nur noch nicht gesehen. Gesehen habe ich vor allem das, was ich nicht sehen wollte. Und ich wünschte mir, daß das Leben und der Umgang von uns Menschen miteinander fairer, offener, menschlicher und undogmatischer würde.

P.K.: Was mißfiel dir im Alltag?

D. Kannenberg: Auf mich selbst und mein eigenes Leben bezogen waren es Kleinigkeiten, die mir mißfielen, z.B. die Schule. Ich erinnere mich aber noch im Zusammenhang mit den Anschlägen vom 11. September an ein Gespräch mit einem Freund, der meinte, daß die Anschläge nicht die Falschen getroffen hätten. Darüber war ich schockiert. Man kann doch nicht über Menschen werten und richten!

I. Weerts: Nicht werten und richten? Das war auf jeden Fall auch ein erstrebenswertes Ziel für mich, denn viel von dem, was ich gemacht hatte, war zunächst in einer Antistimmung verankert. Ich nahm an Demos gegen Atomenergie oder gegen Faschos teil. Das war zwar nötig, aber eben nur *gegen* etwas. Bezüglich meiner Sehnsucht schwebte mir vor, daß eine andere, gute Welt doch möglich sein müßte. Es müßte doch möglich sein, daß sich Länder und ganze Kontinente jenseits von Macht und Ausbeutung organisieren lassen.

J. Fürst: Man kann mit kleinen Taten etwas anstoßen, etwas Größeres ins Rollen bringen. Ich persönlich kann mit dem Gefühl nicht leben, es nicht versucht zu haben, etwas zu verändern. Natürlich sind die täglichen Nachrichten ziemlich frustrierend. Man könnte meinen, daß alles immer nur schlimmer wird. Dabei hat es für mich Priorität, daß ich mein Bestmögliches gebe.

Die Ideale: Unendlich fern und doch so nah!

P.K.: Sebastian, du hast 1994 – damals warst du 20 Jahre alt – in einem Interview über Ideale (FLENSBURGER HEFT 46, *Jugendideale*, S.98) gesagt:

> *„Daß ein Ideal irgendwie unerreichbar ist, sehe ich auch so. Aber es hat keine lähmende Wirkung, wenn man sein Ideal nie erreicht, wenn man es nie schafft, denn dann bräuchte ich gar nicht erst anfangen, es zu erreichen. Ein Ideal ist etwas, das einen zum Handeln treibt, auch wenn ich es nicht erreichen kann. Das Ideal ist die treibende Kraft.“*

Für die Ideale der „Steinschleuder" wurden Formulierungen gefunden, die nun schon seit über 20 Jahren treibende Kräfte sind: *„Bewegung zur Bewegung", „Kein Problem ist so groß, daß man es nicht lösen kann"* oder *„Jugendliche helfen Kindern und Jugendlichen in Armutsregionen"*. Wie realistisch ist es, dem Handeln junger Menschen solche Slogans als Überschrift zuzuordnen?

S. Nahrwold: Was wir damals angefangen haben, haben wir zunächst nur über das Gefühl gemacht. Wir waren emotional angesprochen. Es ging mir persönlich auch nicht darum, irgendwelche Erwartungen zu erfüllen, sondern ich wollte etwas machen, was sich für mich persönlich richtig anfühlt. Das Feeling war für mich wichtiger als die intellektuelle Begründung; die kam später dazu.

Mir ist die Namensgebung mit den Untertiteln und Slogans gar nicht leicht gefallen, weil ich es schwer fand, das Eigentliche in Worte zu fassen. Es stimmt aber völlig, was wir dann gemeinsam herausgefunden und formuliert haben. Das Gefühl, das sich einstellte, wenn man anderen von der Initiative berichtet hat, das hat sich sofort übertragen. Das habe ich in den vielen Vorträgen immer wieder erlebt, die ich in ganz Deutschland gehalten habe.

Wir hatten keineswegs alles genau und detailliert geplant, als wir das erste Baucamp durchgeführt haben. Es ist vieles einfach passiert, wir haben im Tun gelernt. Dabei hat uns eine Welle von Interesse und Sympathie getragen. Von überall kamen plötzlich die Spenden und der Zuspruch. Ehrlich gesagt hat uns das damals ziemlich überrascht.

I. Weerts: Mit Sicherheit war auch eine Prise Größenwahn dabei. Aber die Ideale, die wir damals in diese Slogans faßten, dürfen ja auch glänzen, wie ein unerreichbarer Stern. Sie haben trotzdem eine Bedeutung.

P.K.: Sterne geben Orientierung, besonders wenn es mal dunkel wird. Sind diese fernen Sterne mit euren damaligen bzw. heutigen Idealen identisch?

I. Weerts: Ja, das kann man so sagen, wenngleich die Motivation, bei der „Steinschleuder" mitzumachen, bei den Akteuren verschieden war, ebenso die Ideale. Gemeinsam war und ist uns allerdings, daß wir etwas Gutes tun wollen.

P.K.: In der „Steinschleuder" wirklich aktiv zu werden bringt es mit sich, daß man recht viel Zeit und Kraft investiert. Ihr könnt ja jetzt zurückblicken und sagen, ob sich das für euch, ganz persönlich, gelohnt hat.

I. Weerts: Es waren unglaublich wichtige, tiefgehende Begegnungen, die mich sehr geprägt haben. Auch wenn wir nur am Lagerfeuer saßen: Die Treffen waren immer etwas Besonderes, auf die ich mich immer sehr gefreut habe. Kein einziges Treffen habe ich als sinnlos erlebt. Es war immer eine berührende Bereicherung.

Es war auch ein besonderer Prozeß, die Veränderungen der Gruppe zu erleben. Erst war es ein loser Zusammenhang, der dann immer mehr Form bekam. Organisation und Struktur vermittelten die Erfahrung, daß nicht alles locker und einfach vonstatten geht. Später kam auch die Vereinsform dazu, die einige abgeschreckt hat, so daß sie für sich feststellten, daß das nicht mehr ihre Sache war. Das zwischenmenschliche Arbeiten hat sich mit der Zunahme der Dimension der Projekte verändert. Dadurch wurde es manchmal auch schwieriger. Die damit verbundenen Prozesse haben wir alle in der Gruppe durchgemacht. Aus einer spontanen Gruppe wurde eine Art Organisation, die manchmal auch zwischen Mühlsteine geriet.

P.K.: Das birgt wichtige Lebenserfahrungen, gerade für Jugendliche, die das so noch nicht jederzeit und allerorten erleben.

J. Fürst: Durch die Erfahrungen, die ich gemacht habe, habe ich gelernt, mein eigenes Leben viel mehr zu schätzen. Das ist eine Erfahrung, die immer wieder neu da war, wenn wir aus den Projekten zurückgekommen sind. Darin liegt auch ein Erschrecken darüber, wie wenig man doch eigentlich von der Welt und vom Leben weiß.

I. Weerts: Das hat für mich mit Sicherheit dazu geführt, daß ich niemals auch nur in einen Hauch von Agonie oder Perspektivlosigkeit verfallen würde. Ich würde niemals behaupten, daß man bei irgendeinem Problem nichts machen könne. Ich sehe überall Möglichkeiten und traue mir selber zu, an den möglichen Veränderungen von etwas scheinbar Übermächtigem mitzuwirken. Das spielt sogar in meinem Beruf eine Rolle. In meiner Arbeit geht es oft darum, an den Filmsets etwas möglich zu machen, was eigentlich nicht geht. In meinem Denken habe ich dann dieses *„Geht nicht gibt es nicht"*, das mir damals in der „Steinschleuder" begegnet ist.

P.K.: Du sprichst von einer starken Fähigkeit, die in anspruchsvollen Prozessen gefordert ist. Das Vertrauen auf das Mögliche, auch in scheinbar ausweglosen Situationen, ist im Leben immer hilfreich. Das gilt nicht nur für berufliche Herausforderungen, sondern ebenso für Erfahrungen des Zwischenmenschlichen, des Sozialen.

I. Weerts: Ich gehöre zu den Menschen, die sehr lange Möglichkeiten sehen, wo andere schon kapituliert haben. Das reicht bis ins Private, in Beziehungen. Ich bin jemand, der nicht so schnell den Optimismus verliert.

Das Wesen der Gruppe und seine Wirkung

P.K.: Jetzt möchte ich gern etwas versuchen. Ist es möglich, daß ihr euch die „Steinschleuder" als ein konkretes Wesen vorstellt? Ich meine jetzt nicht den Namen oder den Verein, sondern ein Wesen, wie es jeder Mitmensch auch ist. Ein Schwarm ist ja auch nicht nur ein Wort, sondern ebenso ein Wesen, das mehr ist als die Summe seiner Mitglieder. Wenn wir uns jetzt mal die „Steinschleuder" als ein solches Wesen vorstellen, was bzw. wen sehen wir denn dann?

D. Kannenberg: Sie ist ein sehr ruhiges Wesen, nicht im Sinne von phlegmatisch oder lethargisch, sondern ruhig und beständig. Das verbinde ich, im ganz positiven Sinne, mit der „Steinschleuder", auch weil ich schon manche Krise im Leben der „Steinschleuder" miterlebt habe. Ich weiß, daß die „Steinschleuder" immer irgendwie gegenwärtig ist und bleibt.

I. Weerts: Sie ist ein vermehrungsfreudiges Wesen voller Energie, die sie zielgerichtet freisetzen kann. Das hat etwas Ansteckendes, Begeisterndes und Mitreißendes. Sie hat einen offenen, einladenden Charakter. Sie ist wie eine Pflanze, die überallhin in fruchtbarem Boden Ableger bilden will. Und sie lieferte mir die schönsten Gelegenheiten dafür, positive Energie zu erleben.

M. Botthof: Zur „Steinschleuder" gehört ein warmer, goldener Glanz. Das hängt damit zusammen, daß die Probleme der Welt auch geistig angeschaut werden, daß nach inneren Zusammenhängen gesucht wird. Das ist für die „Steinschleuder" so wesentlich, daß ich sie mir anders gar nicht vorstellen kann.

J. Fürst: Die „Steinschleuder" ist ein neugieriges, entdeckendes und suchendes Wesen. Sie weiß, was zu tun ist. Und dadurch gibt sie einem den eigenen Antrieb, lenkt den Blick auf diese Punkte, die es zu bearbeiten gilt. Sie bestärkt einen in den eigenen Erfahrungen und für den Weg, den man selbst gehen will.

S. Nahrwold: Ich finde, sie ist ein Wesen mit ganz viel positiver Energie, die von Urvertrauen umgeben ist. Sie sagt und zeigt immer: *„Das wird schon!"*

R. Breth: In ihrem Wesen ist aber auch etwas Kämpferisches und Cholerisches. Die „Steinschleuder" ist ein eher jugendliches Wesen, das voller Ideale ist, also nicht so sehr Mutter oder Vater.

P.K.: Was will dieses Wesen in der Welt?

I. Weerts: Es ist so etwas wie ein Guerilla-Gardening. An unwirtlichen Plätzen entstehen Gärten. Diese Wesensart ist heutzutage nicht mehr exklusiv, denn es gibt mittlerweile viele verschiedene Gruppen und Initiativen, die ähnlich auftreten. Irgendwelche Leute kommen auf die Idee, Biobrause in einem Nonprofit-Unternehmen herzustellen, oder eine andere Gruppe organisiert ein lebendiges Nachbarschaftsnetzwerk. Es hat sich in den vergangenen Jahrzehnten allgemein eine erstaunliche Kreativität ausgebreitet. Dabei ist der unmittelbare Wirkungsraum für die beteiligten Menschen *die Welt*, auch wenn sie eine kleine Insel in der ganz großen Welt ist. Es geht dabei um eine besondere Qualität ...

S. Nahrwold: ... die einem dann auch in ganz anderen Zusammenhängen zur Verfügung steht. Nach meiner aktiven Zeit in der „Steinschleuder" habe ich im Heimbereich mit schwerbehinderten Menschen gearbeitet, mit Autisten, die nicht sprechen können. Da war intuitives Handeln von mir gefordert, für das mir die Erfahrungen aus der „Steinschleuder" sehr zugute kamen. Ich versuchte, die Menschen vor allem emotional zu verstehen, denn eine Kommunikation per Sprache war nicht möglich.

In jeder Kommunikation findet viel über die emotionale Ebene statt. Diese trägt auch die Wortebene. Mit den Autisten machte ich die Erfahrung, daß der Verlust der Wortebene gar kein großer Verlust ist, denn die emotionale Ebene ist viel stärker. Man kann spüren, wo die Not ist. Das habe ich bis heute in meine Lehr- und Coachingtätigkeit aufgenommen: Wenn ich merke, daß eine Ebene der Kommunikation blockiert ist, kann man in eine andere, nonverbale wechseln. Es geht immer um einen adäquaten Zugang zu einer Situation und zu einem Menschen.

D. Kannenberg: Die „Steinschleuder" ist, soziologisch betrachtet, eine ganz normale Organisation. Sie hat aber einige Besonderheiten. Man muß nichts unterschreiben, um dabeisein zu können. Wenn man gut findet, was geschieht, kann man einfach mitmachen.

Die „Steinschleuder" wirkt zuerst über ganz konkrete Menschen und Beziehungen und dann in gewisser Weise indirekt auch auf die

Gesellschaft. Die Welt ist ja riesig, die „Steinschleuder" demgegenüber sehr klein. In der klassischen Sozialwissenschaft ist das passende Vokabular dafür noch nicht weit genug entwickelt, um präzise beschreiben zu können, was geschieht, wenn eine sehr kleine Organisation auf den großen Zusammenhang wirkt.

P.K.: Und was ist das Alleinstellungsmerkmal der „Steinschleuder", sofern es das heutzutage überhaupt noch gibt?

I. Weerts: Tue das Richtige und habe Spaß dabei! Und das Ganze ist in einen größeren Kontext eingeordnet, der sowohl geistige wie politische Dimensionen berücksichtigt; nicht so wie in der amerikanischen Charity, wenn die Reichen etwas aus ihrem Überfluß herunterreichen. Man sollte immer auf die Strukturen schauen, also auf die Ursachen der Ungerechtigkeit und Not. Das gehört für mich immer zusammen.

P.K.: Und wie sieht die „Steinschleuder" auf die konkreten, allgemeinen Weltereignisse? Es ereignet sich vieles, was dem Leben nicht unbedingt dienlich ist. Da könnte man ja durchaus die Meinung haben, daß es zu einer Lösung führt, wenn man notfalls mit Gewalt für irgendwelche Ideen oder Interessen eintritt.

D. Kannenberg: Die „Steinschleuder" sieht ganz sicher nicht Gewalt als Mittel einer Lösung. Sie fühlt und leidet mit der Welt und den Menschen. Das geschieht im zutiefst menschlichen und nächstenliebenden Sinne.

Wagnis und Wirkung

P.K.: Jeder von uns hat die „Steinschleuder" irgendwann einmal kennengelernt. Wenn ich jetzt den eben angesprochenen Gedanken weiterentwickle, daß die „Steinschleuder" ein konkretes Wesen ist, entsteht eine Beziehung, die alle Beteiligten, also auch jeden von uns, verändert. Gibt es diesbezüglich besondere Erfahrungen? Wie habt ihr euch in dieser Beziehung verändert?

R. Breth: Man wird zu den eigenen Ursprüngen zurückgeführt. Dem liegt ein bestimmtes Stimmungselement zugrunde, das man am Lagerfeuer besonders gut erleben kann. Das ist aber nicht einfach romantisch, sondern auch politisch sehr wach. Das Geistige kommt im Alltag voll an. Die Ungerechtigkeiten in der Welt z.B., die man gemeinsam anschaut, erscheinen verbunden mit möglichen Lösungen.

D. Kannenberg: Mir wurden Verwirrung und Wut genommen, weil ich gelernt habe, daß man auch ohne Gewalt oder Verkopftsein etwas bewirken kann. Ich weiß, daß es möglich ist, aus den eigenen Ideen zu handeln, also die Welt so zu verändern, wie man es aus

Fundamente gießen im Senegal

© FH   Archiv Steischleuder

sich heraus will. Vorher kannte ich die Erfahrung, daß man heiße Diskussionen führen oder sich den Kopf kaputtdenken kann. Schon beim Baucamp in Irland habe ich aber erlebt, daß eine Gemeinschaft in einer fröhlichen Stimmung etwas Sinnvolles tut. Für mich war das damals eine wichtige Erfahrung und ein großer Umschwung.

P.K.: Du hast eben von einem Gleichklang gesprochen. Woran machst du eine solche Erfahrung fest?

D. Kannenberg: Sie ist nicht destruktiv, sondern sehr konstruktiv. Wenn die „Steinschleuder" etwas anfängt, entsteht etwas Neues. Dafür muß nichts Altes, ob Gebäude oder Verhältnisse, abgerissen werden. Der Anfang des Neuen geschieht ohne Zerstörung. Und da kommen die Ideen und die Welterfahrungen ganz konkret auf einer Baustelle an.

Dieses Erlebnis ist sehr wichtig: Man kann etwas schaffen und bewegen. Es ist viel mehr möglich, als man glaubt. Als ich 2001 aus dem Senegal zurückkam – ich war damals gerade mal 16 Jahre alt –, konnte ich nicht damit aufhören, den Menschen in meinem Umkreis zu erzählen, wie großartig dieses Gefühl ist, daß man ein Fundament von mehreren hundert Kubikmetern mit den eigenen

Händen geschaffen hat. Und das auch noch an einer notwendigen Stelle, denn auf genau diesem Fundament haben wir in den Folgejahren eine Schule gebaut.

Die häusliche Komfortzone verlassen

Der Beginn des Rohbaus im Senegal

© FH   Archiv Steischleuder

P.K.: Das ist eine nächste Schicht. Nun geht es um ein konkretes Projekt. Was ein inneres Erlebnis ist, kommt im Staub einer Baustelle zum Tragen.

D. Kannenberg: Beim Senegal-Projekt, später auch in Tansania, habe ich eine fröhliche Aufbruchstimmung in der Gruppe erlebt. Da kam etwas hinzu, was mich sehr berührt hat: Man hat ja sehr damit zu tun, was man an Leid und Armut zu sehen bekommt. Nicht nur punktuell als Ausnahme, sondern überall. Auf dem Weg zur Baustelle haben wir das immer wieder gesehen. Für mich ist es schlimm, daß dieses Elend normal ist. Hunger, Krankheiten, Tod – überall ist das um uns herum, und wir lachen und singen. Das paßte mit meiner Sicht und meinem Erleben überhaupt nicht zusammen.

M. Botthof: In der Ukraine war das auch so. Es war kraß zu sehen, wie dort gelebt wird. Nichts funktioniert wirklich, immer und überall muß man improvisieren.

S. Nahrwold: Ich habe unsere Situationen in den Baucamps trotz allem nicht als Entbehrung wahrgenommen. Viel stärker habe ich erlebt, was jeweils entstand. Statt Entbehrung würde ich lieber von Reduzierung auf das Wesentliche sprechen. Der Überfluß war weg, aber wirklich entbehrt haben wir nichts. Wir haben uns viel leichter miteinander beschäftigen können. Die Begegnungen gewannen an Tiefe und Vertrauen.

P.K.: Aber die häusliche Komfortzone mußte verlassen werden, wenn es in ein Baucamp ging. Das nehmen Menschen in der „Steinschleuder" ganz bewußt auf sich.

S. Nahrwold: In jeder Sportart muß man seine Komfortzone verlassen, um effektiv trainieren zu können. Man muß das als Mensch immer tun, wenn man eine Veränderung erreichen will. Ein bloß unterschwelliger Reiz schafft keine Veränderung. In der „Steinschleuder" hat mich sehr angesprochen zu erleben, daß etwas passiert, wenn ich meine gewohnte Welt vorübergehend verlasse. Nicht nur die Baustellen, auch die Morgen- und Abendkreise, das Reden miteinander wurden für mich zu spirituellen Erfahrungen. Es wurden starke Energien frei. In der Ukraine haben wir rund um die Uhr gearbeitet; was allein schon physisch eine große Leistung ist.

M. Botthof: Mir fiel schnell auf, daß manches technisch nicht gut lief, daß aber das Menschliche sehr herzlich und gut war. Darin war eine Aufbruchstimmung zu spüren. Der Zusammenbruch der Sowjetunion lag nur wenige Jahre zurück. In der Armut und Entbehrung war ein Wille

Der Rohbau im Senegal

zum Neubeginn zu spüren. So konnten wir vieles bewegen.

R. Breth: Dennoch geht es nicht darum, den Menschen etwas zu geben, sondern darum, mit ihnen zu teilen. Da findet eine gemeinsame Entwicklung statt, in die alle Beteiligten einbezogen sind. Alle teilen miteinander, darauf kommt es an. In diesen Begegnungen habe ich etwas über die Welt erfahren.

S. Nahrwold: Es ist ja nicht so, daß die Menschen immer nur geweint haben, bevor wir kamen, sie hatten ja auch Spaß. Es gibt überhaupt nur sehr wenige Situationen, in denen jemand nur noch leidet und fertig ist. Einzelne Menschen kann dieser Zustand z.B. in schweren Krankheitssituationen ereilen, aber daß eine größere Gruppe von Menschen überhaupt keine Freude mehr spürt, ist wahrscheinlich sehr, sehr selten. Und das haben wir gemerkt, wir haben die immer noch vorhandene positive Energie und tatsächlich auch sogar Fröhlichkeit gespürt.

P. K.: Die kommt nicht von irgendwoher. Sie ist auch sehr wahrscheinlich kein Ausdruck von Ignoranz oder Fatalismus, obwohl sie vordergründig der jeweils aktuellen Situation und Umgebung widerspricht.

Sich am Leben freuen?!

M. Botthof: Ich finde das gar nicht so widersprüchlich. Wenn man mit sich selbst an eine Grenze gelangt, ist man näher an der Gefühlsebene; dann kann man sich daran freuen, was einem jeder Tag bringt. Man erlebt intensiver, was Menschlichkeit ausmacht. Je besser ein Mensch situiert ist, desto schwieriger ist es für ihn, durch die Kruste zu dringen und Menschlichkeit intensiv zu erleben. Es ist eine besondere Erlebnisebene, auf die man gelangt, wenn äußerlich vieles nicht mehr sicher und sorgenfrei ist.

P. K.: Muß sich erst ein Zusammenbruch ereignen, bevor ein Mensch die wirklichen Qualitäten im Leben entdeckt?

M. Botthof: Man muß nicht erst durchs Elend gehen, um glücklich zu sein. Es gibt ja viele Menschen, die ihr Leben auf gerader Linie leben. Aber Entbehrung zu erleiden ist auf jeden Fall ein Weg, um etwas besonders wertschätzen zu können. Das lehrt das Leben. Den Kontrast zwischen den äußeren Bedingungen und den inneren Erlebnissen kenne ich auch aus meiner eigenen Biographie ganz gut.

Man kann an gewissen Erfahrungen natürlich auch verzweifeln, je nachdem, ob man eine Krise als Katastrophe oder Chance sehen will. Und das verändert den Umgang der Menschen miteinander. In Südamerika habe ich es oft erlebt, daß Menschen sich gerade in sehr bescheidenen, einfachen Verhältnissen viel warmherziger begegnen. Ich wurde bei irgendwelchen Begegnungen immer direkt in die jeweiligen Gemeinschaften einbezogen. Die Wertschätzung ist anders, tiefer.

D. Kannenberg: Ich kann im Rückblick sagen, daß diese Art der Fröhlichkeit auf jeden Fall etwas Gutes ist. Damals geriet ich nach der Rückkehr nach Deutschland zuerst in recht traurige Stimmungen. Die Eindrücke wirkten nach und mußten langsam verarbeitet werden.

P. K.: War diese Verarbeitung ein wandelnder Prozeß, in dem du selbst ein anderer geworden bist? Mir scheint, daß es gerade auf solche Prozesse ankommt, wenn man über die Bedeutung der „Steinschleuder" nachdenkt. Seht ihr das auch so? Sebastian, du hast beschrieben, wie du als Jugendlicher die Welt als ungerecht erlebt hast und wie du dir gewünscht hast, das verändern zu können.

S. Nahrwold: Es gibt unglaublich komplizierte Dinge und Verhältnisse. Unsere Erfahrung in der „Steinschleuder" war immer schon, daß man trotzdem etwas verändern kann, wenn man es ganz konkret angeht. Jedes noch so große Problem kann man so vereinfachen, daß man etwas tun kann.

P.K.: Als Jugendliche habt ihr die „Steinschleuder" kennengelernt und dadurch eine Möglichkeit entdeckt, dem Wunsch nach Veränderung Taten folgen lassen zu können. Ihr wart bei den Baucamps schließlich mittendrin in den Folgen unserer Lebensart, wart mächtig beeindruckt und sogar traurig. Wozu hat das alles aus heutiger Sicht geführt?

R. Breth: Da ist eine Not, von der ich erfahren habe. Daran konnte ich nicht vorbeisehen, das hat mich sofort persönlich getroffen. Einerseits fühlte ich mich als Jugendliche der Welt gegenüber erst einmal hilflos; dennoch war es mir wichtig, etwas tun zu können und dadurch in der Welt einen Platz zu finden. Unabhängig davon, was mich selber belastet, habe ich immer noch die Kraft, etwas dazu beizutragen, daß sich in der Welt was verändert.

Grenzerfahrungen

M. Botthof: In der deutschen Kultur habe ich mich immer eher fremd gefühlt. Schon als Jugendlicher waren mir die vielen Regeln zuwider, nach denen unser Leben organisiert ist. Alles Verhärtende und Konservative stößt mich schon immer ab. Auch das Spießbürgerliche hat eine Bedeutung, aber es darf kein Übergewicht bekommen. Heute erlebe ich eher ein Gleichgewicht zwischen dem bürgerlichen und dem alternativen Leben. In den Baucamps wurden wir immer sehr offen, freundlich und herzlich empfangen. Wir sind uns immer als Menschen begegnet. Herkunft, gesellschaftlicher Status usw. waren egal.

D. Kannenberg: Ich habe mich irgendwann in das Wesen der „Steinschleuder" regelrecht verliebt. Das ist mit einem gewissen Überschwang verbunden, bis man bemerkt, daß nicht alles rosa ist. Bei einem Baucamp konnte ich zwar erleben, was alles möglich ist, aber wie weit reicht das? Wie vielen Menschen kann so geholfen werden, und wie vielen eben nicht? Heute denke ich in anderen Maßstäben. Die Welt ist riesig und sehr komplex. Deshalb halte ich mich an das, was ich ganz persönlich sehen, begreifen und bearbeiten kann.

Mauerarbeiten an einer Schulklasse in Ghana

S. Nahrwold: Wo sieht man hin, wenn man sich mit der Welt beschäftigt? Glotzt man solange auf das Elend, bis man ganz verzweifelt ist, oder sucht man das Positive? Mit der Angst kann man sehr viel Geld machen, weshalb viele daran interessiert sind, die Angst immer mehr zu kultivieren. Aber man kann auch ganz viel finden, was nicht ängstigt.

M. Botthof: Nach der Ukraine war ich erst in Brasilien, danach in Argentinien dabei. Ich war begeistert und beschloß, zusammen mit zwei anderen aus der Gruppe genau da meinen Zivildienst zu leisten. So kam ich nach dem Baucamp wieder und blieb für 15 Monate. Das war eine Schwellenerfahrung in meinem Leben. In Deutschland war ich an einen Punkt gekommen, an dem es mit mir nicht gut weitergegangen wäre. Und dann kam durch meine Arbeit in Argentinien ein ganz neuer Einschlag, ein ganz neues Leben.

S. Nahrwold: Ich habe durch die „Steinschleuder" eine unglaubliche Gelassenheit entwickeln können, Dinge kommen zu lassen, ohne daß ich mich willenlos hingebe. Ich sperre mich dann aber auch nicht für das, was sich entwickeln will. Es gibt Situationen, die man zuerst nicht ändern kann. Ich erinnere mich noch sehr deutlich, daß wir einmal auf einer Insel im brasilianischen Urwald eine Wasserleitung von einer Quelle in ein Dorf zu verlegen hatten. Das wollte uns die Bezirksregierung im letzten Augenblick – wir waren alle schon auf der Insel angekommen – untersagen. Was also tun, wenn man niemanden fragen kann? Ich hatte die volle Verantwortung für das Projekt und alle daran Teilnehmenden zu tragen. Wie sollte ich entscheiden? Erst mal galt es, der aktuellen Situation gemäße Ideen zu entwickeln. Also nicht die Energie darauf zu lenken, etwas zu bekämpfen, sondern einen trotzdem gangbaren Weg zu finden, allen Widerständen zum Trotz.

Dazu gehört, daß man geistesgegenwärtig im richtigen Moment die Lösungen erkennt und zufaßt.

In der „Steinschleuder" ist es ein wichtiges Anliegen, daß man in seinem Leben handeln und aktiv sein muß, und das geistesgegenwärtig, ohne von den eigenen inneren Impulsen abzuweichen. Da geht es nicht um Kontrolle oder stets geplantes Verhalten, sondern um das Erkennen und Ergreifen von Möglichkeiten im richtigen Augenblick.

Ohnmacht erfahren und helfen wollen

P.K.: David, du bist jetzt schon 15 Jahre lang in der „Steinschleuder" aktiv. Du hast viele Menschen als Mitaktive kennengelernt, aber auch sehr viele notleidende Menschen in verschiedenen Ländern der Erde. Warum ist es dir so wichtig, daß auch andere Jugendliche diese Erfahrungen machen?

D. Kannenberg: Jegliche Facette solcher Erfahrungen ist wichtig. Es ist eine Art Ohnmachtszyklus, an dem man sich entwickelt. Man hat das Gefühl, daß etwas in der Welt und im Leben nicht stimmt. Dann kommt man zur „Steinschleuder", und dieses Gefühl wird sogar erst einmal noch verstärkt. Aber es bleibt nicht so stehen, denn man erlebt auch, daß man viel, viel mehr bewegen und erreichen kann, als man zuerst gedacht hat. Die eigenen Grenzen werden erweitert, indem man sich an den immer wiederkehrenden Ohnmachtserfahrungen entwickelt. Das ist eine sehr wichtige Erfahrung.

P.K.: Du bist also durch Ohnmachtserfahrungen gegangen, die du dir selbst gesucht hast. Aber bei der Ohnmacht ist es ja eben nicht geblieben. Es hat sich etwas verändert. Etwas Neues hat sich entwickelt, das als innerer Wert beständig ist. Was ist das?

D. Kannenberg: Man erlebt in der „Steinschleuder" seine Grenzen. Grenzen dessen, was man ertragen und tun kann. Aber danach

Rohbau einer Schulklasse in Ghana

© FH Archiv Steischleuder

weiß man eben sehr viel besser, was man tun kann. Erst mal stellt man fest, daß man viel mehr erreichen kann, als man für möglich hielt. Man sieht auf ein vollendetes Projekt. Da werden die Grenzen erweitert. Danach arrangiert man sich mit dem Raum, der einem gegeben ist. Das führt zur Erfahrung der Souveränität. Man muß sich nicht mehr an allem Elend aufreiben, eben weil man seinen Handlungsraum erkannt hat und weiß, daß man darin etwas bewirken kann. Der rote Faden in den Erfahrungen aller „Steinschleuderer" ist, daß man etwas schaffen kann, von dem man vorher geglaubt hat, daß es nicht geht. Wer hat schon mit 15 oder 16 Jahren ein Haus gebaut? Und das nicht etwa in Gelsenkirchen, sondern in Tansania oder auf den Philippinen?

P.K.: Die Grenzerfahrungen, auch das Erlebnis, Grenzen erweitern zu können, sind das eine. Aber dabei darf man ja nicht vergessen, daß Grenzen auch schmerzhaft erlebt werden. Das wiederum fordert biographisch dazu heraus, in einem vermeintlichen Ende den tatsächlichen neuen Anfang sehen zu lernen.

R. Breth: Das Leben besteht auch aus vielen Enttäuschungen. Und die Frage ist für mich, wie ich es schaffe, daraus immer wieder aufzustehen. Das ist die Erfahrung der Ohnmacht, in der man aber dann auch ein kleines Licht, einen Funken sehen kann, etwas, das weiterleitet. Der Finsternis folgt der Impuls, auf die eigenen Füße zurückzukommen und zu handeln. Dieses Handeln geht in einen unbekannten, neuen Raum hinein, auf den man vertrauen muß.

S. Nahrwold: Jeder kennt in seiner Biographie Ohnmachtserlebnisse, in denen man sich hilflos fühlt. Das erfahren auch schon Jugendliche, wenn sie die Welt erleben, wie sie im allgemeinen ist. Man steht vor Dingen, von denen man annimmt, daß man sie nicht ändern kann, die man aber gern anders hätte. Das gilt für Kriege und Hungersnöte, aber auch für Dinge in der eigenen Biographie. Und da stellte sich durch die „Steinschleuder" das unglaublich positive Gefühl ein, daß man sehr wohl etwas verändern kann.

R. Breth: In den Baucamps, an denen ich teilgenommen habe, gab es auch Ohnmachtserlebnisse. Sie wurden aber durch die Momente erträglich, in denen wir im Morgen- und Abendkreis diese besondere Stimmung pflegen konnten, von der ich vorhin gesprochen habe. Die äußeren Erfahrungen wurden mit inneren Erfahrungen zusammengebracht.

J. Fürst: Auch die Bildungsarbeit bei der Inlandsarbeit spielt eine Rolle. Wir versuchen, durch Vorträge an Schulen z.B. junge Menschen für das Thema wachzumachen. Da geht es darum, daß man neugierig darauf wird, zu wissen, was in unserer Welt so alles passiert. Man lernt, sich nicht durch Medien manipulieren zu lassen.

M. Botthof: Genau, die „Steinschleuder" will Menschen wachrütteln. Sie ist einem biologisch-dynamisch geführten Bauernhof nicht unähnlich. Von einem solchen Ort strömen Wirkungen in die ganze Umgebung. Der innere Ort, an dem sich die „Steinschleuder" befindet, ist ja nicht per Zufall aufgesucht worden. Es geht darum, das kulturell Wertvolle, das Geistige ganz konkret wirksam werden zu lassen. Wenn man ganz konkret mit dem entsprechenden Hintergrund für das Gute in der Welt arbeitet, dann ist man an dem Ort, an dem man der „Steinschleuder" begegnet.

Wenn ich mir heute die Kinder und Jugendlichen ansehe, dann erlebe ich auch diese große, frische, unverbrauchte Kraft. Wenn man das erlebt, bekommt man eine Ahnung davon, wohin es gehen könnte, wenn wir es wieder schaffen würden, wirklich Mensch zu sein. Die „Steinschleuder" erinnert die Beteiligten so gesehen an das Menschsein, wozu gehört, daß man im Sinne der Dreigliederung Geschwisterlichkeit im Wirtschaftsleben, Gleichheit im Rechtsleben und Freiheit im Geistesleben praktiziert. Es geht also darum, den Problemen in größeren Zusammenhängen auf den Grund zu gehen.

P.K.: Der Ohnmacht folgt also das Erlebnis einer Kraft, die vorher nicht bekannt war. Sie wird erst dann zugänglich, wenn eine Leidenserfahrung bewußt angenommen und verarbeitet wurde. Wie kommt das im alltäglichen Leben an? Als was bleibt es für das Leben erhalten?

D. Kannenberg: Wenn man eine Idee hat, wenn man merkt, daß sie einem wichtig ist, dann würde ich heute aufgrund meiner Erfahrungen in der „Steinschleuder" sagen, daß man nicht soviel nachdenken sollte, sondern besser damit beginnen sollte, die Idee umzusetzen. Das heißt allerdings nicht, daß man blauäugig oder überstürzt handeln soll; aber das ist in der „Steinschleuder" ja überhaupt nicht gemeint.

Der Keim einer Wandlung

Hinzu kommt, daß ich weiß, daß es noch anderes als das Äußere gibt. Das ist dieser Gleichklang als spirituelle Erfahrung. Es entfalten sich für jeden einzelnen ganz besondere Kräfte, wenn viele in die gleiche Richtung gehen. Dann tun sich Welten auf, die einem Sicherheit geben. Als ich zur „Steinschleuder" kam, befand ich mich in einer Phase, in der auch vieles andere möglich war. Aber ich habe die „Steinschleuder" für mich entdeckt und gefühlt: Hier kannst du bleiben.

S. Nahrwold: Das Ganze ist mehr als die Summe seiner Teile. Innerhalb der Gruppe hat ein Mensch wesentlich mehr Kraft als allein, zumindest wenn die Voraussetzungen für einen guten Gruppenprozeß gegeben sind. Das ist etwas sehr Spirituelles, denn es reicht über die einzelnen Menschen hinaus; es ist mehr.

R. Breth: Es hat mich in letzter Zeit wieder sehr beschäftigt, warum es mir nicht reicht, einfach am Leben teilzuhaben. Es muß sich doch etwas verändern, auf das man nicht einfach nur warten kann. Es ist ja ein gutes Bild, daß man am Tag vor dem Weltuntergang noch einen Baum pflanzen kann. Diese Energie speist mich, weil sie einen Menschen nicht aufgeben läßt.

J. Fürst: Viele jungen Leute wissen gar nicht, daß es so etwas wie die „Steinschleuder" gibt. Es gibt ein Potential, das allerdings nicht leicht zu erschließen ist. Leider resignieren viele jungen Leute. Ich kann aber auch verstehen, daß so viele Menschen in virtuelle Welten flüchten. Die täglichen Nachrichten sind ja alles andere als gut. Um so wichtiger ist es, daß es Diskussionsforen, Gelegenheiten zum Austausch und zum Lernen gibt, wie wir das in der „Steinschleuder" möglich machen.

D. Kannenberg: Fast alle „Steinschleuderer" denken, daß etwas an den bestehenden Verhältnissen nicht stimmt. Das ist der minimale Nenner. Wenn man auf unsere Gesellschaft sieht, hat natürlich nicht jeder dieses Erlebnis. Es sind nur wenige, die unzufrieden sind; die meisten arrangieren sich schon sehr früh mit dem System und genießen dessen vermeintliche Vorteile.

M. Botthof: Aufgrund meiner Erfahrungen in der „Steinschleuder" bin ich bis heute davon überzeugt, daß man vieles ohne viel Hierarchie anpacken kann. Jeder Mensch kann von sich aus sehen, wie er ein Problem möglichst schnell löst. Mich in die Aufgaben ganz und gar hineinbegeben zu können, in eigener Verantwortung, das habe ich durch die „Steinschleuder" gelernt. Man sieht doch überall, was kleine Gruppen bewirken können. Die „Steinschleuder" ist eine Guerilla des guten Willens.

D. Kannenberg: Und genau das erleben junge Menschen in der „Steinschleuder", noch bevor sie es verstanden haben.

Autoren und Interviewer

Peter Krause studierte Kunst, Pädagogik, Theologie und Betriebswirtschaft. Als Journalist und Buchautor beschäftigt er sich vor allem mit ökologisch sinnvoller Wirtschaft und dem medizinischen Leistungsbereich. Zu diesen Themen sind von ihm mittlerweile einige Bücher erschienen. Außerdem schreibt er für verschiedene Zeitschriften und ist Redakteur eines Pflegemagazins. Er lebt und arbeitet in Herdecke und Mitchell-Bay (Kanada). Im Internet: www.aktiv-zukunft-leben.de
Dort können auch Vorträge und Seminare mit ihm angefragt werden.

Wolfgang Weirauch, geb. 1953 in Flensburg, Studium der Politik und Germanistik. Studium der Theologie an der Freien Hochschule der Christengemeinschaft. Herausgeber der Flensburger Hefte, Politiklehrer, Vortragsredner, Mitarbeiter beim Fernstudium WaldorfPädagogik Jena.

Die Titelbildgestalterin

Veronika Emendörfer / VER☺, geb. 1957 in Stuttgart, Studium der Aquarellmalerei in Regensburg. Seit 2000 freischaffende Künstlerin in Darmstadt mit eigenem Atelier. Mitglied im Berufsverband Bildender Künstler (BBK, Frankfurt/Main). Seit 1982 regelmässig Ausstellungen in privaten und städtischen Galerien. Gestaltung von Buchtiteln, Kunstkarten und Kalendern. Aquarellkurse bei der VHS Darmstadt. www.veronika-emendoerfer.de

FH 86
Schuld...
... immer nur die anderen?

Nur der freie Mensch kann schuldig werden. Aber was ist Schuld? Welche unsichtbaren Fäden binden Täter und Opfer aneinander? Kann man auch unschuldig schuldig werden? Welche Chancen liegen in der Kraft des Verzeihens? Niemand kann durchs Leben gehen, ohne schuldig zu werden. Aber wie verhalten wir uns gegenüber denen, an denen wir schuldig werden?

Größere Themen dieses Buches: Schuld gegenüber Gott, Sündenfall, Schuld im Stasiland DDR, Schuld der USA gegenüber dem Irak, Schuld der Deutschen an den Juden, Schuld gegenüber den armen Ländern und der Weißen an den Schwarzen, Kollektivschuld, Mißbrauch, Reinkarnation und Karma, Schuld zwischen einzelnen Menschen und die Kraft der Vergebung.

Mit Beiträgen u.a. von: Lionel Davis, Dr. Günther Dellbrügger, Dr. Peter Dentler, Klaus Dörner, Dr. Michael Engelhard, Hans-Jochen Jaschke, Michael Knof, Dr. Ernst-Martin Krauss, Dierk Lorenz, Barbara Schnitzler, Wolfgang Thierse, Gore Vidal

256 Seiten, 15,– €, ISBN 978-3-935679-21-3

FH 87
Individualität
Ich sein oder Ich haben?

IWas ist eigentlich das Ich des Menschen? Hat der Mensch ein Ich, eine eigenständige geistige Wesenheit? Und wenn wir ein Ich haben, wie erfahren wir, wir erfassen wir es? Wie werden wir zu einem Ich, das allein im Trubel des Lebens seinen Weg findet und der Welt seine individuelle Not aufprägt?

Die Wege des Ich sind geheimnisvoll und so vielfältig, wie es Menschen-Iche gibt. Die Individualitäten der Menschen verändern und entwickeln sich laufend, aber das Ich ist auch gefährdet und in der Weltentwicklung noch gar nicht richtig zur Entfaltung gekommen.

Werfen Sie mit diesem Buch einen Blick in anthroposophische, philosophische und naturwissenschaftliche Darstellungen des Ich, lesen Sie, welche Rolle die Individualität in türkisch-islamischen Kreisen spielt und spüren Sie nach, wie sich die Individualität wandelt und wie sie bei unseren Kindern allmählich aufblitzt.

Mit Beiträgen u.a. von: Seyran Ates, Prof. Dr. Volker Fintelmann, Detlev Ganten, Gerald Häfner, Dr. Dr. Wolf-Ulrich Klünker, Henning Kullak-Ublick, Andreas Laudert, Claus-Peter Röh, Dr. Konrad Schily

228 Seiten, 15.- € ISBN 978-3-935679-22-0

FH 121

Würde

Die Würde des Menschen ist nach Artikel 1 Absatz 1 des deutschen Grundgesetzes unantastbar und wird als unveränderliches Grundrecht des Menschen angesehen. Die Würde ist unmittelbar geltendes Recht, nicht nur eine Absichtserklärung, sondern oberste Leitlinie, eigentlich der Ursprung allen Rechts. Aber was ist eigentlich die Würde des Menschen?

In diesem Flensburger Heft versuchen wir zu ergründen, was die Würde des Menschen überhaupt ist - aus philosophischer, religiöser, künstlerischer und politischer Sicht. Gleichzeitig schauen wir aber auch darauf, wie diese Würde heutzutage massenhaft verletzt wird – z.B. in unserem Umgang mit Billiglöhnern und Flüchtlingen vor unserer Haustür oder durch die Verletzung der Privatsphäre.

Mit Beiträgen von: Leander Bindewald, Dr. Michael Engelhard, Johannes Heimrath, Matthias Klaußner, Prof. Martin Klöti, Peter Krause, Andreas Laudert, Ronny Müller, Michael Nieberg, Veronika Spielbichler, Johannes Stüttgen, Jan Temmel, Jakob von Uexküll, Wolfgang Weirauch, Roland Wiedemeyer, Dr. Susanne Wiegel

176 Seiten, 56 sw. Abb., 16,– €, ISBN 978-3-935679-86-2

FH 126

Mitwelt erleben

Die Welt und wir sind eins

Rudolf Steiner brachte zu Beginn des 20. Jahrhunderts als erster den Mitwelt-Begriff in den beginnenden ökologischen Diskurs. Gegenwärtig gewinnt das Verhältnis zur Welt, das sich als mitweltlich verstehen läßt, dramatisch an Bedeutung. Zum einen leiten Entdeckungen auf dem Gebiet der Naturwissenschaft zu einem holistischen Welterleben, zum anderen wird es den freien Menschen in Zukunft nur dann noch geben, wenn Krisen- und Ohnmachtserfahrungen als Etappen auf dem Weg zu einem neuen Bewußtsein und Handeln verstanden werden: Alles ist eins, alles ist miteinander verbunden. Die vordergründige Separation ist eine Illusion, die es zu überwinden gilt.

In diesem Flensburger Heft werden die historischen und aktuellen Hintergründe dargestellt, die dem Mitwelterleben zugrunde liegen.

Mit Beiträgen von: Michael Gees, Prof. Dr. Declan Kennedy, Peter Krause, Tonny Tromp , Ute Wilms-Tromp

184 Seiten, 41 sw. Abb., 17.- € ISBN 978-3-935679-98-5